M000300830

Qué
Historias Mis Pensamientos
Diran: Palabras Que
No Serán
Olvidadas

Una Memoria de Felicidad, Tristeza, Dolor,
y Arrepentimiento

John Edwards

Copyright © 2023 John Edwards
Todos los Derechos Reservados
Primera Edición

Foto del Autor por:

Folsom, California

AEGA Design Publishing Ltd
London, UK

ISBN 978-1-7395166-8-0 (pbk)
ISBN 978-1-7384380-0-6 (hbk)
ISBN 978-1-7395166-9-7 (digital)

Impreso en los Estados Unidos de América

A mi exesposa Robbin, el amor de mi vida, y a mis hermosos hijos, Johnny y Jessica. Espero que se aferren a esta historia mientras anhelo ser parte de su vida, rezando para que encontremos la manera.

Hasta donde podemos discernir, el único propósito de la existencia humana es encender una luz de significado en la oscuridad del mero ser.

-Carl Jung

AGRADECIMIENTOS

Este libro evolucionó gracias a la ayuda de muchos de mis viejos amigos y conocidos que diligentemente me ofrecieron comentarios reveladores, inteligentes y valiosos. Estoy enormemente agradecido con Andrea Fike, Mike Grover, Bob Grover, Donna Boots, Randy Barker, Bill Sherwood, Dean Souza, Jim Stuart y Nancy Ojeda.

Un agradecimiento especial a Angela Brace.

Prólogo

Comencé a escribir estas memorias poco después del final imprevisto de mi segunda carrera gerencial en Enterprise Holdings Inc., en Roseville, California. A los sesenta y ocho años, después de haber completado trece años de servicio en esta excepcional organización, planeaba dedicar otros siete años para lograr una carrera de veinte años y retirarme a los setenta y cinco años para igualar el compromiso de mi padre en su vida laboral. Sin embargo, el final de mi carrera en Enterprise fue agridulce cuando la Organización Mundial de la Salud anunció la propagación de una misteriosa neumonía relacionada con el coronavirus en Wuhan, China, en Enero de 2020. En marzo, el presidente Trump había declarado la COVID-19 como una emergencia nacional y la NBA había suspendido indefinidamente su temporada.

En abril, acepté una compra voluntaria mientras Enterprise luchaba contra la turbulencia financiera causada por el virus. En mayo, los CDC anunciaron el hecho preocupante de más de cien mil casos de COVID-19. Se habían producido 19 muertes en los Estados Unidos, lo que recordaba que las personas mayores de sesenta y cinco años eran particularmente susceptibles y corrían un mayor riesgo de sufrir una enfermedad grave que ponía en riesgo su vida si tenían una condición de salud subyacente. A medida que comenzaron los confinamientos pandémicos y las citas médicas virtuales se volvieron estándar, se recomendó la transición a un estilo de vida aislado con EPP (Equipo de Protección Personal) hasta que las organizaciones farmacéuticas pudieran desarrollar una vacuna basada en agentes.

Durante este tiempo, el virus no tenía precedentes y causó miedo y ansiedad. Sin embargo, encontré que este momento fue un agradable descanso de mi vida hiperconectada, sintiéndome cómodo con la perspectiva de aislarme por un período prolongado. El aislamiento se convirtió en un intervalo de restauración, reflexión y autoevaluación. Reflexioné sobre mi vida, lo que profundizó mi apreciación de los éxitos y fracasos en ella. Por ejemplo, al revisar mi primera carrera gerencial en los negocios para United Parcel Service, me sentí bendecido por haber trabajado para una organización tan emblemática que defendió una trayectoria profesional bien definida y la promoción desde dentro de la normativa. Haber asegurado un lucrativo plan de pensiones después de jubilarme a la edad de cincuenta y cinco años me permitió tener la opción de comenzar una segunda carrera gerencial en Enterprise. Además, la autorreflexión sobre las lecciones aprendidas de los matrimonios fallidos y el distanciamiento familiar me ayudó a darme cuenta de mi papel en la causa y el efecto de la disolución. Estar aislado socialmente inició mi viaje hacia la renovación y la búsqueda de significado a través de la contemplación personal.

Teniendo mucho tiempo libre y después de terminar varios títulos de distintos géneros no leídos que estaban acumulando polvo en mis estanterías, decidí comprar las memorias de Jessica Simpson, *Open Book*. Me inspiré cuando escribió un reflejo convincente, honesto, excepcionalmente sincero y vulnerable de las situaciones de su vida. Influenciado por el libro de la Sra. Simpson, decidí tirar por la ventana las características del "machismo" para escribir una narración personal de mis experiencias de vida que convirtió mis alegrías y dolores de cabeza en sabiduría adquirida. En primer lugar, quería contar una historia vulnerable, honesta y personal que describiera la montaña rusa emocional de mi experiencia de vida. Luego, cuando fuera posible, quería llevar a los lectores a un viaje narrativo convincente sobre cómo las transiciones de la vida pueden moldear y alterar las decisiones, elecciones y el camino de nuestras vidas. Finalmente, y lo más importante, quería que mi exesposa, Robbin, y mis hijos, Johnny y Jessica, supieran cuánto los amo.

Habiendo sido honrado con setenta años de existencia humana hasta el momento, haciendo un inventario de todos los encuentros y hazañas acumuladas a lo largo de los años, me di cuenta de que el significado de la vida es la historia que te cuentas a ti mismo. Esa historia incluye múltiples interpretaciones posibles de sentimientos, emociones y acciones que eventualmente conducen a una conciencia y comprensión de ese significado. La reflexión me volvió más abierto y compasivo hacia los puntos altos y bajos de la vida y también dio atención a cómo me adapté a los cambios personales, socioeconómicos y culturales. Mi inspiración para escribir un libro comenzó.

Es la historia de dónde vengo, por qué esperanzas y sueños luché y qué dinámica es más importante con respecto al verdadero significado de la vida. Es la historia de mi vida.

Lo que sigue es una historia de felicidad, tristeza, dolor y arrepentimiento. Durante los últimos dos años, mientras luchaba por encontrar las palabras adecuadas para poner en las páginas, lo que no anticipé al crear y completar la tarea de escribir un libro fue cómo me llevaría a descubrir el verdadero significado de la vida.

Jessica Simpson comentó sobre por qué dedicó su tiempo a escribir unas memorias y dijo, "Lo hice por mi familia. Lo hice por mí misma."

Escribí una narrativa personal por las mismas razones. Además, reexaminar el pasado ayudó a mi corazón a recordar y revivir el espíritu humano de felicidad, dificultades y tristeza. Repetidamente, mis recuerdos me guiarían hacia una comprensión más profunda de lo que ocurrió y de cómo contribuí a las alegrías y decepciones de mis primeros comienzos y de mi vida familiar. Finalmente, también escribí para el lector, con la esperanza de que mi historia pueda guiarlo a navegar a través de las dolorosas experiencias de los obstáculos de la vida y descubrir el verdadero significado de su vida.

Mencioné en mi prólogo que mi objetivo era igualar el logro de mi padre de jubilarse a la edad de setenta y cinco años. Ese objetivo sigue vivo. Después de vacunarme varias veces, en 2022 estuvieron disponibles refuerzos bivalentes de Pfizer actualizados, lo que me ayudó a sentirme más cómodo al reincorporarme a la fuerza laboral y a adaptarme a la interacción en persona después de la pandemia.

Al querer conectarme con mi comunidad local, pensé que podría ser útil aplicar mis amplias habilidades de gestión y servicio al cliente a una organización que pudiera proporcionar un ambiente limpio y acogedor y una ocupación que requiriera algún tipo de actividad física que fuera beneficiosa para la salud. La elección perfecta fue mi cadena de supermercados local, Safeway.

Safeway opera bajo la bandera de Albertsons Companies, uno de los minoristas de alimentos y medicamentos más grandes de Estados Unidos, que me contrató como empleado de cortesía a tiempo parcial.

En mi nuevo lugar de trabajo es donde conocí a Angela Brace. Después de compartir experiencias positivas y negativas de su vida, quedé impresionado con los rasgos de su personalidad de mente abierta, imaginativa, creativa y perspicaz. La naturaleza cálida y afectuosa de Ángela me hizo sentir cómodo compartiendo algunos de los pasajes escritos más íntimos de mi libro para obtener sus aportes y comentarios. Su enérgico entusiasmo, humor y capacidad firme para hacer comentarios constructivos a mis escritos fueron factores alentadores y motivadores para completar mi libro.

Ángela me decía con entusiasmo: "John, envíame el siguiente fragmento. ¡No puedo esperar a saber qué pasará después!"

Gracias, Ángela. Estaré eternamente agradecido y en deuda con tus aportes positivos, tus consejos y tu amistad.

Luz en la oscuridad. Recuerdo cuando ocurrió la consecuencia más traumática de mi vida en 1996.

Después de un duro día de trabajo, me acomodé en mi suave sillón reclinable de cuero. Era una cálida noche primaveral de Marzo, unos días antes de cumplir cuarenta y tres años. Me acerqué y coloqué mi copa de vino merlot en nuestra mesa auxiliar de madera de estilo antiguo de los años 60 mientras se reproducía un episodio de *Seinfeld* en la televisión. Tu madre entró sin decir una palabra en la habitación con expresión preocupada, mostrando una tristeza consumida. Hicimos contacto visual. Robbin se frotó la frente con ambas manos y se detuvo como si estuviera perturbada. Mientras bajaba las manos, declaró con calma y sin ninguna emoción, "Quiero el divorcio." La voz de Robbin se convirtió en un susurro mientras continuaba: "Sé que esto es difícil, pero ya no quiero estar casada contigo".

Robbin salió rápidamente de la sala familiar y se dirigió por el pasillo hacia el dormitorio principal. Reaccioné torpemente, tropezando hacia adelante como si hubiera separado completamente mi cuerpo de mi mente. Mis ojos comenzaron a llenarse de lágrimas. Sus palabras no sólo me sorprendieron, sino que me dejaron sin aliento. De repente, me sentí congelado por la consternación y atrapado en una experiencia extracorporal. Me pregunté, *¿Escuché correctamente?* Sentí que mis rodillas se doblaban, sintiéndome mareado y conmocionado. Tuve que volver a sentarme con las manos cubriéndome la cara. Me incliné hacia adelante y cerré los ojos, pensando, *Este es el día más terrible de mi vida.* De repente me estaba ahogando en la oscuridad de la desesperación, buscando cualquier rayo de luz.

En medio de la angustia, intenté ordenar mis pensamientos mientras la consternación y las náuseas se volvían implacables. Entonces, sumido en la contemplación, una voz familiar en mi cabeza me dijo, *Después de casi dieciocho años de matrimonio, ¿quiere divorciarse?* Siempre había creído que el matrimonio era para siempre. El matrimonio fue el comienzo de una familia y un compromiso de larga vida. No se desarraiga ni se desecha un matrimonio a largo plazo. En mi opinión, el matrimonio era más que una unión física; también era una unión espiritual y emocional. Por lo tanto, fue de gran significado mi adhesión, aceptación y fe en el sacramento del matrimonio y sus votos.

"Yo, John, te tomo a ti, Robbin, como mi legítima esposa, para tenerte y conservarte desde este día en adelante, para bien o para mal, en la riqueza y en la pobreza, en la enfermedad y en la salud, para amarte y respetarte, hasta que la muerte nos separe, según la santa ordenanza de Dios, y a ello te prometo mi fe."

Durante varias semanas después de la solicitud de divorcio de su madre, todo se volvió oscuro, desconcertante, doloroso y tan desenfocado que no estaba seguro de poder encontrar alguna vez la manera de salir de esa total confusión. Aunque hubo señales tempranas de advertencia, comportamientos de falta de apoyo e infidelidad durante nuestro quinto año de matrimonio, fue un desafío lidiar con la contradicción de que un amor en el que había trabajado y por el que había hecho sacrificios, inesperadamente sentía que toda esperanza se había desvanecido. Las emociones de su madre hacia mí se quedaron sin vida lo que indicaba que su amor por mí estaba muriendo. El siguiente pensamiento que me llenó de ansiedad fue cómo afectaría esto el bienestar de mis hijos. De repente, me di cuenta de que la solicitud de tu madre alteraría drásticamente nuestras vidas. Se convertiría en una vida por la que tendría que luchar o en la que tendría que aceptar la dura realidad de que nuestra relación y vínculo familiar terminarían cuando Robbin se negara a aceptar trabajar en nuestro matrimonio. Mi búsqueda de sentido comenzó.

Desde nuestro divorcio, nuestra desconexión y abandono mutuo como unidad familiar ha sido desgarrador e inquietante. Nunca he vuelto a ser el mismo. Perder su amor ha sido la experiencia más dolorosa de mi vida. Deliberadamente, recrearé algunas experiencias alegres y agonizantes desde un punto de vista imparcial y desde un examen de conciencia. Me convertí en víctima de una traición. Sin embargo, nunca sufrí el victimismo. Elegí quedarme. Nunca busqué la autocompasión ni utilizar la infidelidad de tu madre como excusa para nada. A través del perdón y la compasión, quería salvar a nuestra familia. Lamentablemente, nuestra unidad familiar se quebró, nuestro entorno familiar, donde se satisfacían nuestras necesidades, se destrozó y sus necesidades de acceso familiar a apoyo emocional y comunicativo inmediato se rompieron. Éstas son sólo algunas de las ramificaciones de una ruptura matrimonial. Todo lo que siempre quise fue el apoyo inquebrantable y el amor incondicional de su madre. Quería envejecer con ella y cumplir nuestros votos matrimoniales. En retrospectiva, siempre hubo una premisa subyacente de que su madre no estuvo ahí para mí, a menudo me decepcionó y nunca se convirtió en mi mejor amiga. Después de sobrevivir a la infidelidad y justo antes de ingresar a la escuela secundaria, nuestra relación matrimonial se volvió unidimensional.

Su madre dejó de estar emocionalmente disponible y el apoyo amoroso a veces parecía fuera de alcance. Me convertí en un fantasma, me sentí atrapado, no amado e insignificante para mi esposa. Hice lo mejor que pude, considerando que tenía que superar la infidelidad de su madre con un estudiante universitario y su afirmación unos años más tarde de que su padre había abusado sexualmente de ella. Elegí perdonar y no explorar estos capítulos oscuros de nuestro matrimonio. Hice este sacrificio personal por su bienestar y nunca me arrepentiré de esta decisión. Sin embargo, muchas preguntas han quedado sin respuesta a lo largo de todos estos años. ¿Por qué su madre decidió soportar trece años más de matrimonio considerando su anterior infidelidad? ¿Por qué su madre fue tan agresiva durante nuestro acuerdo de divorcio y no estuvo dispuesta a ceder? ¿A dónde fue su amor? Robbin nunca explicó por qué dejo de amarme. Si pudiera leer su mente, ¿qué historia contarían sus pensamientos?

En consecuencia, me sentí obligado a no dejar ninguna palabra para contar mi historia. Es triste para mí pensar que no saben mucho sobre mí o que ni siquiera se molesten en preocuparse por nuestro distanciamiento. He intentado comunicarme con ustedes varias veces por diferentes medios, sin éxito. Quiero que comprendan cómo las transiciones y los factores disruptivos de la vida influyen en nuestras elecciones y proceso de toma de decisiones. Quiero que me hagan responsable de mis acciones y errores de juicio. Por lo tanto, espero que mis memorias le ayuden a comprender mis motivos y sentimientos genuinos con respecto a lo que llevó a nuestra alienación desde un punto de vista objetivo y no crítico. Teniendo esto en cuenta, ¿cómo se puede llegar a ser la persona que seremos? ¿Qué nos lleva a tomar decisiones y elecciones individuales que pueden cambiar el rumbo de nuestras vidas? Estas preguntas y temas involucran experiencias de vida interpersonales muy complejas y variadas que sociológica y psicológicamente proporcionan el marco de cómo, por qué y en qué seremos más adelante en la vida. Por lo tanto, otra cita de Carl Jung parece apropiada aquí.

> *Quien mira afuera, sueña; Quien mira dentro, despierta. No hay toma de conciencia sin dolor. El privilegio de tu vida es convertirte en quien realmente eres.*

Dado que nadie experimenta o ve el mundo exactamente de la misma manera, nuestro comportamiento y la naturaleza humana se ven afectados por la interacción entre nuestra herencia biológica fundamental y las transiciones de la vida. La lucha de la naturaleza humana siempre ha sido una cuestión de tira y afloja. Tomamos decisiones y cometemos errores. Es difícil ser humano. Pero lo más importante es comprender cómo la unidad familiar proporciona calidez, refugio, cuidado, amor y vínculos duraderos que dan forma a nuestra evolución.

El divorcio destruye la unidad familiar y todo cambia. El divorcio es increíblemente problemático, especialmente cuando hay niños de por medio. Por lo tanto, permítanme explicarle lo mejor que pueda quién es su padre y cómo las transiciones de la vida influyeron en mi toma de decisiones. Este trabajo escrito será una memoria de la historia de mi vida y una interpretación de mi humanidad desarrollada. Mi esperanza y mi deseo es que mi retrato escrito les ayude a comprender no sólo quién soy yo como su padre, sino también cómo surge el distanciamiento familiar maligno y por qué el amor, el perdón y el apoyo con mente abierta son tan importantes. Siempre que sea posible, quiero ofrecerles una idea de cómo fue estar en mi lugar y cómo he vivido la felicidad, la tristeza, el dolor y el arrepentimiento no sólo de mi divorcio de su madre sino también de su descontento hacia mí. Este testimonio no es más que una interpretación personal de mi historia. Decir la verdad sin agendas ocultas y explicar las cosas desde mi punto de vista y un lugar de integridad personal. Nunca quise ser percibido como un obstáculo emocional para su crecimiento. Lo único que les pido es que tengan la mente abierta. Por lo tanto, tenemos el poder de interpretar nuestro pasado y crear una historia que maximice el significado y el propósito que obtenemos de la vida. Así que, aquí está, la historia de mi vida.

Siempre me encantó ver mis fotografías de bebé durante mi infancia porque la mente humana generalmente sólo puede recordar eventos limitados en los comienzos más tempranos. Mis fotografías de recién nacidos me conectaron con mi pasado más temprano y pusieron en perspectiva todas las historias compartidas sobre mi existencia en evolución.

Yo era un bebé gordito, de cara redonda y grandes ojos color avellana. Mis padres me decían a menudo que me parecía a Telly Savalas de la serie de televisión *Kojak* de los años 70. Mi fotografía infantil favorita de todos los tiempos fue tomada cuando tenía dos años. El retrato nos muestra a mí y a mi hermano Frank con un traje corto. El traje corto consistía en una chaqueta formal (con grandes botones redondos blancos). Esa imagen inspiraría a parientes y familiares a acuñar la frase en las reuniones, *Frankie y Johnny eran amantes*, una antigua canción popular tradicional que se hizo famosa en 1912, pero le seguirían varias versiones. A mis padres les gustó la versión de 1946 de Lena Horne. Hasta el día de hoy, recuerdo a mis padres cantando variaciones de las letras de sus canciones cuando teníamos la edad suficiente para entender, "Frankie y Johnny eran amantes. Oh, Señor, cómo se amaban. Juré ser fiel al otro y a las estrellas de arriba. Eran muchachos que no podían hacer nada malo."

Curiosamente, mis primeros recuerdos los evoqué de una situación cargada de emociones o de un acontecimiento placentero que experimenté cuando tenía tres años. Mis padres, intentando brindar un ambiente positivo, amoroso y de apoyo, se mudaron al lado de sus bisabuelos, Howard y Betty Barter. Así, mi hermana mayor, Judy, mi hermana menor, Mary, mi hermano gemelo, Frank, y yo comenzamos nuestras vidas hacinadas en una pequeña habitación en un modesto departamento de dos habitaciones en School Street en Oakland, California. El año fue 1956.

Uno de mis recuerdos más traumáticos incluía el espacio limitado, la oscuridad y la agitación emocional provocada por cuatro niños pequeños que vivían y dormían juntos en espacios reducidos dentro de una habitación de tres por diez pies. La habitación estaba inusualmente oscura incluso durante las horas de luz porque tenía una ventana de tamaño insuficiente con persianas que ocultaban la luz y que estaban cerradas la mayor parte del tiempo.

Una tarde, mientras papá estaba en el trabajo, mamá estaba aspirando la alfombra de nuestra habitación cuando de repente apagó la aspiradora para decir que había olvidado algo y necesitaba dar un paseo rápido para ver a la abuela al lado. Antes de irse, mamá le dijo a Judy: "Quédate con los niños y mantén la puerta principal cerrada con llave. Regresaré en cinco minutos". Como los típicos niños, inmediatamente empezamos a jugar juntos en nuestro dormitorio, con la única iluminación proporcionada por una lámpara del techo cuando las persianas estaban cerradas. Mamá había dejado la aspiradora en nuestra habitación con el largo cable de extensión que llegaba hasta el enchufe del pasillo. Jugando al escondite y a la luz roja/luz verde simultáneamente, de alguna manera apagamos la luz de la pared y cerramos la puerta del dormitorio de golpe sobre el cable de la aspiradora. De repente quedamos en una oscuridad total.

Frenética y presa del pánico, Judy extendió los brazos a ciegas, haciendo todo lo posible por encontrar el pomo de la puerta y el interruptor de la luz. Una vez que sintió el pomo de la puerta, intentó abrirla, lo que resultó inútil. Inmediatamente, la histeria incontrolable apareció. Recuerdo vívidamente los sonidos de emociones tensas, revoloteos en la oscuridad y gritos pidiendo ayuda. Fueron los cinco minutos más largos de mi vida cuando mamá finalmente regresó a casa para rescatarnos de la oscuridad a la luz. Incluso a esa temprana edad, el sentimiento de claustrofobia y miedo a la oscuridad era natural e inició un miedo subyacente a los espacios confinados por el resto de mi vida. La agitación emocional de mis hermanos que estallaban en lágrimas angustiosas mientras convivían dentro de ese espacio vital compacto moldearía mi anhelo psicológico de paz mental y serenidad. La breve ausencia de mi madre evocó un miedo infantil al abandono y la internalización de eventos estresantes. La locura de tener una familia tan numerosa tendría sus ventajas y desventajas.

Como nuestra cuidadora principal, mamá quería fomentar la relación entre los lazos familiares y el linaje al contar con la sabiduría, el amor incondicional y el apoyo que brindan los abuelos. Recuerdo claramente la alegría y la emoción de correr al departamento del abuelo y la abuela Barter todos los domingos por la mañana para desayunar. Mientras me acercaba a la puerta principal, podía oler el maravilloso aroma de la masa para panqueques y el jarabe de arce Aunt Jemima. La mejor parte era recibir un gran abrazo de oso del abuelo Howard mientras sentado en su regazo me leía los periódicos divertidos. El abuelo me contaría tarde que parecía responder y disfrutar más la tira cómica del periódico que presentaba *Animal Crackers*. Los cómics de *Animal Crackers* presentaban diversas vidas animales animadas que se enfrentaban a diferentes situaciones a medias de la naturaleza humana. Cada vez que teníamos que dejar al abuelo y a la abuela para irnos a casa, recuerdo que el abuelo siempre decía, "Sé un buen chico y te veré en los periódicos divertidos." Ser un buen chico se convertiría en una meta inspiradora para mí.

Mi padre era un niño adoptado. Sus padres adoptivos lo llamaron Garth Delmane Edwards. Al crecer en la pequeña ciudad agrícola de Morgan Hill, en California, mi padre asistió a la escuela secundaria Live Oak, donde tocaba la batería en la banda de la escuela y era un atleta estrella en pista de cien yardas. Finalmente se graduó en la Universidad Estatal de San José antes de servir a su país y entrar en la Guerra de Corea. Después de la guerra, papá comenzó su carrera en la Estación Aérea Naval en Alameda, California. Sus compañeros de trabajo lo apodaron "Steady Eddie" por su inquebrantable ética de trabajo.

Mi madre creció en el Área de la Bahía y conoció a mi padre unos cuatro años después de graduarse de la escuela secundaria. Papá era trece años mayor. En 1950 se casó con su abuela, cuando tenía treinta y tres años. Mamá renunció a su trabajo en los grandes almacenes Montgomery Wards en Oakland para dedicar su tiempo a criar a sus hijos como ama de casa. Mi padre lo prefería así.

El estribillo favorito de papá para mamá era *Dee Dee Baby Boo Boo's*, ya que su primer nombre era Delores. A finales de 1957, unos años después de que terminara la Guerra de Corea, mi padre sirvió como oficial del ejército de la policía militar. Comenzó su carrera como modelista de fundición de metales en la Estación Aérea Naval de Alameda. Papá era un excelente manitas debido a sus habilidades mecánicas naturales, incluidas las aptitudes competentes en carpintería y automoción. En ese momento, mis padres también decidieron alejarse de nuestros abuelos y comprar su primera y única casa en San Lorenzo, California. Una casa en lote de esquina de 1,350 pies cuadrados, de una sola planta, con tres dormitorios, dos baños completos, en Vía Catherine. El GI Bill ayudó a mi padre subsidiando hipotecas de bajo costo para los soldados que regresaban, lo que significaba que siempre era más barato comprar una vivienda suburbana que rentar un apartamento.

Todas las casas del vecindario se construyeron en pequeños lotes con atributos de construcción similares entre grandes sicómoros que daban sombra a las calles. San Lorenzo era conocido por su clima templado ideal. Las viviendas de San Lorenzo no necesitaban aire acondicionado. Septiembre suele ser el mes más caluroso del año, con un promedio de sólo setenta y cinco grados, con brisas frescas al final de la tarde provenientes de la cercana Bahía de San Francisco. En años posteriores, descubrí que el pequeño pueblo de San Lorenzo fue una de las primeras comunidades planificadas de nuestra nación, con parcelas de tierra designadas para escuelas, iglesias, parques, estaciones de policía y bomberos, un teatro, una biblioteca, una pequeña planta industrial. zona, y varios centros comerciales. Todavía recuerdo el día en que nos detuvimos en la acera frente a nuestra nueva casa en la Chevy Station Wagon 1955 azul claro de mis padres. Al intentar salir del asiento trasero del auto, la canción "A White Sport Coat (and a Pink Carnation)" todavía sonaba a todo volumen en la radio del auto. Mi hermano, Frank, no pudo contener su emoción cuando salió corriendo del vehículo antes de que mi padre pudiera apagar el motor para poder ser el primero en observar y correr a toda velocidad por nuestra nueva residencia.

Cuando el resto de la familia nos siguió y entró a la casa unos momentos después, no pudimos encontrar a Frank por ningún lado. Era como si Frank se hubiera desvanecido en el aire. De repente, mi madre escuchó un grito débil pidiendo ayuda desde el baño del pasillo. Mamá pensó que Frank podría estar gravemente herido y gritó, "¡Mi pequeño bebé! ¡Mi pequeño bebe!" Frank sobrevivió con sólo algunas abrasiones y moretones. Mientras corría en la oscuridad, Frank se había caído por la abertura del espacio del sótano (aproximadamente un metro de altura) descubierta en el piso del baño. El comportamiento excesivamente entusiasta de mi hermano parecía bastante familiar para cualquier comprensión visual. Sin embargo, a medida que Frank crecía cada año que pasaba, la evolución de sus síntomas, como la falta de atención y la impulsividad, progresaría y se extendería hasta la escuela secundaria, proporcionando muchos recuerdos e historias preciadas. Sin embargo, caer a través del piso no detendría a Frank.

Crecimos en San Lorenzo, una comunidad de clase media ideal y segura para familias en crecimiento y trabajadores contratados en industrias del Área de la Bahía relacionadas con la guerra fría desde mediados hasta finales de los años cincuenta y hasta los sesenta. En aquellos días, se podía caminar por las calles de noche y dejar las puertas de entrada sin seguro y las ventanas abiertas de par en par. San Lorenzo, ubicado entre San Leandro al norte y Hayward al sur, está clasificada como una pequeña ciudad no incorporada. Su superficie terrestre es de sólo tres millas cuadradas, lo que limita el crecimiento de nuevas viviendas y de su población. Por lo general, la población de la comunidad de San Lorenzo se mantiene en alrededor de veinticuatro mil personas, y demográficamente alberga principalmente etnias blancas, asiáticas e hispanas. Conocíamos a los vecinos por su nombre, contribuyendo al ambiente comunitario solidario, amigable y de valor familiar. La mayoría de la gente se sentía cómoda con las idas y venidas del barrio. Era una práctica común recibir leche fresca una vez por semana en las primeras horas de la mañana a principios de los años sesenta.

A menudo se escucha el ruido del tintineo de las botellas de leche colocadas en cajas metálicas de leche en el porche de la casa. El lechero, el cartero y el personal de basura eran conocidos por sus nombres de pila y se volvían amigos de la familia. La autopista interestatal 880 es la principal autopista que se extiende desde Oakland hasta San José. Durante mi infancia, otras tres características interesantes y puntos de referencia memorables de San Lorenzo fueron un gran parque llamado *Tot Town*, que eventualmente se conocería como el Centro Comunitario del Parque San Lorenzo. El Teatro Lorenzo era un hito cinematográfico popular con sus murales fluorescentes art déco y su disposición de asientos tipo estadio. Y las vías del ferrocarril de la costa del Pacífico Sur estaban a solo unas cuadras al oeste de nuestra casa. Estos tres hitos despertarían una mente inquisitiva que dinamizaría nuestro desarrollo social. Me quedaría en mi ciudad natal hasta 1979.

Antes de finales de la década de 1950, habíamos reemplazado nuestros triciclos rojos por bicicletas Schwinn Sting Ray, ya que mis padres nos inscribieron a Frank y a mí en la clase de jardín de infantes local de Bay School cuando teníamos cinco años. Frank y yo estábamos separados porque teníamos profesores diferentes. Mi maestra, la señorita Carpadakis, proporcionó un ambiente de enseñanza que proporcionaba actividades apropiadas para mi edad para nutrir y alentar mi entusiasmo por aprender. *El gato en el sombrero* del Dr. Seuss fue mi libro favorito, una historia que aumentó mi imaginación e interés, mejorando mi disfrute de la escuela. Cuando perdí mi cara de mejillas regordetas, pude recitar con orgullo el abecedario y contar hasta cien a los cinco años. Además, noté cómo mis habilidades motoras en desarrollo me permitían saltar, correr y brincar. Al comprender nuestro desarrollo de fuerza física y movimiento, papá nos compró nuestro primer bate de béisbol de plástico de treinta y dos pulgadas y nuestra primera pelota wiffle para mantenernos ocupados. Tener un juego de bate y pelota complementaba los otros juguetes clásicos que teníamos en 1958 (por ejemplo, soldados de juguete de plástico GI Joe, Matchbox Hot Wheels y súper pelotas Wham-O).

Al prepararme para la escuela, tenía la libertad de vestirme después de que mamá insistiera en elegir mi ropa para el día. Mamá siempre me peinaba para que pareciera uno de sus actores favoritos, Clark Gable, de la famosa película *Lo que el Viento se Llevó*. Primero, mamá se aseguraba de que mi cabello estuviera perfectamente peinado hacia un lado y con una raya en el otro. Luego, usaba una pequeña cantidad de agua con crema para el cabello Brylcreem para mantener mi cabello en su lugar. Luego, con amorosa satisfacción, mamá me miraba con admiración y decía: "¡Johnny, eres tan adorable!". Este peinado me sería útil hasta el octavo grado. El vínculo afectivo de mi madre me daría una ventaja para establecer los rasgos de carácter de confianza en uno mismo, afecto y empatía. Mamá se convertiría en nuestra protectora, nuestra defensora y nuestra disciplinaria.

Antes de entrar al primer grado, mi hermana mayor, Judy, había terminado el segundo grado. St. Joachim's estaba a unas dos millas de nuestra casa, ubicada en la ciudad vecina de Hayward. Al ingresar a la misma escuela, Judy se convirtió en un sistema de apoyo para saber qué esperar. La matrícula en las escuelas católicas era muy cara en aquella época. Mi padre, el único sostén de la familia que ganaba dinero para ayudar a mantener a nuestra gran familia, recibió ayuda financiera de mis abuelos para que todos los hermanos pudieran asistir juntos a una escuela privada. Nuestra madre, que tenía una formación activa en la fe del catolicismo romano, influyó mucho en la importancia de participar en la guía de fe y espiritualidad que brindaba la iglesia. Cuando éramos bebés, todos recibimos nuestro primer Santo Sacramento del Bautismo en la Iglesia Católica. Mamá se aseguró de que supiéramos la señal de la cruz, el Padre Nuestro, el Ave María, el Credo y las oraciones de Gloria. Mamá nos enriqueció con el regalo de un rosario y dijo, "Rezar el rosario todas las noches purificará sus almas del pecado".

Como familia asistíamos a la ceremonia de adoración los domingos a las 8:30 a.m. El objetivo principal de nuestra madre era que todos lleváramos una vida virtuosa a través de la oración y el cumplimiento de los Diez Mandamientos. Mamá exigía que nuestra preparación antes de asistir a misa fuera oportuna y disciplinada. Sus instrucciones eran similares a las de un sargento instructor de la Marina y tan efectivas como un toque de trompeta de diana para despertar al personal militar al amanecer. Mamá gritaba "Prepárense", despertándonos temprano en la mañana del domingo, todavía exhaustos mientras intentábamos levantarnos de la cama. Dejar claras las reglas de enfrentamiento y cumplirlas fue una táctica fundamental para mi madre. Intentar disciplinar a cuatro niños pequeños fue una tarea ardua. Rápidamente nos dimos cuenta de que nuestra madre era la figura controladora de la familia y gestionaría nuestra autonomía con una autoridad rígida pero amorosa. Aunque el acto de adoración comenzaba a las 8:30 a. m., llegábamos a las 7:30 a. m. para asegurarnos de que nuestra familia siempre obtuviera el banco de la primera fila más cercano al altar. Se conocería como el banco de *la familia Edwards* durante varios años.

Papá era de fe protestante, adherente a las creencias cristianas y rara vez asistía al servicio con nosotros. El objetivo principal de papá era mantener a su familia y ser un modelo masculino a seguir y maestro. Steady Eddie era un hombre de rutinas y sacrificó todas sus opciones oportunistas y su autonomía por nosotros. Papá nos permitiría cometer errores y aprender de ellos. Siempre fue comprensivo y protector de una manera tranquila y discreta. Papá demostró su amor incondicional por su familia a través de su ética de trabajo duro y haciendo todo lo posible para brindarle a su familia la seguridad y suplir las necesidades. Papá representó el ejemplo perfecto de lo que significa el sacrificio personal por su familia. Para mí, este tipo de ejemplo a seguir reflejaba el profundo amor de papá por su familia. Su principal preocupación era que a todos nos fuera bien en la vida. Siempre estuvo ahí cuando necesitábamos su apoyo o ayuda. Fue desinteresado y permaneció casado con mi madre durante más de sesenta años. Lamentablemente, no pude seguir el ejemplo de mi padre de compromiso matrimonial con una mujer durante toda su vida.

La primera infancia, desde el primer hasta el cuarto grado, transcurrió relativamente sin incidentes. Durante la escuela primaria, el contacto regular con otros estudiantes a diario influiría en la importancia de reforzar las amistades y querer agradar y aceptar. Tener a mi hermano gemelo, Frank, en la misma clase y grado ayudó con esta transición, y mi hermana, Mary, siguió un grado detrás. Aunque mi madre era estricta y disciplinaria, nos animó a participar en actividades escolares y deportes de equipo, ya que reconoció desde el principio que todos teníamos habilidades atléticas superiores al promedio. Además, mamá quería asegurarse de que tuviéramos una dieta equilibrada y nutritiva. Hizo hincapié en la importancia de asegurarnos de que comamos diversas verduras, frutas y cereales integrales. Durante ocho años consecutivos de escuela primaria, pudimos contar con una manzana, una naranja y un plátano en nuestras bolsas de almuerzo.

Mamá y Papá fueron atletas excepcionales en su época. Mamá era una excelente jugadora de béisbol y papá era una impresionante estrella de atletismo en la escuela secundaria, corriendo carreras de cien yardas en un tiempo fijo de diez segundos medido con un cronómetro de mano durante su último año. Las habilidades atléticas de mis padres serían un rasgo heredado que mejoraría nuestra capacidad para mantener amistades y comprender la importancia del trabajo en equipo. Nuestra principal fuente de diversión desde el principio fue jugar al escondite afuera en las calles o en los jardines de los vecinos. Todavía puedo escuchar a mi mamá decir, "Sal y juega y no hables con extraños". En última instancia, las calles se convertirían en una prioridad secundaria, y eventualmente serían reemplazadas por los campos de béisbol/fútbol y canchas de baloncesto disponibles.

La vida familiar antes de finales de la década de 1950 estaba cambiando rápidamente. El tamaño de las casas estaba creciendo. Frank y yo compartíamos un dormitorio, al igual que Judy y Mary compartían el otro. Eso no duró mucho porque mamá y papá tuvieron un quinto hijo. Susan, por necesidad, ocuparía el mismo dormitorio que Judy y Mary. En algunos aspectos, un espíritu de cuerpo o tribalismo evolucionó a medida que compartíamos un sentido de unidad familiar y valores justos.

Mamá y papá se contentaban con amueblar su hogar con modestas comodidades usando una combinación de muebles usados o decorándolos con arte enmarcado de mal gusto y adornos de pared adquiridos ahorrando sellos Green o Blue Chip. La moda de las mejoras en el hogar o la ayuda en el diseño de interiores para los propietarios no llegó hasta la década de 1970. Teníamos una acogedora chimenea que disfrutábamos cómodamente en familia durante el frío invierno. También se introdujeron continuamente mascotas en nuestra familia.

Nuestra primera mascota fue un periquito que comía semillas y piaba constantemente todo el tiempo. Pronto, un par de peces de colores hicieron la entrada a casa en un gran recipiente de vidrio que mi mamá colocó encima de la consola del televisor. Algunas de las mascotas eran visitantes de corta duración. Recuerdo cuando Mary trajo a casa una gallina y un hámster. Los perros y los gatos fueron miembros de la familia durante mucho tiempo. Durante este tiempo, mis padres comenzaron a asumir roles más importantes en la valoración de la conformidad, enseñando límites apropiados y obedeciendo las reglas para no meterse en problemas. Como resultado, algunas reglas del hogar se volvieron no negociables.

Mamá era la principal administradora del castigo por mala conducta. Se le daba muy bien retirar temporalmente privilegios o cariños como medio de disciplina: la raqueta o la correa se volvieron predecibles. Las consecuencias serían iguales. Por ejemplo, mientras jugábamos al "escondite" afuera con Mary y Frank, accidentalmente corrimos por el jardín de flores de mi mamá, aplastando y rompiendo varios de sus tulipanes y rosas. Más tarde, ese mismo día, mamá fue a cuidar su macizo de flores y se dio cuenta del daño. "¡Frankie, Johnny, María!" gritó a todo pulmón mientras escaneaba y acechaba el paisaje del jardín delantero como un investigador entrenado. Encontró nuestro escondite detrás de un gran rododendro. Gritó, "Entren a la casa. ¡Ahora!"

Mamá nos puso en fila cerca de la estufa de su cocina y nos pidió "darnos la vuelta" con voz severa. Luego mamá usó su instrumento disciplinario, la correa, en nuestros traseros. Más adelante en la vida, en detrimento nuestro, me di cuenta de que este tipo de disciplina física era el resultado directo de su educación y de normas culturales que permanecieron vigentes durante mucho tiempo antes de ser prohibidas. Se llamaba *castigo corporal*. Después de los azotes, me fui a mi habitación sollozando. Quería creer que mi mamá, que nos amaba, nos enseñaba la diferencia entre el bien y el mal, respetar a los demás y tener conciencia cuando se hace algo mal. Así que nunca más volví a recibir una paliza con esa correa y me convertí en ese "buen chico" que mi abuelo Barter me pidió que fuera.

Después de que lo llevaran a casa desde la escuela a principios de la temporada de otoño de 1960, le entregué a mamá una hoja de inscripción de mi maestra para que Frank y yo ingresáramos a la OJC de baloncesto de segundo grado. La OJC significa Organización Juvenil Católica. Incluso hoy, la OJC de baloncesto sigue siendo el programa juvenil más extenso de los Estados Unidos. Mamá puso su mano sobre mi hombro, "Papá y yo ya los inscribimos a ti y a Frankie para jugar. Papá y nuestro vecino, el Sr. Daly, serán sus entrenadores. Así que termina tu tarea antes de que papá llegue del trabajo. Te llevará a comprar unos tenis nuevos". Incluso hoy, recuerdo la emoción y la alegría de conseguir unos tenis nuevos. Parecían ayudarme a correr más rápido y saltar más alto. Estaba tan feliz que corrí y salté por todo nuestro jardín delantero con esas zapatillas nuevas hasta que me cansé.

Cuando recibimos nuestras camisetas rojas de baloncesto con números blancos, mi hermano y yo estábamos ansiosos por empezar a jugar. Papá trabajó con nosotros sin cesar en las habilidades adecuadas de regate y tiro con una pelota de baloncesto de tamaño adulto. Nuestra primera aventura en equipo deportivo nos llevaría hacia el amor por la competición y los deportes de equipo. Mamá y papá se dieron cuenta de que las actividades deportivas ayudarían a desarrollar la confianza en uno mismo y la autoestima. Eso significó que el baloncesto, el béisbol y el atletismo se convertirían en nuestros principales deportes participativos. Mamá se oponía a que jugáramos fútbol porque lo consideraba agresivo y violento, y corríamos el riesgo de sufrir lesiones graves.

Si no eran los deportes los que ocupaban nuestro tiempo, era la radio o el tocadiscos. Sin embargo, con las próximas mejoras en la televisión, la transición de una pantalla en blanco y negro a una en color afectaría significativamente nuestras vidas en torno al televisor. Mi tío materno Eddie era reparador de servicios de televisión y era dueño de su tienda en San Leandro. En 1960, la mayoría de los hogares estadounidenses tenían televisores en blanco y negro o consolas de radio con gabinetes de madera con cambiador de discos y parlantes montados en el interior. Escuchar la radio fue muy popular durante la década de 1960. Nuestra familia tenía ambos. Mis padres tenían un gran mueble/cambiador de discos de madera Philco Radio y una consola de televisión de madera Westinghouse con una pantalla de diez pulgadas. Mi padre estaba continuamente en el techo, ajustando la antena de televisión. Con frecuencia murmuraba malas palabras en voz baja, tratando de mejorar la recepción de televisión. Al final, llamaba a mi tío Eddie para que pasara a reemplazar los tubos de vacío de vidrio.

Durante ese año, los programas de boob-tube favoritos de mis padres eran *Rawhide, Wagon Train, I Love Lucy, American Bandstand* y *The Ed Sullivan Show*. Mi primera exposición visual a la política ocurrió durante la campaña presidencial de Richard Nixon y John Kennedy en 1960. Mamá y papá, demócratas devotos, estaban absortos viendo el debate entre ellos en su pequeña pantalla de televisión en blanco y negro. Después del concurso, mi padre exclamaba, "¡Jack acaba de patearle el trasero a Nixon en ese debate!" Quería que Kennedy ganara porque mis padres apoyaron su campaña.

Poco después del discurso inaugural de Kennedy, mi tío Eddie pasó por aquí y se detuvo en nuestro camino de entrada en su camioneta de carga Dodge de *Reparación de Televisores de Eddie*, de color azul y amarillo, con una plantilla comercial de color azul y amarillo. Les dio a mis padres una gran oferta por un televisor en color RCA Victor de pantalla grande usado que había reparado en su taller. El tío Eddie diría: "La televisión superará a la radio como la forma más popular de entretenimiento en el hogar". Estábamos completamentefelices y asombrados mientras veíamos programas de televisión, películas y nuestro programa de dibujos animados favorito, *Los Picapiedra*, a color.

Antes de completar tercer y cuarto grado, me volví más consciente de cómo el mundo exterior moldearía mi desarrollo social y emocional. Leí y escribí a los nueve años, pero todavía trabajaba en la ortografía y la gramática correctas. Era un buen estudiante. Mi comprensión de cómo relacionarme con mis compañeros y adaptarme a las reglas sociales se hizo más avanzada. Mis padres hicieron un excelente trabajo al equilibrar la rivalidad entre hermanos y la igualdad de trato. Las reglas del hogar se establecieron uniformemente idénticas para todos y se implementaron para que no se infringieran; ir más allá de estas reglas traía consecuencias. Sin embargo, discutir mi punto de vista y negociar algo con mis padres se volvió más común. Ser parte de un grupo y ser popular era fundamental para evitar el acoso y la maldad intencional por parte de otros niños. Mi habilidad atlética más avanzada y mi tamaño a una edad temprana me protegerían del estrés emocional como los insultos y la exclusión en mis años de infancia. El vínculo amoroso natural y el afecto físico de mi madre y mi padre crearían y reforzarían mi confianza y conciencia de las diferencias entre niños y niñas. El aroma del perfume femenino de mi madre, llamado Yardley Flair, comparado con la loción para después del afeitado masculina de mi padre, Old Spice, por ejemplo, se convertiría en una señal química que desencadenaría mis emociones y recuerdos. El poder del tacto y el olfato humanos aumentaría mi interés y curiosidad sobre la percepción de género.

A papá y a mamá les encantaba la música. A mi madre le encantaba especialmente cantar y bailar con música. Mis padres eran excelentes nadadores, bailarines, de twist y jitterbug. A menudo se tocaba música en toda nuestra casa, estimulando la alegría, las emociones y la imaginación de nuestra familia. La música siempre despertaría mis recuerdos y sentimientos más profundos. En 1962, la canción "The Twist" de Chubby Checker se convirtió en un éxito número uno en Billboard y en una rutina de baile famosa en todo el mundo, como se demostró en el *American Bandstand* de Dick Clark.

La abuela y el abuelo Barter nos visitaban todos los domingos por la tarde y saludaban a cada nieto con una moneda de plata. No se puede subestimar el amor y la cercanía emocional que brindaron. Sus cualidades de empatía, autocomprensión, amabilidad y aceptación fueron los pilares de nuestros rasgos de carácter amorosos y empáticos.

Mientras que el Tío Eddie siempre estaba preocupado por las condiciones de funcionamiento de nuestro televisor o por ayudar a mis padres, nuestro tío Gil y Jordan eran artistas natos. El tío Jordan siempre nos hacía reír contorsionando su rostro como el famoso comediante y actor de los años 60 Jerry Lewis haciendo expresiones faciales divertidas. Era un imitador natural. El tío Gil sacaba su bolsa de trucos de magia y chistes cursis de una sola línea. Uno de los chistes del tío Gil decía así: "¿Por qué el alumno se comió su tarea? Porque el profesor le dijo que era pan comido". Mi tío Jordan decía: "¿Por qué usar chistes y trucos de magia para hacer reír a los niños Gil? Todo lo que tienes que hacer es poner una cara graciosa". Nos dejaron preciosos recuerdos de la infancia que reforzaron la importancia de la familia y de compartir el amor.

A principios de la década de 1960, mis padres tocaron los favoritos de la música pop occidental tradicional anterior al rock and roll, como Andy Williams, Bing Crosby, Steve Lawrence, Frank Sinatra, Nat King Cole, Doris Day y Dean Martin. Mamá y papá tuvieron una extensa colección de discos. Me enseñaron las hermosas melodías y letras románticas de las canciones "Moon River" de Andy Williams y "Pretty Blue Eyes" de Steve Lawrence. Escuchar melodías musicales y letras proporcionaría el marco y la evolución de la ternura emocional. Estas dos canciones fueron inmediatamente únicas para mí ya que mi mamá cantaba las voces y parecía repetir estas dos canciones con más frecuencia en el tocadiscos. Escuchar la letra y observar el placer de mi madre cantando el estribillo musical estimularía constantemente un sentimiento sincero y felicidad. Mi apreciación musical se convertiría en un poderoso instrumento para experimentar y relacionarme con las emociones humanas. Las hermosas armonías influyeron en mis interacciones sociales durante mi infancia y años posteriores simplemente escuchando y usando mi imaginación.

La música se convertiría en mi escape de los factores estresantes de la vida cotidiana. Después de escuchar atentamente la letra de la canción "Pretty Blue Eyes" de Steve Lawrence, me pregunté, *¿Cuál es el problema de que una chica tenga unos bonitos ojos azules?* cuestionando el fundamento cuando comencé a afirmar mi identidad de género.

Mi padre se dedicaba a su trabajo de tiempo completo. Regresaba del trabajo a las 4:30 p.m. todas las tardes como un reloj. Papá a menudo se quedaba dormido y tomaba una siesta rápida en el sofá de la sala antes de cenar o jugar con nosotros, los niños. Fue un fanático del fitness durante su juventud, principalmente levantando pesas y aprendiendo algunas habilidades de boxeo en el gimnasio de su ciudad natal. Nos transmitió su ética del fitness a mi hermano y a mí desde una edad temprana. Fácilmente podríamos hacer veinte flexiones y comprender algunas maniobras rudimentarias ofensivas y defensivas del boxeo. Papá nunca nos presionó para que practicáramos deportes como lo hacía mamá, pero hizo mucho para animarnos siendo un modelo a seguir, entrenador y maestro desde el principio. Siempre estuvo disponible para jugar a la pelota y ser nuestro lanzador en nuestros turnos al bate en el jardín delantero. Al mismo tiempo, mamá estaba ocupada jugando a la rayuela o enseñando a mis hermanas a usar el hula-hoop. El aro redondo de plástico estuvo de moda en los años 60.

En marzo de 1962, mis padres me regalaron una radio transistor Sony AM/FM de nueve voltios por mi noveno cumpleaños después de recibir los sacramentos de la Confirmación y la Sagrada Comunión. Fue uno de los dispositivos de comunicación más populares de esa época. Disfruté escuchando música en la estación de radio KFRC AM del Área de la Bahía, canal 610, y las transmisiones de mi equipo de béisbol profesional favorito en la estación de radio KSFO AM, canal 560 en el dial. Además, nuestra familia disfrutaba de las transmisiones televisivas de los partidos de béisbol de Giant en el canal 2 independiente de KTVU, solo una de las cuatro estaciones disponibles. Mi hermano Frank y yo crecimos y nos convertimos instantáneamente en fanáticos de las estrellas profesionales del béisbol, el baloncesto y el fútbol americano. Willie Mays, Wilt Chamberlain, John Brodie, Reggie Jackson, Daryle Lamonica y Kenny Stabler se convirtieron en modelos esenciales para los niños que crecieron en el Área de la Bahía.

Durante la "Edad de Oro" del béisbol, los Gigantes estaban en la Serie Mundial compitiendo contra los grandes de los Yankees de Nueva York, Mickey Mantle, Roger Maris, Whitey Ford y Yogi Berra en 1962. Los deportes profesionales eran un microcosmos de la sociedad que podía unir a una comunidad, impartían una pasión inspiradora que emular y daban un ejemplo de cómo lograr los sueños y metas. El béisbol juvenil de OJC definitivamente estaba en nuestro futuro cercano.

Antes de que terminara el año, la crisis de los misiles cubanos traería una intensa ansiedad, ya que Walter Cronkite en el noticiero vespertino de la CBS parecía estar en nuestro televisor las 24 horas del día, los 7 días de la semana. Las imágenes furiosas y los inquietantes clips de noticias con la delirante oratoria del líder revolucionario cubano Fidel Castro y del presidente de la Unión Soviética, Nikita Khrushchev, causaron miedo. Diariamente se practicaban en el aula simulacros de entrenamiento para agacharse y cubrirse por seguridad, enseñándonos a sumergirnos debajo de nuestros escritorios y cubrirnos la cabeza. Las sirenas antiaéreas de la defensa civil que sonaban a todo volumen en nuestro barrio eran inquietantes. El evento estalló en todo el mundo y los informes sobre las tensiones entre Estados Unidos y la Unión Soviética por Cuba dejarían una impresión duradera de que la guerra atómica y la destrucción global eran posibles. Recuerdo irme a la cama por la noche, preocupándome si viviese para ver otro día. Mi voz interior diría, *Soy demasiado joven para morir.*

Los ánimos se recuperaron después de que el bloqueo naval del presidente Kennedy funcionó y redujo las tensiones. Mis padres apoyaron aún más a Kennedy. "Kennedy acaba de salvar nuestras vidas y al mundo de la destrucción", dijo papá. Recuerdo haber respirado profundamente aliviado. Sin embargo, la Guerra Fría alcanzó su apogeo después de la Crisis de los Misiles cubanos.

El tío Gil le decía a mi padre, "¿Qué quieren ser los niños si tienen la oportunidad de crecer?"

Pensaba, *Pésimo chiste, Tío Gil.*

En años posteriores, al comprender el extraordinario significado histórico de ese fatídico acontecimiento, compré la obra escrita de Robert F. Kennedy llamada *Trece Días*, una memoria de la crisis de los misiles cubanos. Crecí con el temor de que una guerra nuclear fuera una posibilidad real.

La infancia posterior, que abarca del quinto al octavo grado, fue extraordinariamente agitada ya que mi comprensión de cómo los acontecimientos mundiales pueden afectar el significado de la vida se combinó con el inicio de la pubertad masculina. Los entornos escolares, las amistades, la participación deportiva, la música y los noticieros televisivos se volvieron más influyentes. Al nacer después de la Segunda Guerra Mundial, nuestra generación del baby boom experimentó un cambio dramático que transformó las reglas de todo lo que había sucedido antes. Desarrollar mis valores, normas culturales, límites y capacidad para decidir sobre el manejo de conflictos se volvió importante. Mi capacidad para dar una apariencia exterior de aplomo y autocontrol era esencial. Recuerdo vívidamente haber tenido que lidiar con cambios hormonales que hicieron que mi voz se hiciera más grave, aceleraran el crecimiento de mi vello corporal y facial y me hicieran más alto con el desarrollo de músculos y huesos. Los logros personales y los expedientes académicos se volvieron permanentes.

Mis padres enfatizaron la urgencia de lograr buenas calificaciones a través de hábitos de estudio inquebrantables en el plan de estudios escolar. Recuerdo la sensación de que ya no era nada especial, convirtiéndome ahora en uno más entre la multitud. Pasar más tiempo con la influencia de mi grupo de pares se volvió más importante a medida que la orientación de mis padres disminuyó. La puntualidad y la pulcritud, aprender a estar quietos, a guardar silencio y a no distraerse eran requisitos mientras asistía a un aula de una escuela católica. Las políticas de requisitos de vestimenta del uniforme escolar católico, las reglas y la disciplina del salón de clases, la reunión en la casa de Dios para el culto, ayudaron con estos estándares de conducta. Aunque no era un gran admirador de usar los mismos pantalones negros entrecanos, un suéter verde y una camisa blanca todos los días para ir a la escuela, lo acepté a regañadientes.

El tiempo de juego siempre fue de alta prioridad. Me mantenía ocupado durante horas imitando a mi jugador de béisbol favorito,

Willie Mays. Solía pararme afuera en nuestro jardín delantero frente al gran ventanal frontal de nuestra casa. Mi madre normalmente tenía las cortinas cerradas, dejando mi reflejo dentro del cristal. Después de ver muchos partidos de béisbol de los Giants por televisión, pronto me di cuenta de que mi postura de bateo y mi swing se parecían a los de Willie. Así que practiqué mi postura de bateo y mis golpes repetidamente, mirándome a través del cristal de la ventana delantera.

Mi hermano a menudo salía de la casa, rompiendo mi concentración y pidiéndome que jugara a lanzar y batear. Lanzábamos la pelota alto e intentábamos atraparla o nos turnábamos para batear. Por lo general, yo era el primer bateador y Frank el lanzador, ya que él flotaba en lanzamientos encubiertos mientras yo intentaba golpear la pelota con ese bate de plástico de treinta y dos pulgadas que papá nos había comprado.

Una tarde, estaba en mi posición de bateo, esperando que Frank hiciera un lanzamiento cuando escuché una débil voz femenina que decía, "¿Puedo jugar?". Cuando me volví, mirando por encima de mi hombro izquierdo, vi a una chica linda de cabello rubio con grandes ojos azules, vestida con un lindo mono azul con una pequeña camisa a cuadros rosa y blanca y zapatillas blancas. Agradablemente desconcertado, dejé caer el bate de béisbol de plástico y la pelota lanzada por mi hermano me golpeó en la cabeza. Parecía tener más o menos la misma edad que yo. Mas tarde descubrí que ella era un año mayor— tenía once años.

Le pregunté, "¿Cómo te llamas?"

Ella respondió, "Nancy... Nancy Peterson".

Al poco tiempo nos hicimos amigos inseparables. Andábamos en bicicleta juntos, jugábamos juegos de cartas o pasábamos el rato. Nancy se reía y sonreía ante mis bromas inocentes y los chistes cursis de una sola línea que aprendí de mi tío Gil. Miraba los grandes ojos azules de Nancy mientras conversaba. En lugar de escuchar, me distraía y notaba que mis sentimientos emocionales cambiaban mientras me concentraba en su cabello rubio y sus labios carnosos—ese fue mi primer enamoramiento. A partir de entonces, siempre estaba ansioso por llegar a casa de la escuela para estar con Nancy después de terminar mi tarea.

En un hermoso y cálido día de otoño de octubre, bailamos lentamente la canción "Our Day Will Come" de Ruby and the Romantics por primera vez. Estábamos intentando torpemente un movimiento de baile de dos pasos, moviéndonos hacia adelante y hacia atrás mientras pisoteábamos torpemente los dedos de los pies del otro mientras nuestros nervios desaparecían. Nos reíamos con un deleite reconfortante y podíamos ver la felicidad en los ojos del otro. Como la letra de la canción captura nuestro tierno afecto y nuestro inocente apego mutuo, "Nadie puede decírmelo. Que soy demasiado joven para saberlo, te amo tanto y tú me amas", cantamos la letra al unísono.

Después de un par de meses, mi afecto platónico por Nancy creció. Un día, una tarde de fin de semana, entré nerviosamente al jardín de flores de mi madre. Con cuidado, corté la parte inferior de seis tallos de tulipanes amarillos y seis rosas rojas (con la esperanza de que mamá no se diera cuenta) y preparé el ramo envolviéndolos en una hoja de papel artesanal de color verde. Entonces pensé, *¿Qué mensaje debería escribirle para ponerlo con las flores?* Pensé en esto durante bastante tiempo. Y entonces, de repente, esa voz interior mía dijo, *La letra de la canción de Steve Lawrence, Pretty Blue Eyes".* ¡Perfecto!

Entonces mi nota para Nancy contenía este mensaje,

> *Pensé que estaba enamorado antes*
> *Y luego te mudaste a la casa de al lado*
> *Bonitos ojos azules, bonitos ojos azules.*
> *Todos los chicos del barrio.*
> *Sigue diciendo que te ves bien.*
> *Con tus ojos azules, bonitos ojos azules.*
> *Te vi desde mi ventana Mi corazón dio un vuelco.*
> *Voy a sentarme en tu puerta para poder encontrarte.*
> *Bonitos ojos azules, por favor sal hoy.*
> *Entonces puedo decirte lo que tengo que decir,*
> *que te amo, te amo.*
> *Bonitos ojos azules*

Después de que Nancy leyó mi nota, su sonrisa inocente y su contacto visual expresaron una emoción profunda que hizo que mi corazón se acelerara. Luego me tendió los brazos y me abrazó. Después de eso, Nancy y yo nos volvimos devotos el uno del otro. Pensé para mis adentros, *Así debe ser como se siente el amor.*

Siendo una estricta disciplinaria, mi mamá siempre exigía que la hora de juego terminara a más tardar a las 5:00 p.m. Sabiendo que estaba en casa de Nancy, mi mamá silbaba cuando llegaba tarde, incluso unos minutos después de las 5:00 p.m. Todo el vecindario conocía el silbido de mi mamá. No me gustaba mucho ese silbido. Le decía a Nancy, "No quiero irme." Nancy respondía, "No quiero que te vayas, pero tampoco quiero que tu mamá se enoje conmigo."

A medida que pasaban las semanas, Nancy y yo desarrollamos fuertes sentimientos de apego y enamoramiento mutuo. Mirando hacia atrás, recuerdo cómo ambos disfrutamos escuchando la canción "Puppy Love", lanzada por Paul Anka, ya que nos recordaba cómo avanzaba nuestra primera etapa de amor romántico.

Unas semanas más tarde, mientras Nancy y yo estábamos jugando a las cartas en su porche, ella dijo, "John, tengo algo que decirte." Nancy tuvo dificultades y dijo, "Tenía miedo de decirte esto, pero nos mudaremos fuera del vecindario el próximo fin de semana. Mi padre consiguió un nuevo trabajo" Eran las 5:10 p.m.

Escuché el molesto silbido de mi mamá y tuve que irme. Esa noche, a la luz de la luna, lloré hasta quedarme dormido. El padre de Nancy había recibido un ascenso laboral que le obligaría a trasladar a su familia a la costa este. Cuando nos encontramos por última vez unas horas antes de su partida, sentados bajo la sombra del sicomoro gigante en mi jardín delantero, Nancy se acercó, tocó mi mano y la apretó con fuerza por primera vez. Mi joven corazón se hinchó con una emoción que no había experimentado antes. Mientras la miraba a los ojos, noté que una pequeña lágrima del rabillo de su ojo derecho rodaba lentamente por su mejilla. Mientras intentaba contener las lágrimas, me ahogaba y no podía hablar, sin pronunciar una palabra, inmóvil. Me quedé paralizado ante los bonitos ojos azules de Nancy, que transmitían su calidez y vínculo conmigo. Soltando su mano de la mía, miró hacia abajo, colocó una nota de papel doblada en la palma de mi mano izquierda y la cerró con las puntas de sus dedos para asegurar el mensaje. Antes de darme cuenta, Nancy ya no estaba a mi lado. Rápidamente, miré hacia arriba y solo vi su trasero mientras corría de regreso a su casa. Extendí mis brazos en vano. Nancy se había ido.

Cuando abrí la nota decía, Estás aquí. Las palabras de Nancy fueron escritas a mano dentro del dibujo de un corazón. Si hubiera pensado en escribirle un mensaje, mis palabras habrían venido de la letra de nuestra canción favorita, "Puppy Love."

Y lo llamaron amor de cachorros
Oh, supongo que nunca lo sabrán.
Que corazón tan joven como se siente realmente
¿Y por qué la amo tanto?
Espero, espero y rezo
que tal vez algún día
Volverás (volverás) en mis brazos (en mis brazos)
Una vez más

Mi joven corazón experimentó el amor por primera vez. Aprendió a tener un vínculo afectivo y cómo una conexión interpersonal con el sexo opuesto puede evolucionar hacia un apego compartido. Por supuesto, mi angustia y mis emociones eran reales. Pero, en realidad, Nancy fue mi primer trampolín para descubrir qué es o no es el amor. Mirando ahora hacia atrás, nunca olvidaré la belleza de nuestra amorosa inocencia, honestidad, espontaneidad y la pureza de nuestro compañerismo. El amor se convertiría en el instrumento de mi crecimiento y comprensión personal. Y entendí cómo los bonitos ojos azules de una chica podían hacer crecer el amor.

Los niños que vivían en nuestro pequeño pueblo de San Lorenzo crecieron con una amplia gama de actividades recreativas y programas deportivos en los cuales participar en la Década de 1960. San Lorenzo proporcionaba un club de niños, parques recreativos, ligas menores de béisbol, uso de piscinas en las escuelas secundarias locales durante el verano, programas de Boy o Girl Scout y boleras. Estos programas brindaron a los niños la capacidad de crear nuevas amistades fuera de un horario escolar estructurado. Afortunadamente, participamos en la mayoría de estos programas juveniles durante nuestra infancia. Mis padres querían que tuviéramos las mismas oportunidades que ellos habían experimentado durante toda su vida.

La mayoría de las familias vecinas eran cristianos practicantes. Todos compartíamos muchos de los mismos valores y los deportes eran muy prominentes, casi como una segunda religión. Al caminar por las calles del vecindario durante la temporada de béisbol o fútbol americano, se podía escuchar la transmisión de radio, jugada por jugada, de Lon Simmons anunciando el partido de los Giants o los 49ers desde las puertas abiertas del garaje. Escuchar a Lon Simmons encendería mi pasión y mi interés por jugar béisbol y apoyar a mis equipos profesionales favoritos de béisbol y fútbol. Mi madre quería registrarnos para jugar béisbol en la próxima temporada de OJC. Mamá prefería el béisbol OJC a la Liga Pequeña de San Lorenzo en ese momento. No me importaba, no podía esperar para jugar la próxima temporada en Marzo.

Durante sexto grado, mi crecimiento físico se fue acelerando. Se me consideraba muy por encima de las tablas de promedio de crecimiento de los CDC basadas en datos clínicos para un niño de 10 a 11 años que llega a la adolescencia. Frank era más bajo y un poco por debajo del promedio. Fui el primogénito gemelo y los estudios sugieren que ser el primogénito podría influir ligeramente en la altura. Sin embargo, nuestra diferencia de inteligencia fue lo opuesto con respecto a la comparación de los resultados de las pruebas estandarizadas de inteligencia de Stanford Binet. Frank obtuvo la puntuación más alta de nuestra familia con 131. Yo obtuve un poco por encima del promedio con 119.

Frank era hiperactivo, tenía dificultades para prestar atención en clase y se distraía fácilmente, interrumpía al maestro o causaba problemas con explosiones de energía. Básicamente, Frank estaba "rebotando en las paredes." Durante la clase de inglés de quinto grado, nuestra maestra, la Hermana María, tenía un período particular cada día de nuestra tarea asignada a comentarios escritos a mano en la pizarra. La palabra del día fue "PREGUNTAR." Sor María llamó a mi hermano y le pidió que le diera la definición. Frank sabía el significado exacto de la palabra, pero respondió, "Es cuando cantas en la iglesia." Todos empezaron a reír cuando Frank interrumpió por completo la clase intencionalmente. Sus malas conductas traviesas y rebeldes hicieron que Frank se quedara atrás y tuviera que repetir quinto grado.

Por el contrario, yo me di cuenta de que me volvía más independiente, tenía un temperamento tranquilo y prefería pasar más tiempo solo, concentrándome en la tarea o escuchando los 20 mejores éxitos de Billboard en la radio de mi habitación. Estaba empezando a comprender que lo que estaba haciendo en el momento podría tener efectos a largo plazo en mi futuro. Mi interés en la lectura de libros de ficción y no ficción crecería. Estudiar la historia estadounidense se convirtió en una obsesión. Durante este tiempo, descubrí que podía cerrar los ojos y ver objetos y recuerdos con tanta claridad como si hubiera tomado una fotografía. Mis padres a menudo comentaban sobre mi capacidad para recuperar recuerdos con tanto detalle.

Esta aptitud me resultó muy útil a la hora de estudiar para un examen y comprender material de lectura memorizando información fácilmente. Sin embargo, la desventaja fue que mi cerebro ocasionalmente se sobrecargaba con pensamientos innecesarios al reflexionar sobre experiencias pasadas.

Uno de los libros que se asignó como lectura a los alumnos de sexto grado fue *The Underground Railroad*. Esta novela describe las luchas del pueblo esclavizado en sus esfuerzos por la libertad. Rápidamente se convirtió en uno de mis favoritos y lo leí tres veces. El libro despertó mi empatía y mi dolor por la difícil situación de los afroamericanos y el terrible costo humano de la esclavitud durante la Guerra Civil. Leer *The Underground Railroad* fue esclarecedor y despertó mi interés inicial por la historia de Estados Unidos. Estaba en camino de convertirme en una persona que acepta y aprecia todos los orígenes étnicos y culturales. Entonces, cuando llegó mi turno de dar mi interpretación del libro, dije algo como esto, "Disfruté leyendo este libro. Me entristecí por el daño y el dolor que tuvieron que pasar las personas esclavizadas. Aprendí tantas cosas que no sabía. Los esclavos ayudaron a construir nuestro país y la capital de la nación. Fue terrible saber que los desacuerdos sobre la esclavitud causaron la guerra."

Luego, el 22 de noviembre de 1963, durante un recreo temprano en la mañana, mientras jugaba en el parque infantil, noté una conmoción cerca de la asta de la bandera junto a la entrada principal de nuestra escuela. El padre Hannigan estaba intentando calmar a algunas monjas que sollozaban. Inmediatamente a través del sistema de megafonía, los estudiantes recibieron instrucciones de regresar a sus aulas. Eran poco antes de las 11:00 horas. Nuestra maestra, Sor María, temblando y llorando, habló una frase, "El presidente Kennedy recibió un disparo en Dallas, Texas."

Christine Shively, que estaba sentada a mi lado en clase, comenzó a derramar lágrimas y se acercó a mí para que la consolara. Hice lo mejor que pude para calmarla. Me quedé atónito y consolé a los demás, ya que muchos niños se asustaron y empezaron a llorar incontrolablemente. No pude resistir mi deseo natural de intervenir y solucionar los problemas de otras personas. Tuve un gran placer al ser colocado casualmente en el papel de salvador.

Todo eso era difícil de creer. Parecía como si el mundo se estuviera acabando. Unos momentos después, todos nos reunimos mientras la hermana María nos guiaba en oración, recitando el Credo de los Apóstoles y rezando el rosario. Unos treinta minutos más tarde, el presidente Kennedy fue declarado muerto. El padre Hannigan despidió todas las clases temprano ese día. Cuando mamá nos recogió del colegio, nos dimos cuenta de que había estado llorando y estaba visiblemente molesta. Todos los niños permanecimos en silencio durante el viaje a casa, con respeto por el dolor de nuestra madre y la familia del presidente Kennedy. Mi voz interior se preguntaba, *¿Por qué? ¿Cómo pudo pasar esto?* Este evento continuaría estimulando mi interés en estudiar eventos narrados en el pasado para buscar comprensión.

*****

Después de terminar otra exitosa temporada de baloncesto de OJC, quedando en segundo lugar detrás de St. Bede's Catholic, la práctica de béisbol comenzó a principios de la primavera. Me encantaron los colores de nuestro uniforme de béisbol, blanco y dorado, con letras y rayas negras. Mientras repartían los uniformes a los jugadores, le pedí a mi entrenador el número 24 y quise jugar en el jardín central. Mi entrenador aceptó ambas solicitudes porque me consideraban el mejor atleta de mi clase. Durante las sesiones de práctica, fue evidente que podía golpear la pelota más lejos, correr más rápido y, en general, Tengo una capacidad atlética más avanzada que mis homólogos. Como diría mi entrenador, "Si que puedes correr rápido, John."

Practiqué y perfeccioné la captura de canasta que Willie Mays hizo famosa. Cuando corría las bases para convertir un sencillo en un doble, intencionalmente golpeaba la visera de la gorra de béisbol con mi mano derecha, tirándola a medio camino entre la primera y la segunda base, tal como solía hacer Willie. Pero lo que más recuerdo de la temporada fue lo involucrada que estaba mi madre. Ella nunca se perdió un juego. Sus palabras de aliento desde las gradas fueron más contundentes y enérgicas que las de otros padres que asistieron a nuestros juegos, a menudo gritándole al árbitro o a los jugadores contrarios. Los entrenadores y jugadores de ambos lados volteaban la cabeza y a veces se preguntaban, "¿De quién es la madre que grita en las gradas?"

Me encantó el apoyo de mi mamá, pero a veces era un poco vergonzoso. Uno de sus famosos abucheos opuestos era "Vamos, Johnny... He visto mejores lanzadores en mi fiesta Tupperware" o le gritaba al árbitro, "Oye, Blue, he escuchado mejores cantos en nuestro juego de Bingo del Viernes por la noche". Fue un presagio de lo que vendría a medida que continuara mi progresión atlética.

Mi amor por practicar deportes y ser un buen atleta provocó el sentimiento interno de autoconciencia de que tenía talento e inigualable. Ser parte de un grupo y de un equipo de pares hizo que la vida fuera más tranquilizadora. Mike, mi mejor amigo, era compañero de equipo de béisbol entre otro grupo de chicos que se hicieron amigos. Todos teníamos apodos: Mike "The Machine" Grover, Kenny "Slick" Meyers, Chris "Slim" Davis, Dave "Peanut" Ahern y Dean "Sticks" Souza. Me llamaron "Fast Eddie."

Salíamos juntos e incluso creamos el campo de béisbol de nuestro vecindario. Se nos ocurrió la idea de ir al campo abierto de Tot Town, solo dos cuadras al sur de la casa de Mike desde la entrada de Vía Catherine, para construir nuestro campo de béisbol.

Tot Town consistía en colinas, terrones, madrigueras y ambrosía de cinco pies de altura. Las huellas irregulares de las liebres estaban por todas partes en un terreno de diez acres. Con la guía de mi padre, reunimos un par de cortadoras de césped manuales y herramientas para labrar el jardín (palas, carretillas, tijeras de podar, picos, azadas y rastrillos) y elaboramos un plan. Nos pusimos a trabajar, incluida la ayuda del hermano de Mike, Bob, Mi hermano Frank y mis hermanas Judy y Mary contribuyeron para ayudar. Fue muy divertido mientras trabajábamos en medio de la vibración del suelo debajo de nuestros zapatos embarrados, reconociendo desde la distancia el estruendo de un tren de Southern Pacific que se acercaba. Nos llenó a todos de anticipación y asombro a medida que su luz se hacía más brillante y resonaba con más fuerza. Las vías del tren estaban a unos cien metros al oeste de nuestro sitio de construcción. Una valla ciclónica de dos metros y medio protegía el área con alambre de púas circular y grupos de púas cortas y afiladas en la parte superior. Mientras pasaba el tren, vimos cómo las vías se iluminaban con chispas debajo.

Nos llevó casi un mes, pero superamos todos los obstáculos y excavamos una superficie de tierra plana de tamaño considerable. Mi padre se paseó por el área y midió el espacio. "¡Buen trabajo, chicos! Por Su arduo trabajo, aquí tienen bolsas de base y una bolsa de tiza de piedra caliza para que puedan forrar las líneas de base y la caja de bateo del plato de home," dijo Papá. "Bienvenidos a su campo de sueños."

Además de divertirme jugando en nuestro nuevo campo de béisbol, la pura alegría por nuestros logros y la hermandad establecida al trabajar juntos me enseñaron dos preciosas lecciones para toda la vida. En primer lugar, lograr una meta a través del trabajo en equipo y trabajar duro para lograr ese objetivo fue gratificante y, en segundo lugar, darme cuenta de que hay mucha belleza en las cosas ordinarias.

Después de unos años, nuestro campo de sueños terminó siendo demolido cuando los equipos de construcción comenzaron las renovaciones. En última instancia, una vez que se completara la remodelación, Tot Town pasaría a llamarse Centro Comunitario del Parque San Lorenzo. Las mejoras incluyeron un importante estanque de patos artificial, un centro comunitario, un área de juegos para niños, campos de béisbol y terrenos para acomodar mesas de picnic y áreas para hacer barbacoas.

Más vale tarde que nunca, mis padres empezaron a darnos una asignación. Todos nos alternábamos, turnándonos para realizar las tareas domésticas cotidianas. Cortar el césped delantero o trasero, rastrillar hojas, doblar ropa limpia o lavar el auto de mamá y papá proporcionaba un pago. Mamá y papá se tomaron el tiempo para enseñarnos los métodos adecuados para garantizar que hiciéramos un trabajo en particular de la manera correcta. Si no cumplíamos con las tareas domésticas no remuneradas que nos habían asignado, automáticamente perdíamos la opción de realizar una tarea remunerada. Si la tarea remunerada no era completada a satisfacción o con el estándar de excelencia de nuestros padres, tendría que rehacer la tarea o no recibiría el pago.

Papá decía "Ahorren dinero para las cosas que quieras comprar. Su paga será de $5 por semana."

Mis responsabilidades domésticas no remuneradas incluían ayudar a lavar los platos después de la cena y asegurarme de que mi habitación permaneciera limpia. Tenía el ojo puesto en un par de patines Chicago y en una bicicleta Schwinn Continental de color azul, con ruedas de veintiocho pulgadas y diez velocidades. Sin embargo, sabía que tomaría mucho tiempo ahorrar suficiente dinero para esos artículos haciendo algunos cálculos simples. Nuestros mejores amigos, Mike y Bob, ya tenían bicicletas de 10 velocidades, mientras que Frank y yo todavía nos desplazábamos en nuestras pequeñas Schwinn Sting-Rays con ruedas de veinte pulgadas.

Un sábado por la tarde, mientras intercambiábamos tarjetas de béisbol en la casa de Mike, este nos preguntó a Frank y a mí si podíamos ayudarlo a entregar su ruta de periódico del *San Francisco Chronicle* a 120 hogares los domingos por la mañana. Rápidamente descubrimos por qué Mike necesitaba ayuda. El periódico dominical *San Francisco Chronicle* incluía varios encartes publicitarios y secciones de entretenimiento que hacían que un solo periódico pesara más de 4 libras cada uno. Mike garantizó que nos pagaría a ambos $15 por semana. Los requisitos implicaban estar en la casa de Mike antes del amanecer, a las 5:00 a. m. en punto (los documentos y los folletos se entregaban en la casa de Mike a las 4:00 a. m.). Las responsabilidades incluían ayudar con el plegado y las bandas elásticas y, la regla número uno, los periódicos debían colocarse en el porche delantero del cliente.

En los días de lluvia, teníamos el paso adicional de tener que envolver los papeles en una funda de plástico transparente. Frank y yo estuvimos comprometidos siempre que Mike pudiera garantizar que terminaríamos a tiempo, sin llegar tarde al servicio dominical de las 8:30 a. m. en la iglesia de St. Joachim. Esta nueva aventura para ganar dinero reduciría drásticamente el tiempo necesario para ahorrar fondos suficientes para comprar la bicicleta y los patines que queríamos. Fue una bendición del cielo.

Acabábamos de completar nuestro primer mes ayudando a Mike con la entrega del papel, siendo confiable, puntual y brindando una buena atención al cliente colocando cada papel en el felpudo de entrada. Habíamos ahorrado alrededor de $80 cada uno. Sin embargo, necesitábamos $125 cada uno para comprar los dos artículos que queríamos.

El domingo siguiente, habiendo llegado justo a tiempo, Mike nos mostró una queja escrita del gerente de su estación que describía que un cliente que vivía en Vía Harriet se había quejado de que no habían dejado su periódico en el porche delantero. Esa dirección era responsabilidad de mi hermano. Frank tenía el lado impar de la calle y yo tenía el lado par. Sin que yo lo supiera, Frank había estado tirando el periódico dominical de este cliente en particular durante las últimas dos semanas en el camino de entrada, intentando ahorrar tiempo. Una de esas semanas fue una mañana ventosa y brumosa cuando el periódico dominical del cliente, con la goma elástica rompiéndose, se rompió, y el viento arrastró las páginas del periódico y los anuncios por todo el jardín delantero del cliente.

Antes de que Mike pudiera terminar de preguntarle a Frank sobre la denuncia, Frank dijo, "No volverá a suceder."

Sabiendo que estaba entregando en el lado opuesto de la misma calle, Mike me pidió que vigilara a Frank y se asegurara de que colocara el periódico del cliente en el porche! "No hay problema, Mike," respondí.

Cuando nos acercábamos a la casa del cliente, pisé el freno y le grité a Frank, "¡Asegúrate de colocarlo en su porche!"

Frank se bajó de su bicicleta, la dejó en la acera y bajó el soporte; Agarró ese periódico dominical, grande y pesado, de la cesta de su carrito sujeta a la parte trasera de su bicicleta mientras se dirigía hacia el porche de la puerta principal del cliente quejoso. Perdí de vista a Frank temporalmente mientras desaparecía detrás de una planta alta tipo-seto.

De repente, escuché un chasquido ensordecedor, como el de una puerta mosquitera golpeándose contra el marco de una puerta. Me bajé de la bicicleta para ver mejor lo que estaba pasando. Vi a Frank a punto de lanzar el periódico del cliente contra la puerta mosquitera por segunda vez. Entonces, *boom*, este segundo sonido ensordecedor fue incluso más fuerte que el primero. Frank volvió a recuperar el periódico con una expresión determinada en su rostro, preparándose para lanzarlo de nuevo. Eran las seis de la mañana. En estado de shock, vi a Frank agacharse para recoger el periódico. De repente, un hombre calvo y fornido con la expresión facial de un psicópata enojado salió corriendo por la puerta principal en bata de baño.

Frank se dio la vuelta y corrió por su vida calle abajo, con el hombre mucho mayor con las piernas arqueadas y descalzo, con los brazos moviéndose hacia arriba y hacia abajo, corriendo a su máxima velocidad, haciendo todo lo posible para atrapar a mi hermano. Luego, la correa de su bata de baño se desabrochó abruptamente, lo que provocó que su bata se balanceara violentamente con el viento, exponiendo su trasero desnudo. Frank esquivó hábilmente al hombre con rápidos movimientos dobles y maniobras en el poste que cualquier receptor abierto de fútbol profesional estaría orgulloso de lograr. Al ver la imagen de ese hombre persiguiendo a mi hermano pequeño, no pude evitar reírme porque no tuvo éxito en su persecución. Cuando llegamos a casa y le contamos los acontecimientos a mi padre, temiendo lo peor, papá se detuvo durante varios momentos antes de responder, mirándonos directamente a los ojos con una mirada imponente. Luego sonrió con la boca apretada, tratando de contener la gran sonrisa que poco a poco apareció en su rostro.

Finalmente, papá estalló en una carcajada fuerte y profunda y dijo "¿Cuánto les falta, muchachos, para conseguir esas bicicletas de

10 velocidades que desean?"

Frank y yo dijimos al unísono "Alrededor de $25".

Papá respondió "No se preocupen, los tengo cubiertos".

Había mucha belleza en esos patines nuevos y Bicicletas de 10 velocidades que compramos. El ciclismo y el patinaje sobre ruedas proporcionarían no sólo diversión sino también confianza en uno mismo, madurez y la responsabilidad de mantener su condición operativa adecuada diariamente. Valiosas lecciones aprendidas. Frank comprendió las consecuencias de su deficiente episodio de servicio al cliente y, unas semanas más tarde, lo contrataron como repartidor de periódicos para una publicación de noticias más pequeña de San Leandro llamada *The Morning News*.

Mi mamá tenía pasatiempos que la mantenían ocupada como ama de casa. Ella era una gran cocinera. Los nuevos aparatos de cocina se estaban volviendo más comunes, electrodomésticos como abrelatas eléctricos, batidoras de alimentos, tostadoras eléctricas, cafeteras eléctricas y cuchillos de trinchar eléctricos. Preparaba muchos platos tradicionales de comida reconfortante como pastel de carne, guisos de ternera, platos de carne, sopas, guisos y pasteles de pollo caseros, siempre complementados con verduras y arroz o patatas. Mamá siempre decía, "Asegúrense de comer todo lo que hay en su plato, especialmente las verduras."

También era bastante hábil cosiendo. Cosía varias camisas y pares de pijamas para Frank y para mí siguiendo patrones de costura fáciles de usar proporcionados por Simplicity o McCalls. Le encantaba enseñar a mis hermanas a coser y tejer. Otro pasatiempo que disfrutaba nuestra madre era armar sus rompecabezas de mil piezas White Mountain mientras veía sus queridas telenovelas. Sus telenovelas favoritas eran *As the World Turns* y *General Hospital*. Mamá quedaba enganchada, estimulando su imaginación, ya que las frenéticas historias cambiaban a diario, mostrando diversas emociones e interacciones humanas que hacían que los temas fueran intrigantes y reales. Uno de los personajes ficticios de *As the World Turns*, que desempeñaba el papel de ama de casa tradicional, era Nancy Hughes. Mamá decía con empatía mientras veía un episodio, "No, Nancy. Es una pérdida de tiempo. No se puede medir el amor. ¡No te dejes engañar, niña!" Al mirarla periódicamente, comencé a volverme adicto a las historias y, a menudo, regresaba a casa de la escuela y preguntaba ansiosamente, "¿Qué les pasó a Luke y Laura hoy en *General Hospital*?"

Para hacer ejercicio, a mamá le encantaba patinar. Ella patinaba alrededor de la cuadra en nuestro vecindario. El punto de partida del camino era Vía Natal, girando a la izquierda en Vía Walter, otra a la izquierda en Vía Amigos y luego completando el último giro a la izquierda en Vía Catherine para la recta final. Esa ruta tenía poco más de media milla de longitud. Una vez que tuvimos nuestros patines Chicago, que se ajustaban a los zapatos con ajustes y correas para mantenerlos en su lugar, pudimos unirnos a nuestra madre. Mamá nos ganó en la pista de patinaje de nuestro vecindario durante aproximadamente un año antes de que pudiéramos pasarla fácilmente porque notamos que respiraba con más dificultad. Los anuncios acerca de fumar y los cigarrillos predominaron en la década de 1960. Siendo una fumadora empedernida (comenzó a fumar a los catorce años), nuestra madre tenía el hábito de fumar dos-paquetes-al-día de su marca de cigarrillos favorita, Benson and Hedges.

Nuestra hora obligatoria para acostarnos en aquel entonces era las 8:00 p. m. Uno de los pasatiempos favoritos de mamá era ver a su equipo Bay Bombers Roller Derby en el canal 2 de KTVU. Los juegos grabados en video se transmitían en el Área de la Bahía a las 8:30 p. m., justo después de nuestra hora de acostarnos. De vez en cuando, salía a hurtadillas de mi habitación y le preguntaba, "¿Puedo ver el partido contigo?" Como siempre fui un buen chico, Mamá decía, "Está bien... sólo por un rato. Necesitas descansar."

Así que rápidamente me acurrucaba junto a ella en una posición cómoda, abrazando su brazo y colocando mi cabeza sobre su hombro mientras usaba mi *pijama de Super Man* del patrón de costura Simplicity que ella hizo a mano para mí. Me encantaba la acción turbulenta del juego. Los Bay Bombers tenían dos unidades, masculina y femenina. Alternaban equipos mientras patinaban durante varios períodos en una pista circular peraltada. El equipo alineaba a cinco jugadores a la vez. Fue divertido ver sus coloridos uniformes naranja, blanco y negro con cascos decapado en nuestra televisión a color. Al igual que el fútbol, a los linieros ofensivos y a los jugadores individuales se les llamaba bloqueadores. Los jammers eran anotadores potenciales y el pivote solía ser el capitán y el mejor jugador del equipo. El número 40 Charlie O'Connell y el número 38 Joan "The Blonde Bomber" Weston fueron los jugadores estrella de los Bay Bombers. Ella era la jugadora favorita de mamá. Lo divertido fueron las famosas peleas entre ellos y su principal rival, los T-Birds de Los Ángeles. Las caídas, los asaltos con sillas y las personalidades entretenidas hicieron que fuera emocionante verlo. Una vez que cumplí doce años, mi hora de dormir se extendió, permitiéndome disfrutar de los juegos con ella hasta el final.

A principios de 1964, mi hermana Judy estaba muy involucrada en el frenesí de los fanáticos por los Beatles llamado "Beatlemanía." Mientras miraba *The Ed Sullivan Show*, Judy no podía quedarse quieta mientras estaba hipnotizada viendo a los Beatles interpretar "I Want to Hold Your Hand." El favorito de Judy era Paul McCartney. Las imágenes de jóvenes fans gritando parecían exageradas ya que su intensidad superó cualquier adoración anterior de los fans. A los Beatles les seguirían otros populares grupos londinenses que irrumpieron en escena, incluidos The Rolling Stones y Dave Clark Five. No podía entender a qué se debía tanto alboroto. Me concentré más en la próxima pelea por el título de peso pesado entre Cassius Clay y Sonny Liston. A mi padre no le agradaba Cassius Clay por su audacia y su postura franca sobre la guerra de Vietnam, diciendo"Ese Clay es un bocazas."

Por el contrario, me gustó la proclamación de Cassius Clay sobre "Flota como una mariposa y pica como una abeja," que era divertida y poética. Recuerdo que Cassius era un gran perdedor, ya que se temía que Sonny Liston fuera un golpeador devastador. Algunos analistas dijeron que Cassius podría estar arriesgando su vida en el ring, aumentando el entusiasmo antes del combate. Desafortunadamente, no se transmitió en nuestros canales de televisión locales, así que mi papá y yo escuchamos paso-a-paso en la vieja radio Philco. Escuchar la pelea fue mágico. La transmisión de radio fue en vivo y Les Keiter contó la acción golpe-a-golpe. Howard Cosell, Rocky Marciano y la estrella del fútbol profesional Jim Brown contribuyeron con comentarios entre rondas. Clay ganó por nocaut técnico en el séptimo asalto. A partir de entonces, seguí la fantástica carrera del mejor boxeador profesional de todos los tiempos mientras proclamaba su lealtad a la Nación del Islam cambiando su nombre por el de Muhammad Ali.

Mi primera aventura profesional estaba en el horizonte cercano. Uno de los roles más solemnes y respetados dentro de la Iglesia Católica era convertirse en monaguillo. Era una responsabilidad seria ya que su papel era convertirse en parte del clero sirviendo al sacerdote en el altar durante el sacrificio de la Misa. Nos entregaron un paquete que incluía las funciones requeridas, responsabilidades, códigos de vestimenta y respuestas a las oraciones en latín. Estudiamos durante horas, aprendimos la pronunciación adecuada y memorizamos las respuestas adecuadas a las oraciones en latín del sacerdote. *"En Nomine Patris, et Filii, et Spiritus Sancti. Amén"* era la señal de la cruz en latín. Tenías que ser competente y preciso antes de que te permitieran unirte.

Uno de mis roles y tradiciones favoritas como monaguillo, además de la participación y la atención en la oración, era cuando el sacerdote completaba el Padrenuestro y luego decía, "Que la paz de Cristo esté con vosotros. Intercambiemos el signo de la paz".

La mayoría de los feligreses dirían "La paz sea con ustedes" o "Que Dios los bendiga." Una vez finalizado el signo de paz y los saludos, se inició la preparación de la congregación para acercarse al altar y recibir la Sagrada Comunión. Aquellos individuos conscientes de pecado grave no pueden aceptar el cuerpo y la sangre del Señor sin previa confesión sacramental. Cuando el sacerdote o diácono salía del santuario para distribuir la comunión, todos los monaguillos se levantaban y permanecían reverentemente en sus asientos a menos que el sacerdote pidiera ayuda. Cuando esto sucede, un monaguillo se paraba al lado del sacerdote y lo procesaba o lo ayudaba de cualquier manera. A menudo me pedían que ayudara sosteniendo el gran cáliz de vino mientras el sacerdote distribuía el pan consagrado diciendo:,"El cuerpo de Cristo." Servía el vino consagrado diciendo, "La sangre de Cristo." Había que haber recibido los sacramentos de la Confesión y la Comunión para que se le permitiera una ofrenda de vino.

Mientras ofrecía el cáliz sagrado de vino, una de mis compañeras de séptimo-grado, Eileen Eggers, se acercó para aceptar su sorbo de vino. Antes de recibir el vino, me miró a los ojos y me dedicó una dulce sonrisa de aprobación. Reconocí esa familiar sonrisa de adoración y lo que implicaba su mirada acogedora. Mi corazón se aceleró mientras me enamoraba. Rápidamente desarrollamos una conexión afectuosa y devota. Eileen era considerada la niña más bonita de nuestra clase de séptimo grado. Ella se convertiría en mi segundo trampolín para aprender a interactuar dentro de una relación amorosa. Nuestra estrecha conexión fue más madura ya que tener una relación estable era algo común. Nuestros cuerpos experimentaban simultáneamente características hormonales y sexuales secundarias típicas que producían fascinación, emoción y libido más fuertes. La independencia y movilidad para desplazarme andando en mi bicicleta de 10 velocidades a la escuela o a la casa de Eileen sin la supervisión de un adulto mejoraron mi capacidad para pasar más tiempo con ella. Compartimos muchos momentos especiales en la escuela, la iglesia y el hogar, encontrando puntos en común con los deportes y la música, trabajando en las tareas y mirando televisión.

Disfrutamos viendo los episodios de televisión del *Dr. Ben Casey* o del *Dr. Kildare* en la sala familiar de Eileen, disfrutando de galletas con chispas de chocolate caseras y leche. Nos pasábamos notas de amor escritas a mano y dobladas durante las clases en la escuela. A medida que nuestro vínculo evolucionaba, nos pasábamos notas que decían, "¿Me prestarías un beso? Prometo devolvértelo." Guardábamos nuestras notas de amor, papeles y tareas en nuestras "Carpetas Pee-Chee," que tenían dos bolsillos internos e información de referencia impresa en su interior. El exterior de la carpeta Pee-Chee tenía ilustraciones de atractivas figuras del deporte. Nuestros intercambios escritos iniciaron conversaciones sobre comportamientos más románticos, como tomarse de la mano o cómo besarse, a medida que nuestro afecto mutuo crecía. Sin embargo, mi amor por el deporte era una prioridad antes que cualquier otra cosa.

Cuando me acercaba a mi duodécimo cumpleaños, mi mejor amigo, Mike, me dijo que había decidido dejar de jugar béisbol organizado en OJC y jugar en la Pequeña Liga Nacional de San Lorenzo.

La inscripción temprana y la programación para la división Majors comenzaron en febrero, y las pruebas comenzaron en Marzo. Frank y yo le suplicamos a mamá si podíamos hacer el mismo cambio. Después de que pasó una semana, esperando que Mamá decidiera, Mapá intervino y le dijom "Dee Dee, creo que el cambio del béisbol OJC a la Liga Infantil de San Lorenzo sería bueno para los niños. ¡Tienen el talento y la habilidad! Un cambio sería un buen desafío para ellos."

Mamá finalmente cedió. Después, continuando lo dicho por Papá dijimos con entusiasmo, "¡Mamá, queremos que nos apoyes durante las pruebas!"

Durante mi anterior temporada de béisbol en OJC, lideré al equipo en bateo con un promedio de .390 con tres jonrones. Tenía una gran confianza inquebrantable en mis habilidades y esperaba con ansias el desafío de la prueba.

El draft y la prueba de jugadores de las Grandes Ligas de béisbol fue un evento de fin de semana de dos días que contó con unos 120 participantes. La junta directiva de la Liga eligió a los gerentes de equipo de la división Major para calificar las evaluaciones de prueba del jugador basándose en cinco competencias: bateo, lanzamiento, fildeos rodados y carrera situacional. La Pequeña Liga Nacional de San Lorenzo tenía cuatro campos de béisbol cercados y bien cuidados. Las dimensiones de la cerca eran 175 pies hasta las esquinas de los jardines izquierdo y derecho y 203 pies hasta el jardín central. Había coloridos carteles publicitarios en las vallas de los jardines y un gran puesto de comida vendía bebidas y alimentos para aumentar los ingresos.

El día de la prueba, el olor de los hot dogs cocinándose saturó el aire de la tarde. Las banderas y pancartas de las Ligas Menores y Grandes ondeaban majestuosamente con la brisa. Las decoraciones festivas y la lectura del compromiso de las Pequeñas Ligas antes de la prueba aumentaron la emoción y anticipación del día. Mamá, Papá, Eileen y El padre de Eileen estaban en las gradas para vernos actuar a Frank y a mí. Frank y yo estábamos listos y practicamos juntos durante tres semanas antes de la fecha de prueba.

El sábado se evaluaron primero las habilidades de lanzamiento, fildeo y carrera situacional. Nos desempeñamos muy por encima del promedio, sin cometer errores, lanzando con precisión y tomando decisiones correctas en los ejercicios de carrera de base situacional. No podíamos esperar a la evaluación final del Domingo, bateando.

Uno de los entrenadores operaba una máquina lanzadora mecánica Louisville Slugger para acomodar el segmento de bateo de la prueba. Como resultado, sólo se permitían quince lanzamientos, en su mayoría bolas rápidas de 45 a 60 mph.

Mientras esperaba en el círculo, me imaginé a Willie Mays y la frecuencia con la que practicaba su postura y su jonrón. A continuación, me visualicé lanzando largos jonrones por encima de la valla. Luego mi nombre y mi número de camiseta fueron anunciados por el sistema de megafonía, rompiendo mi concentración. Mientras me acercaba al plato, miré hacia las gradas y vi a papá masticando un hot dog, a Eileen y su padre aplaudiendo, animándonos, y a mi mamá saltando vigorosamente arriba y abajo en las gradas, gritando enfáticamente, "¡Muéstrales de lo que estas hecho, Johnny!"

Comencé conectando varias líneas punzantes en el espacio, golpeando las vallas del jardín después de un par de saltos. Luego hice el siguiente lanzamiento con una línea que golpeó la pared del jardín central sobre la marcha. Me alejé momentáneamente del plato, respirando profundamente, sabiendo que estaba siguiendo el ritmo de la máquina lanzadora. Luego conecté tres jonrones consecutivos sobre la cerca del jardín izquierdo. Nuevamente pude escuchar a mi mamá gritar enfáticamente, "¡Ese es mi hijo! ¡Ese es mi chico!"

El rostro de mamá brillaba con orgullo y satisfacción durante el viaje a casa. Papá decía, "¡Buen trabajo, muchachos!" Entonces Mamá interrumpió a papá con una voz ronca, tensa por gritar tanto, y dijo con entusiasmo, "Garth, ¿escuchaste lo que estaban diciendo en las gradas? Estaban murmurando y preguntando ¿De dónde vienen los chicos Edwards? ¿Jugaron en la liga el año pasado?'"

Frank y yo nos sentamos en el asiento trasero, nos dimos palmadas e intercambiamos felicitaciones durante el camino a casa. Finalmente, mamá dijo, "¿Qué les parece el pastel de fresas como postre para esta noche, muchachos?"

Pasaría al menos una semana antes de determinar si habíamos pasado el corte y qué equipo nos había seleccionado. Sólo Mamá, Papá o Judy, ahora estudiante de primer año de secundaria, podían contestar el teléfono de disco de color rosa. Mamá parecía más ansiosa que nosotros, esperando la llamada telefónica de las oficinas de la Liga Pequeña de San Lorenzo. El teléfono sonó mientras veía el programa de dibujos animados del sábado por la mañana *Los Supersónicos*. Cuando Mamá respondió, pudimos notar que era un funcionario de la Liga Pequeña. Después de que mamá colgó el teléfono, se volvió hacia nosotros y anunció con orgullo, "Felicitaciones, muchachos. Ambos fueron reclutados por el mismo equipo, Mac's Produce, en la división Majors." Ella continuó, "Su entrenador, el Sr. Kruger, lo llamará más adelante en la semana con su horario de práctica."

Pasamos a tener un gran año, logrando el segundo lugar en las Grandes Ligas, logrando un récord de 14-2, un juego detrás del campeón de la liga, Bohannon Homes. Lideré la liga en promedio de bateo y fui seleccionado para el equipo All-Star, designado para jugar en el jardín central como mi ídolo, Willie Mays. Lo mejor de formar parte del equipo All-Star fue que mis compañeros y entrenadores obtuvieron entradas de cortesía para asistir a un partido de los Gigantes de San Francisco en el Candlestick Park en el sur de San Francisco. En

1965, los Gigantes tenían un equipo excepcional, pero se quedaron a dos juegos de ganar el banderín sobre los odiados Dodgers de Los Ángeles. Teníamos asientos en el piso superior, pero nunca olvidaré ver a mi héroe, Willie Mays. Los Gigantes ganaron el juego fácilmente, venciendo a los Piratas de Pittsburgh cuando Mays, McCovey y Jimmy Ray Hart conectaron jonrones. Desafortunadamente, nuestro equipo All-Star se quedó corto al ganar sólo unos pocos juegos antes de ser eliminado justo antes de clasificarse para los playoffs regionales. Perdimos un juego de una carrera contra un equipo de Albany. Después de perder, sentado en el banquillo, hosco y triste, me cambié los zapatos por zapatillas de deporte.

Al salir del dugout, pasé por la abertura de la puerta de la línea del jardín derecho, noté a un hombre mayor parado justo afuera de la puerta con una gorra de béisbol roja con un gran logo negro con la letra "A" bordado en la parte delantera de su gorra. Se acercó a mí y me dijo, "Oye, chico... ¡buen juego!"

Respondí, "¿Perdimos?"

Me reconoció asintiendo y dijo, "Te he estado observando jugar por un tiempo. Tienes un talento natural, chico. Por cierto, mi nombre es Verl Thornock. Soy el entrenador de béisbol del equipo universitario en Arroyo High School".

"Encantado de conocerlo, Sr. Thornock, mi nombre es John Edwards", respondí.

Se rio entre dientes mientras caminaba hacia el estacionamiento. Luego se detuvo, se dio vuelta y dijo, "Sé quién eres. Sigue aprendiendo y trabajando en los fundamentos del juego. Yo estaré vigilando."

Más tarde descubrí que el entrenador Thornock era un visitante típico, a menudo asistía a los juegos de la Liga Pequeña de San Lorenzo. Además, el entrenador Thornock buscaba jugadores talentosos que ingresaran a la escuela secundaria. Existían dos liceos en San Lorenzo, Arroyo y su principal rival, el Liceo San Lorenzo. Geográficamente, la dirección de mi casa en Vía Catherine me obligaba a asistir a Arroyo.

Después de explicarle mi encuentro a mi padre, dijo, "Verl Thornock ha sido el entrenador del equipo universitario de béisbol en Arroyo desde 1957 y ha ganado varios campeonatos de la Liga Atlética del Área de Hayward. Es un excelente entrenador, muy conocido y respetado."

Mamá, escuchando nuestra conversación mientras salía por la puerta para asistir a su ritual favorito del viernes por la noche, jugar bingo en el salón de la iglesia de St. Joachim, preguntó, "¿No fue el entrenador Thornock quien dijo que el 90 por ciento del juego es mitad mental?"

Papá, riendo, dijo, "No, Dee Dee, ese era Yogi Berra."

La sala de bingo de la iglesia celebraba juegos con premios para los ganadores todos los viernes y sábados por la noche y generaba una gran fuente de ingresos. Sin embargo, la recaudación de fondos más exitosa de St. Joachim fue su Festival de Carnaval anual. El evento de tres días incluyó una carpa de entretenimiento, puestos de juegos y comida, una pista de baile portátil, un tanque para sumergirse en agua, atracciones de carnaval y una gran noria giratoria.

Se pidió a todos los miembros de la iglesia que se ofrecieran como voluntarios y participaran. Me ofrecí como voluntario para mojar la máquina del tanque de agua. Esta consistía en un gran tanque circular de agua con un asiento plegable. Los participantes lanzaban pelotas de softball a un objetivo redondo de metal con una diana pintada en el centro. Cuando la pelota golpeaba el objetivo, colapsaba la silla y te sumergía en el agua.

Eileen estaba absolutamente encantada después de sumergirme varias veces. Nuestra atracción de carnaval favorita se llamaba "The Scrambler." Podrías acomodar hasta tres personas en un vagón con cerradura. Había doce coches distribuidos en tres brazos largos que los hacían girar en el sentido de las agujas del reloj a altas velocidades para que pudieras experimentar la fuerza centrífuga. Fue divertido porque la presión que desviaba la marcha te deslizaba al lado de tu compañero, haciendo que se acurrucaran uno cerca del otro. De camino al siguiente viaje con Eileen, traté de evitar la noria porque tenía miedo a las alturas. Al intentar pasar por la entrada de la atracción, Eileen se detuvo y dijo con entusiasmo, "Vamos a subir a la noria, John." Eileen intentó poner excusas débiles para ir a otra atracción y dijo, "No tendrás miedo de subirte a la noria, ¿verdad?"

Le dije, "Iré contigo."

Eileen se dio cuenta de que estaba nervioso al leer mis emociones, con una expresión ansiosa en mi rostro mientras nos acomodábamos en nuestros asientos. Se inclinó más cerca de mí para tranquilizarme y extendió la mano para tomar mi mano izquierda. Colocó su mejilla en mi hombro izquierdo momentáneamente antes de alejarse para darme un beso de buen corazón en mi mejilla izquierda. Ella dijo, "Superaremos este viaje juntos."

La dulzura de ese momento, la preocupación de Eileen expresada a través de palabras tranquilizadoras y gestos de ternura, me tranquilizaron y calmaron mi miedo. Compartir este momento de amor fortaleció nuestra relación y creó una versión diferente de mí mismo. Ambos esperábamos con ansias las vacaciones de verano antes de comenzar nuestro último año en St. Joachim's.

Durante las vacaciones de verano, Eileen y yo pasamos el mayor tiempo posible juntos, sabiendo que era posible después de completar la graduación de octavo-grado que nuestra relación se separara. La dirección de la casa de Eileen requeriría que asistiera a la escuela secundaria San Lorenzo o a la escuela secundaria católica Monroe en Hayward. La idea de posiblemente separarme de Eileen una vez que nos mudáramos de St. Joachim era una aprensión persistente.

Mamá me permitió usar el teléfono dentro de ciertos límites para comunicarme con Eileen. Durante una de nuestras conversaciones telefónicas, hablamos de tener una relación estable. Eileen me pidió que hablara con mis padres para obtener su aprobación. No pensé que hubiera ninguna posibilidad de que mis padres lo aprobaran. Por eso, decidí preguntarles primero a los padres de Eileen. En la década de 1960, un "niño educado" primero pedía permiso a los padres de la niña. Para mi sorpresa, los padres de Eileen aceptaron mi solicitud, al igual que mis padres, pero sería bajo la supervisión de los padres. Eileen y yo estábamos encantados. Entrar en octavo-grado y mantener una relación estable significaba que nos volveríamos más populares entre los compañeros de clase y estaríamos comprometidos el uno con el otro sin pensar en comenzar una relación íntima.

Eileen y yo pasamos nuestra primera cita juntos después de que mis padres nos dejaron para una sesión matinal del sábado por la tarde en el Teatro Lorenzo. Nuestros padres parecían un poco más entusiasmados de lo habitual porque fuéramos al cine ese día. Una vez que nos acercamos al teatro, descubrimos por qué y vimos los grandes carteles encima de la taquilla que decían, Proyección De Hoy: Los Diez Mandamientos, Protagonizada Por Charlton

HESTON, YUL BRYNNER, Y ANNE BAXTER. Después de la película, intercambiamos anillos de amistad y fotografías de nuestra clase de séptimo-grado.

Al comenzar el octavo grado, medía cinco pies y once pulgadas y pesaba 158 libras. Estaba en el percentil noventa y cinco según la tabla de peso y crecimiento pediátrico. Yo era tan alto como mi padre y ahora superaba a mi madre. En marzo cumpliría trece años y ya tenía que afeitarme porque la pelusa de melocotón se estaba convirtiendo en pelos más visibles en la cara, la barbilla y encima del labio superior. A esta edad, descubres que cuestiones específicas, como si debo empezar a afeitarme, son tan claras como podrías pensar y podrían interpretarse de manera diferente. Por ejemplo, mi padre se enorgullecía de enseñarme cómo afeitarme, mientras que mi madre pensaba que debía esperar al menos un año más, preocupada de que afeitarme demasiado pronto pudiera provocar infecciones o trastornos de la piel del rostro. Opté por afeitarme, al darme cuenta de que estaba madurando hacia una mayor independencia y construyendo un sentido sólido de mí mismo.

En la década de 1960, la mayoría de los niños aprendían sobre sexo de sus compañeros. Mis padres nunca me hablaron sobre las relaciones sexuales. A menudo, mis amigos reemplazaban a mis padres en busca de información y consejo. Nunca me sentí cómodo hablando con mis padres sobre este tema a pesar de que mis hormonas de la pubertad se estaban volviendo locas. Mis padres sabían que la diócesis católica ofrecía a los estudiantes de octavo-grado programas y películas de aprendizaje basados en educación sexual, que incluían una amplia gama de temas sobre qué tipo de cambios físicos esperar durante la pubertad.

El documental brindaba orientación matizada sobre cómo construir relaciones saludables con el sexo opuesto y mensajes que contenían actitudes espirituales y emocionales adecuadas hacia la reverencia del acto matrimonial. Seguí estas pautas ya que mi fe católica enfatizaba que los niños deben respetar a las niñas porque son los elegidos de Dios para crear la vida humana. Los niños que aprendieron a respetar la feminidad respetarían a las mujeres más adelante en la vida. A veces, la autoexploración y la curiosidad de algunos de mis compañeros de octavo grado sobre cuestiones sexuales y partes del cuerpo me tomaban por sorpresa. Mi voz interior decía, *El octavo grado va a ser interesante.*

Mi hermana, Judy, estaba cursando ahora su segundo año de secundaria. Al mismo tiempo, Mary y Frank comenzaron séptimo grado y Susan entró en segundo grado. Durante el año escolar de octavo grado, tendría la oportunidad de alcanzar mayor responsabilidad y conciencia social. Aprendió a gestionar roles de liderazgo a través de un concepto de esfuerzo de equipo haciendo campaña y postulándose para puestos electos individuales dentro del Consejo Estudiantil de la Clase. El consejo estudiantil incluía un presidente, un vicepresidente y un secretario nominados y elegidos por los compañeros votantes. Fui elegido vicepresidente del consejo estudiantil. Al ser mi primer rol de influencer, comencé a desarrollar las habilidades humanas de gestión del tiempo, resolución de problemas y liderazgo.

En lo académico, reconocí mi creciente dominio y comprensión del idioma inglés. Disfruté leyendo y escribiendo. Además, en octavo grado, aprendimos a redactar un ensayo con la estructura de oración, gramática y uso de sujeto, verbo y objeto adecuados. Nuestra maestra, la hermana Mark, nos dio una tarea de ensayo de no más de cinco párrafos, y su ensayo debía incluir una introducción, un cuerpo y una conclusión. El tema era "¿Cómo sobrevivirías si te dejaran aislado en una isla desierta."

La hermana Mark dijo, "Leeré los cinco ensayos principales a la clase sobre viernes. Los compositores de ensayos permanecerán en el anonimato."

En nuestra clase de octavo-grado, teníamos un total de cuarenta y cinco estudiantes. Me decepcionó un poco que mi ensayo no fuera elegido. Sin embargo, disfruté escuchando el trabajo escrito creativo de mis compañeros de clase. Un documento en particular sería inolvidable y conmovedor. Según la selección de palabras y los adjetivos descriptivos utilizados, se podría decir que la autora era una mujer. Su introducción inicial y su tesis captaron la atención de todos de inmediato. Decía algo como esto: "Con los pies firmemente plantados en la tierra, miro desesperadamente hacia un cielo azul sin nubes para decir una oración cuando algo llama mi atención... ¿Es un pájaro? ¿Es un avión? No, es mi héroe."

El primer párrafo reformuló su declaración introductoria diciéndonos que era sólo un espejismo. Luego, desanimada, describió cómo estaba decidida a sobrevivir. En los siguientes tres párrafos, el cuerpo de su ensayo incluía evidencia de respaldo con declaraciones de transición inteligentemente redactadas que conducían sin problemas a cada una de las otras secciones mientras explicaba las estrategias de supervivencia que emplearía. Su párrafo final volvería a empatizar con su tesis. Finalmente, terminó su ensayo con una reflexiva reflexión de caballero de brillante armadura.

Según mi memoria, decía así: "Sigo sobreviviendo mientras mis gritos y oraciones de ayuda quedan sin respuesta, mi sensación de angustia y desesperación es implacable, un pensamiento me mantiene esperanzado y optimista. John Edwards será mi héroe y vendrá a rescatarme."

Mi escritorio estaba colocado en el medio del salón de clases. De repente, todos los ojos de aprobación se posaron sobre mí. Fue una sensación tan notable que alguien me señalara de esa manera.

Le pregunté a Eileen si había escrito el ensayo y ella respondió, "No, mi ensayo no fue seleccionado." Siendo un adolescente curioso, hice lo mejor que pude para descubrir qué compañero escribió esas palabras. Nunca lo descubrí. Sin embargo, esas palabras llevarían una firma indeleble en mi corazón.

St. Joachim's tenía un código de disciplina firme, pero cada maestro tenía la autoridad de decidir qué castigo se impondría a un niño que infringiera alguna regla. Desafortunadamente, esto condujo a una gran disparidad en el proceso de toma de decisiones sobre la severidad de la disciplina que se aplicaba. Mi hermano fue víctima de esta desproporcionada inconsistencia por parte de su maestra de séptimo grado, la señorita Anderson. En las escuelas católicas privadas, era una práctica bastante común azotar a un niño con una paleta o una regla de madera por interrumpir la clase o comportarse mal. El régimen de castigo parecía afectar mucho más a los niños que a las niñas. Nuestras aulas tenían un "rincón de castigo" designado. El maestro te indicaría que te sentaras en una silla frente a la esquina de la pared con tu vista trasera mostrada a tus compañeros de clase durante treinta minutos por violar las reglas.

Un día en clase, Frank interrumpió las reglas del salón al iniciar una conversación con un par de sus amigos mientras la señorita Anderson intentaba comunicar las tareas. Frente a toda la clase, la señorita Anderson, visiblemente molesta, se acercó al escritorio de Frank y lo golpeó con una regla de madera en la nuca. Humillado y enojado, Frank inmediatamente ideó un plan de ataque de represalia mientras la señorita Anderson volvía a escribir las tareas en la pizarra. Frank inmediatamente tomó papel de carpeta de tres anillas de su carpeta Pee-Chee y repartió hojas a otros compañeros de clase. De repente, había a otros diez compañeros de clase arrancando trozos de papel, metiéndolos en la boca, masticando y reuniendo tanta saliva como pudieron mientras hacían spitballs (bolas de papel con saliva), asegurándose de que estuvieran mojadas y pegajosas. Los compañeros participantes tenían al menos cinco o seis bolitas para apuntar y disparar cada uno. Frank, tomándose su tiempo, debió tener el spitball definitivo masticando dos hojas enteras de papel, creando un spitball de enorme magnitud. Fue la bomba atómica de las spitballs. Estaban armados y listos para disparar con sus mini armas de destrucción masiva. Al terminar, los compañeros de clase comenzaron a lanzar al unísono mientras la señorita Anderson miraba hacia la pizarra. Pequeñas bolas de saliva empezaron a caer y a pegarse al pizarrón.

Frank, que aún no había lanzado su mega spitball, apuntó con precisión matemática, estimando rápidamente la velocidad y la distancia para golpear justo por encima de la cabeza de la señorita Anderson. La señorita Anderson, notando el efecto de sonido, se dio cuenta de lo que estaba pasando. Al darse vuelta lentamente, ve a Frank soltando su bola de saliva. Desafortunadamente, ya era demasiado tarde para retroceder porque Frank falló su objetivo. En cambio, su bola de saliva salpicó todo el hombro izquierdo de la señorita Anderson. Toda la clase estalló en carcajadas, todos excepto la Señorita Anderson.

Un compañero de clase gritó, "¡No puedes hablar en serio!"

El mejor amigo de Frank, Bob Grover, dijo "¡Dios mío!" Mientras la Señorita Anderson, una mujer corpulenta y robusta, se dirigía directamente al escritorio de Frank en unos segundos. Con una expresión decidida y abultada en su rostro cada vez más rojo, agarró a Frank por el lóbulo de su oreja izquierda y lo arrastró sin ceremonias al frente de la clase. Agarrando la oreja de Frank, comenzó a golpear agresivamente su cabeza contra la pizarra, abriendo el cartílago externo posterior de su oreja izquierda, provocando que sangrara. Toda la clase estaba sentada inmóvil en un silencio atónito. Frank estaba rebotando en la pared de pizarra.

Cualquiera que fuera el castigo, una regla no escrita disuadía a los estudiantes de decirles a sus padres qué disciplina se aplicaba durante la clase. Frank siguió esta regla, intentando mantenerlo en secreto, no queriendo ser el blanco de la humillación o que sus padres visitaran la oficina del padre Hannigan. Lamentablemente, ese esfuerzo fracasó cuando Frank llegó a casa de la escuela y no se dio cuenta de que tenía manchas de sangre en toda la parte trasera de su camisa blanca.

Mamá vio la sangre. Alarmada, gritó, "En nombre de Dios, ¿qué te ha pasado!"

Siendo nuestra protectora, mamá se presentó en las oficinas de la escuela en veinte minutos, peleando locamente y entrando en modo campo de batalla en nombre de Frank como el general George Patton, "Viejo Sangre y Agallas". No fue una escena agradable. Frank necesitó seis puntos para curar su oreja lesionada. En consecuencia, la Señorita Anderson fue despedida.

Lo único positivo de este incidente fue que pareció ayudar a Frank a superar su trastorno de déficit de atención. Como lo documentaría la historia, Frank se convirtió en un estudiante modelo durante el resto de sus años escolares.

Durante el estrés emocional o la ansiedad, la música siempre reconfortaba mi mente. Mi apreciación y comprensión de la música estaban evolucionando. La conciencia y la interpretación de las letras musicales, la melodía, los tonos y cómo provocarían recuerdos y sentimientos emocionales fueron duraderas. Durante los meses de verano de 1965, mamá trajo a casa dos nuevos álbumes interpretados por The Supremes. Los títulos fueron *Where Did Our Love Go* y *More Hits by the Supremes*. Me enamoré del sonido Motown. Armonías distintivas, letras y la introducción de diferentes instrumentos musicales para el fondo. Los efectos de sonido, como tocar panderetas, trompetas y cuerdas de violín, creaban un sonido hermoso y único. Una de mis favoritas del álbum *More Hits from the Supremes* era una canción llamada "Honey Boy".

La letra decía así:

Él es mi cariño, mi amoroso orgullo y alegría.
Él es mi cariño, mi amoroso orgullo y alegría.
Los dulces besos son su reclamo a la fama.
En mi corazón, él siempre permanecerá.
El verdadero amor es su juego.
Chico cariñoso es su nombre. Él es azúcar; él es especia
Él es todo lo que es agradable.
Él es mi querido muchacho, mi siempre amoroso orgullo y alegría.

Incluso hoy, escuchar esta canción me devuelve a una época, un lugar y un momento que despertó las emociones de mi adolescencia.

La música fue una poderosa influencia subconsciente que iluminó mi concepción del amor romántico. Cuando Eileen y yo comenzamos nuestra relación, nos encontrábamos personal y físicamente atractivos. Pero era un tipo diferente de amor. Mi relación con Eileen implicaba signos físicos, como un aumento del ritmo cardíaco, una concentración obsesiva en una persona y pensamientos románticos de amor que eran una emoción conmovedora. Eileen fue la primera mujer a la que me levanté con el valor suficiente para besar. Nuestras primeras experiencias afectivas interpersonales ayudaron a moldear y desatar los vínculos familiares. Mi total absorción con Eileen facilitó una transferencia de compromiso de mi familia actual a una nueva familia de amor emocional e identidad propia. Con solo unos meses para graduarnos del octavo grado, Eileen y yo contemplamos transferirnos juntos a la Escuela Secundaria Católica Monroe o decidir asistir a nuestras escuelas secundarias públicas de Arroyo y San Lorenzo, que requieren dirección particular.

Mis mejores amigos, Mike Grover y Dean Souza, ya habían decidido asistir a Arroyo High School. Mis otros amigos, Ken Meyers, Chris Davis y Dave Ahern, eligieron ingresar a Monroe Catholic. Mis padres y abuelos jugarían un papel en mi decisión final, algo que no esperaba, sabiendo que Eileen y yo estaríamos separados con toda probabilidad. No pude evitar pensar que nuestra relación duraría poco y tomaría direcciones diferentes. Gracias a Dios tuve deportes que me ayudaron a distraerme de estos pensamientos y preocupaciones emocionales.

Podría jugar al béisbol de Babe Ruth o ingresar a la División Nacional Senior de San Lorenzo. Elegí la liga de la división senior porque me reuniría jugando béisbol con mi hermano. Competiríamos contra chicos de dieciséis años y avanzaríamos hasta un diamante de veinticinco metros y una distancia de lanzamiento de veinte metros. Nuestros principales diamantes de béisbol estarían en los campos de béisbol de Arroyo High School Varsity y JV. Frank y yo fuimos reclutados para jugar en el mismo equipo, Turner's Sporting Goods. Frank se convertiría en el campocorto titular ya que yo jugaría mi posición esperada en el jardín central.

Mientras tanto, Mike y Dave Ahern fueron reclutados para un equipo competitivo en la misma división. Los derrotamos las dos veces que jugamos, un juego fue una paliza por 12-2 y luego ganamos el campeonato de la liga. Pero lo que más recuerdo de esa temporada de campeonato fue una jugada puesta en marcha por mi madre. Fue un juego contra Moeller Brothers Body Shop y el mejor lanzador de la liga, Mickey López. Mickey era un lanzallamas zurdo con una bola curva complementaria tipo Sandy Koufax que te mantenía fuera de equilibrio. Mickey ya había lanzado dos juegos sin hits durante la liga. Mickey era un año mayor y ya había completado una temporada en la división senior. Incluso a la temprana edad de catorce años, podía lanzar una bola rápida de 80 mph.

Sabiendo que Mickey tenía problemas de control constantemente para llevar su bola curva imbateable a la zona de strike, me sentaba sobre su bola rápida. Le dejaría hacer de cuatro a cinco lanzamientos, esperando hasta que el conteo de lanzamientos alcanzara una ventaja favorable para los bateadores de tres bolas y un strike. En la tercera entrada, anticipando esa bola rápida en una cuenta de tres bolas y un strike, conecté un jonrón hacia el hueco del jardín central izquierdo, dándonos una ventaja de 1-0. Mickey estaba visiblemente enojado. Se quitó el guante y lo arrojó al suelo con frustración. Nuestro lanzador abridor era Tom Renville, el segundo mejor lanzador de la liga que se batiría en duelo con Mickey, manteniendo el juego en un marcador de 1-0 hasta las últimas entradas. Empataron el juego por un error de tiro con dos outs en la parte alta de la séptima entrada.

Siendo el primer bate en la parte baja de la séptima, Mickey lanzó cuatro bolas seguidas fuera de la zona de strike, dándome un pase libre. Mi entrenador de base me hizo la señal de robo. Tratando cuidadosamente de ampliar mi ventaja desde la primera base, Mickey hizo un tiro rápido, eliminándome y provocando una carrera entre la primera y la segunda base dentro del cuadro. Mickey me sacó con fuerza, quitándome el casco de bateo y haciéndome perder el equilibrio y caer al suelo. Al levantarme para quitarme el polvo, de repente veo a alguien saliendo de las gradas y dirigiéndose hacia el campo en mi dirección. Después de reconocer quién era, dije, *Dios mío, Mamá, ¿qué diablos estás haciendo?*

Mientras corría alrededor de nuestro dugout y entraba al campo de juego, pensé que ella debía salir para asegurarse de que no me lastimara. Pasó corriendo junto a mí y al árbitro del cuadro y se dirigió en línea recta hacia Mickey, de pie en el montículo del lanzador, gritando, "¡Ese fue un tiro bajo!"

Mickey le gritó a mi mamá: "Váyase del campo, Señora Edwards."

Los entrenadores y jugadores de ambos equipos comenzaron a reírse mientras el árbitro del plato calmaba a mi mamá y la escoltaba fuera del campo y de regreso a las gradas. Avergonzados, esto retrasó nuestro juego durante quince minutos antes de que se reanudara. Entramos en entradas extra. Abrió de nuevo en la parte baja de la décima entrada. Tuve un pensamiento: HACER OTRO JONRÓN.

Mickey lanzó tres bolas curvas seguidas fuera de la zona de strike. Salí de la caja de bateo para mirar a mi entrenador de tercera base, quien me dio la señal de aceptar. Luego escucho a mi mamá en las gradas gritarle a Mickey y decirle, "Oye, fiambre, Mickey, sigue sirviendo esa tontería."

¡Mickey se bajó de la goma de lanzar y le mostró el dedo medio a mi mamá! Al enojarme, pensé, *Nadie insulta a mi madre*. El siguiente lanzamiento de Mickey se salió del plato, reboto más allá del receptor, golpeo el respaldo y me coloco en primera base con una base por bolas. Enojado con Mickey por faltarle el respeto a mi madre, ni siquiera miré a mi entrenador de tercera base en busca de la señal de robo. Iba a robar bases con o sin su aprobación.

Dije, "Vamos a ganar este juego. Es mío para ganar."

Así que salí, robé la segunda base primero y me deslicé con seguridad hacia la tercera base. Después de levantarme, mi entrenador pre-

go porque valorábamos y respetábamos las opiniones de los demás y disfrutábamos de muchas cosas en común. Mike siempre tuvo una manera de darme una perspectiva diferente de las cosas. La naturaleza tranquilizadora y calmante de Mike me ayudó a encontrar mi camino a través de los obstáculos y situaciones sociales de la vida. La amistad que compartí con Mike no podía subestimarse.

Ese verano, Mike y yo pasamos mucho tiempo jugando fútbol en la calle, aprendiendo nuevos juegos de cartas o mirando televisión en el garaje de Mike convertido en sala familiar. Los AFL Oakland Raiders se habían mudado recientemente a su nuevo estadio, el Oakland Alameda County Coliseum. Aunque era fanático de los San Francisco 49er, disfruté del ataque ofensivo abierto y de pases profundos que el gerente general Al Davis y el entrenador John Rauch pusieron en juego.

Mi interés por el fútbol profesional alcanzó su punto máximo después del primer Super Bowl entre los Kansas City Chiefs de la AFL y los Green Bay Packers de la NFL en 1967. Los Packers entrenados por Vince-Lombardi ganaron por un marcador de 35 a 10 mientras el famoso mariscal de campo, Bart Starr, completaba tres pases de touchdown en la segunda mitad. Cuando se le pidió que comentara sobre el oponente al que acababan de derrotar, Vince Lombardi respondió: "Incluso los mejores de la AFL, los Chiefs, no se comparan con los mejores equipos de la NFL". Pensé que esas palabras probablemente no fueron apreciadas por los jugadores y entrenadores ferozmente competitivos de la AFL, lo que garantizaba que los futuros juegos de Super Bowls serían emocionantes de ver.

A Mike y a mí también nos encantaba competir entre nosotros. Mike tenía aptitudes avanzadas de pensamiento analítico y crítico. Las rápidas habilidades de Mike para tomar decisiones, combinadas con su examen lógico de las situaciones en busca de soluciones viables, hicieron que fuera casi imposible vencerlo jugando al ajedrez. Sin embargo, una vez, Mike me enseñó a jugar el juego de cartas Corazones. Jugar este juego de cartas me dio una buena oportunidad de competir contra él. "Hearts", por su nombre en inglés, es un juego de cartas con trucos para hasta ocho participantes. Mientras juegas, intentas evitar ganar cartas del mismo palo que cuentan como un punto cada una para tu puntuación final. Lo más importante era evitar terminar el juego con la carta con el punto más alto, "La Dama Negra" o Reina de Picas. Esa carta contaba como trece puntos en tu puntuación. Jugar a los corazones se convertiría en el pasatiempo familiar favorito.

A finales de la década de 1960, era popular ver películas cursis de terror japonesas. Era agradable observar los efectos de fotografía óptica de títeres falsos que representaban monstruos parecidos a pájaros que escupían fuego. Eran películas clásicas que nos hacían reír durante horas porque las tramas eran predecibles. La mejor serie de televisión de ciencia ficción, que Mike y yo disfrutábamos juntos, fue *Star Trek*, protagonizada por William Shatner interpretando al Capitán Kirk y Leonard Nimoy como el Sr. Spock, el primer oficial científico lógico mitad vulcano, mitad humano.

La serie de televisión se adelantó a su tiempo y su elenco diverso representaba a casi todos los grupos culturales y étnicos. Además, las historias y los temas humanistas siempre nos dieron la esperanza de que nos aguardaba un futuro mejor.

*****

Los programas de la escuela de verano estaban en pleno apogeo. La biblioteca, el gimnasio de baloncesto, la sala de entrenamiento y la piscina estaban disponibles en la Escuela Secundaria Arroyo. Mi rutina incluía jugar partidos de baloncesto de tres-contra-tres durante un par de horas antes de ir a la biblioteca a ver películas en un proyector de 16-mm con fines educativos. Además, disfrutaba viendo documentales históricos sobre la Segunda Guerra Mundial y películas relacionadas con la ciencia. Cuando Mike y Bob no disfrutaban de su club de natación privado, nos dirigíamos a Arroyo la mayoría de los días de vacaciones de verano. Mike y Frank eran las ratas del gimnasio, disfrutaban de la competencia de baloncesto y a menudo jugaban hasta que el gimnasio cerraba. El hermano de Mike, Bob, prefería entrenar en la sala de entrenamiento. Un día, mientras veía un documental sobre el ascenso de Adolf Hitler, el entrenador Thornock pasó junto a las ventanas de la sala de cine y se dio cuenta de que estaba ajustando el proyector.

El entrenador Thornock entró y dijo, "¡Johnny!, ¡qué bueno verte! En mi oficina tengo películas de 16 mm con instrucciones de bateo y fildeo de Ted Williams y Willie Mays. ¿Te gustaría verlos?"

Emocionado, respondí, "¡Claro, entrenador, gracias!"

Al cabo de diez minutos, el entrenador regresó con una pila de bobinas de 16 mm. El entrenador dijo, "Quiero que escuchen y observen los fundamentos que se enseñan y demuestran en estas películas. ¿Vas a pasar mañana?"

Respondí, "Sí, normalmente llego alrededor de las 11:00 a. m."

El entrenador respondió, "Perfecto, nos vemos en mi oficina a esa hora y mañana saldremos al campo y practicaremos estas técnicas de bateo"

Nuevamente respondí, "Gracias, entrenador. Aprecio que quiera trabajar conmigo."

Pasé todo el tiempo que pude con el entrenador Thornock durante el resto de las vacaciones de verano. Antes de comenzar la práctica, nos sentábamos en el banco del dugout o en el césped del jardín y él me pedía que le explicara y describiera los fundamentos que aprendí viendo las películas de instrucciones de bateo. Después de decir lo que creía saber, el entrenador se rio y dijo, "Johnny, hay cinco claves para una buena postura de bateo, buena cobertura del plato para batear un lanzamiento interno o externo, equilibrio y alineación de tu postura de bateo para que quede perpendicular a El lanzador. Debes tener una base y una visión cómodas para que tus ojos estén puestos en el lanzador. Además, alinear los pies, los hombros y las caderas en una línea perpendicular a la goma de lanzamiento. Trabajemos un poco."

Mirando el campo de práctica después de un entrenamiento prolongado de golpes y lanzamientos, le pregunté al entrenador, "¿Por qué pasa tanto tiempo conmigo, entrenador?"

El entrenador Thornock dijo, "Tienes un talento natural para este juego, muchacho. Eres un buen atleta, versátil con gran velocidad". Hizo una pausa y luego continuó, "Sigamos trabajando en los fundamentos del juego y veamos adónde te lleva."

Durante mi sesión de bateo, el entrenador Thornock notó que mis antebrazos eran más grandes que mis bíceps. El entrenador dijo, "Tienes antebrazos de Popeye." Comentó que mi postura de bateo y mis antebrazos musculosos generaban mucha velocidad del bate. Él decía, "Debes poder batear todos los lanzamientos en la zona de strike. Tus antebrazos y manos fuertes te dan ese movimiento rápido y poderoso."

El entrenador Thornock trabajaba en mi swing haciéndome ahogar repetidamente el bate, haciendo swings con una y dos manos en una parte específica de la zona de strike. El entrenador diría, "Hay nueve secciones en la zona de strike. Tienes que poder cubrirlos todos. A veces, estás perdiendo el equilibrio al intentar hacer todo con ese swing de Willie Mays. Asegúrate de acortar tu paso mientras apuntas tu pie delantero hacia el lanzador, no hacia la tercera base."

Mientras trabajaba en los ejercicios de lanzamiento, el entrenador Thornock decía, "Siempre juega a la atrapada con un propósito." El entrenador recomendó, "Practica con frecuencia tratando de alcanzar ciertas ubicaciones objetivo mientras juegas a atrapar o lanzar pelotas en casa."

Cuando practicaba en casa, usaba la tapa de un bote de basura como objetivo o lanzaba una pelota de tenis contra la puerta del garaje, practicando durante horas para golpear un área específica de estos objetivos. El entrenador me mostró cómo arrastrar los pies cuando me acercaba a lanzar, manteniendo las manos delante del cuerpo para ganar impulso antes de soltar el balón. Trabajamos en estos ejercicios en cada sesión de práctica. Fue el primer entrenador que me instruyó en estos términos. Aprendí más del entrenador Thornock que de cualquier otro entrenador en mi vida. Él me inspiró y motivó a alcanzar mi máximo potencial. Después de una revisión del bateo en la sala de cine de Ted Williams en la biblioteca de la escuela, salíamos al campo de práctica. El entrenador Thornock siempre estaba un poco de mal humor y me presionaba mucho para alcanzar mi máximo potencial.

Después de terminar un entrenamiento agotador de dos horas, dije, "Entrenador, gracias por pasar tanto tiempo conmigo."

El entrenador respondió, "Me encanta entrenarte, chico." Pasando a mi primer año de escuela secundaria durante el año 1967, el año escolar de 1968 fue una época de introversión nerviosa e inseguridades incómodas. Había crecido hasta medir seis pies y una pulgada de alto y pesaba 165 libras. A medida que maduraba hacia la edad adulta, el acné y una sobremordida. La aparición de estas anomalías me provocó cierta ansiedad y timidez emocional, lo que me llevó a convertirme en una persona hogareña que se centraba en lo académico, la lectura de libros y la escucha de música. Prefería la zona de confort y el aislamiento protector de quedarme en casa. Atraer chicas estaba fuera de discusión. Recuerdo claramente cómo mi acné afectó mi autoestima y mi timidez por no ser atractivo. Esa voz interior mía decía, "Debería haber escuchado la advertencia de Mamá sobre afeitarme demasiado pronto." Como resultado, pasé mucho tiempo en la farmacia Rexall de mi vecindario preguntándole al farmacéutico qué funcionaba mejor para las imperfecciones del acné. Probé casi todos los remedios posibles para eliminar la problemática condición de la piel, compré cremas de venta libre, usé maquillaje para cubrir o camuflar los granos y me lavé la cara metódicamente dos veces al día.

Tener una sobremordida también fue difícil. Sabiendo que mis padres no podían pagar el costo de la corrección de ortodoncia, me preocupaban las posibles ramificaciones de posponer los frenillos durante un período prolongado. Después de visitar a mi dentista, me aseguró que mi sobremordida era leve y no tenía irregularidades en la mandíbula. Dijo, "Estaremos atentos a cualquier movimiento o desalineación de los dientes."

Gracias a Dios fui un buen atleta porque tener una sobremordida y lidiar con el acné puso mi vida social en suspenso durante los siguientes dos años. Incluso cuando me invitaban a fiestas o bailes de la escuela secundaria en los que participaban mis mejores amigos, no tenía ningún deseo de asistir—bebían demasiada cerveza y fumaban marihuana. No me gustaba mucho el sabor de la cerveza y no tenía ningún deseo de experimentar con drogas. En cambio, estaba más interesado en ver la agitación del cambio social en la televisión. Manifestantes y activistas luchaban por la igualdad de derechos y la igualdad racial mientras los objetores de conciencia se rebelaban contra la guerra de Vietnam.

Siendo el acontecimiento más significativo de los años 1960 y principios de los 1970, la trágica y controvertida guerra de Vietnam que provocó la caída de la presidencia de Lyndon Baines Johnson. Las protestas contra la guerra y por los derechos civiles que tuvieron lugar en el Área de la Bahía, particularmente en el campus de UC Berkeley, donde los manifestantes alistados se rebelaron quemando sus tarjetas de reclutamiento, siguen siendo imágenes inolvidables. El presidente Johnson continuó intensificando las campañas de bombardeos. El compromiso de reclutar más tropas estadounidenses para ayudar a luchar en la guerra se disparó a más de cien mil. Hombres de arena incorporados al servicio militar estadounidense para ayudar a luchar en la guerra antes de 1967. Durante este tiempo, Mohammad Ali rechazó su incorporación a las fuerzas militares estadounidenses como objetor de conciencia diciendo, "¿Dispararles para qué? No me robaron mi nacionalidad, ni violaron ni mataron a mi madre y a mi padre. ¿Dispararles para qué? ¿Cómo puedo dispararles, pobres? Sólo llévenme a la cárcel."

Ver las horribles escenas de las bajas de la guerra de Vietnam y los comentarios de Walter Cronkite en televisión me hicieron orar para que la guerra terminara. Pensar en la posibilidad de ser reclutado en una guerra muy impopular después de completar mi último año permaneció en mi mente como un pensamiento angustioso.

El hito histórico del área de Haight-Asbury en San Francisco, cerca del parque Golden Gate, fue el lugar de nacimiento del movimiento de contracultura hippie llamado "El verano del amor". El área se convirtió en el espacio vital elegido por miles de niños de las flores que llegaron a San Francisco, creando un ambiente lleno de humo de marihuana y expresiones de rebelión en busca de placer contra las normas y valores de esa época. Se convertiría en el hogar de coloridas tiendas de ropa, bares, tiendas de segunda mano, librerías y artistas musicales creativos como Jimmy Hendrix, Grateful Dead y Janice Joplin. Mientras ocurría todo este cambio de amor y espíritu libres, mis padres me mantuvieron ocupada intencionalmente. Fomentarían mi participación continua como monaguillo en la iglesia de San Joaquín. Hicieron todo lo que estuvo a su alcance para intentar protegerme contra lo que consideraban un ataque a los valores familiares tradicionales. Mis padres limitaron mis actividades extracurriculares fuera de la escuela al exigirme que estuviera en casa a más tardar a las 9:00 p.m.

La transición de una escuela secundaria católica a una escuela secundaria pública inicialmente me generó aprensión acerca de encajar y agradar. Me di cuenta de que la mayoría de los grupos o camarillas eran de un solo género, lo que ayudó en mi transición, ya que la mayoría de mis amigos eran deportistas que participaban en programas deportivos de la escuela secundaria y creaban nuestro grupo de pares. A lo largo de mi experiencia en la escuela secundaria, tuve la suerte de evitar el rechazo, las burlas, el acoso y los rumores no deseados. Como algunos de mis amigos, tuve que lidiar con inseguridades y sentimientos de ser juzgados y aceptados, entendí su lucha. Las relaciones familiares a menudo pasarían a un segundo plano frente a los grupos de pares y los intereses románticos. Yo era exactamente lo contrario. Mi familia dio prioridad a mi independencia durante mis primeros dos años de escuela secundaria. Me concentré en mi rendimiento académico tomando cursos universitarios previos y jugando béisbol y baloncesto en el primer y segundo año mientras descubría mi plan profesional.

Mientras jugábamos nuestra segunda temporada de béisbol de la división senior durante el verano, ocupamos el segundo lugar en la clasificación, un juego detrás de Cuna Trucking. Frank y yo continuamos jugando mientras formamos parte del equipo All-Star de la División Senior de San Lorenzo. A mi amigo Mike le faltó un voto para formar parte del equipo All-Star. Teníamos un equipo muy talentoso con Mickey López como nuestro lanzador abridor. Cuando no jugaba en el jardín central, me colocaban en la rotación de lanzadores. Ganamos muchos juegos de eliminación simple y nos clasificamos para jugar en el campeonato del Torneo de la División Dos de las Finales de la División Senior Regional Oeste celebrado en Sacramento, California. Estaríamos jugando contra un equipo de Sunnyvale, que había ganado el partido por el título de la Sección Cuatro. El ganador de este juego otorgaría la entrada a la Serie Mundial de la División Senior celebrada en Gary, Indiana.

Mickey increíblemente lanzó un juego sin hits. Sin embargo, llenó las bases dos veces, realizando lanzamientos límite que no fueron cantados a su favor y recibió dos boletos. Me sentí agitado porque el árbitro del plato tuvo dificultades para seguir la bola curva de Mickey. Recuerdo haberle gritado al árbitro de home desde el jardín central, al ver que las bolas curvas de Mickey aterrizaban en la zona de strike, "¡Oye, Blue, Stevie Wonder podía ver que era un strike!" Después de escuchar y gustarle lo que estaba diciendo, mi mamá gritó fuerte y arremetió contra el árbitro del plato. Mi mamá de repente se convirtió en partidaria de Mickey López. El lanzador del equipo de Sunnyvale fue igualmente desafiante. Solo conseguimos dos hits en todo el juego, y mi compañero de equipo Ron Roberts y yo conseguimos sencillos. Finalmente, me puse en posición de anotar, conecté un sencillo al jardín izquierdo y robé la segunda base. Sin embargo, me quedé varado en la segunda base cuando el siguiente bateador se ponchó, eliminándonos de los playoffs.

Durante los dos años siguientes, jugué una temporada de béisbol Babe Ruth y una temporada en un equipo de la American Legion que el entrenador Thornock dirigía y para el cual me reclutó para jugar. El entrenador fue mi inspiración mentor profesional y motivador mientras me preparaba para pasar al equipo universitario de la escuela secundaria al ingresar a mi tercer año.

Antes de comenzar mi tercer año de secundaria, programé una cita con mi consejero escolar dos meses antes del final de mi segundo año escolar. Muchos estudiantes estaban tomando pruebas de aptitud y pensé que sería una buena idea para ayudarme a determinar la dirección de mi carrera. Tenía un par de preguntas: ¿Una prueba de aptitud ayudaría a identificar las fortalezas individuales para los cursos universitarios y una especialidad adecuada? En segundo lugar, ¿me ayudaría a determinar el curso de estudio adecuado y el tipo de ocupaciones que tendría más probabilidades de tener éxito y disfrutar?

Mi consejero vocacional respondió, "Absolutamente. Tomarás pruebas cognitivas, de personalidad, situacionales y pruebas de razonamiento lógico. Te ayudaré a comprender los resultados que generalmente se definen en tres áreas principales: tus habilidades naturales, evaluación de personalidad y ocupaciones que le resultarían satisfactorias."

Respondí, "Genial, hagámoslo. Estoy luchando por determinar qué carrera profesional debo tomar."

Sabía que era un atleta por encima del promedio. Pero también sabía que uno de cada doscientos jugadores reclutados en la Liga Mayor de Béisbol profesional llegaría al gran espectáculo, lo que significa una probabilidad del 0,05 por ciento. Los jugadores de béisbol de las Grandes Ligas no ganaban grandes salarios en aquel entonces. El mejor jugador de todos los tiempos, Willie Mays, apenas superaba la marca salarial de 100.000 dólares en 1968. Soñaba con jugar un "juego de niños" como ocupación, sabiendo que sería un sueño hecho realidad, pero tenía que ser realista. Todo el mundo se ve desafiado en algún momento con algún nivel de duda. Tuve el desafío de reflexionar siempre hacia adentro, debatiendo si tenía el talento dado por Dios para ser un atleta profesional o si debía elegir y concentrarme en una carrera profesional diferente. Yo era un niño interiormente reflexivo y empático.

Mi tío Gil le comentó a mi padre sobre mi naturaleza reservada, "Las aguas tranquilas corren profundas".

Fue una evaluación muy reveladora. Mi corazón apasionado y sutil me desafiaría a lo largo de mi vida, a menudo internalizando experiencias, desafíos y decisiones emocionales difíciles.

Después de completar la prueba de aptitud, mi consejero vocacional dijo, "John, deberíamos recibir los resultados de tu prueba en cuatro a seis semanas."

Los resultados de mi prueba de aptitud fueron fascinantes. Mi consejero me explicó que mi evaluación de personalidad obtuvo una puntuación alta en influencia social, sensibilidad, empatía, razonamiento, conciencia de las reglas y autosuficiencia. Por otro lado, obtuve puntuaciones bajas en dominio, abstracción, extroversión y vigilancia. Mi consejero dijo, "Tu tipo de personalidad DISC volvió como S/I, 'Estabilidad/Influencia'. Esto revela que tus fortalezas y tus mejores opciones profesionales incluirían a un hombre de negocios, Agente, consejero, ventas, maestro, trabajador social o asesor académico."

Explicó que los atributos de personalidad S/I significan que eres altamente optimista, confiado, deliberado y empático. Tiene habilidad para persuadir a los demás y enfatiza la cooperación, la sinceridad y la confiabilidad. En consecuencia, tendría un fuerte deseo de ayudar y motivar a los demás.

La desventaja de este tipo de personalidad es que tiendes a evitar la confrontación y puedes ser sensible a las críticas. Lo que le impulsa principalmente es la interacción social, pero también necesita espacio y tiempo para la *reflexión*. Pensé, *Ésa es una descripción bastante precisa de lo que siento sobre mí mismo*. Agradecí a mi consejero vocacional por la información y la revisión. Me brindó una amplia gama de opciones para mi futuro plan profesional, información sobre quién soy como persona y que la mayoría de los estilos de personalidad son excepcionalmente complementarios. Desde un punto de vista psicológico, entendí cómo las fortalezas y debilidades de las aptitudes de la personalidad se relacionan con una sensación de autodescubrimiento, motivación y bienestar. En ese momento, no sabía cómo los amplios impactos de las experiencias de la vida, las transiciones de la vida y las presiones familiares pueden cambiar los valores de los rasgos de la personalidad, afectando así las elecciones, acciones y decisiones futuras.

Al comenzar mi tercer año de secundaria en septiembre de 1969, cuando cumplí dieciséis años, me di cuenta de que pronto estaba en el camino de convertirme en adulto. Di prioridad a la importancia de lo académico al tomar cursos de transferencia universitaria con el objetivo final de asistir a la universidad. También aprecié que cerraría mi primera década de los sesenta. Reflexionando, fue una época de cambios turbulentos. 1968 fue probablemente el año más asombrosamente espantoso, ya que la opinión dominante era que la guerra de Vietnam podía perderse después de la guerra ofensiva Tet de Vietnam del Norte. Luego, dos de los defensores de los derechos civiles más simbólicos de la década, el reverendo Martin Luther King y Robert F. Kennedy, fueron asesinados consecutivamente en un periodo de tres meses, lo que provocó disturbios en las calles. Durante la década de 1960, crecimos bajo la sombra de la Guerra Fría, pensando que la Tercera Guerra Mundial era una clara posibilidad, lo que fomentaba el temor de que pudiera ocurrir un holocausto nuclear. Era una época en la que estábamos dispuestos a cuestionar la autoridad y exigir un cambio social.

La música siguió a este cambio cuando Barry Gordy, ejecutivo de Motown Records, le dio a Diane Ross la mayor atención, lo que resultó en la eventual ruptura de mi grupo musical favorito justo antes del final de la década. La música cambiaría y se convertiría en un símbolo de manifestación de la contracultura y el microcosmos de la sociedad al finalizar la década, con el Festival de Rock de Woodstock atrayendo a más de cuatrocientos mil participantes. La tensión de esta década volvería mis ansiedades hacia adentro, suprimiendo en silencio mi angustia por eventos perturbadores sin refugiarme en el alcohol o las drogas.

Crecer y tener raíces en el pequeño, cálido y acogedor pueblo de San Lorenzo fue un refugio preciado. El pueblo de San Lorenzo no era cosmopolita ni de alto perfil. Era relajado y cómodo. Los vecinos eran amables y serviciales. La aprensión y la agitación de la década de 1960 podían olvidarse cenando pizza con mamá y papá en Ye Olde Pizza Joynt en Hesperian Blvd. Nos encantaba escuchar el órgano de tubos del Teatro Wurlitzer y su interpretación en auge de "Chattanooga Choo-Choo" o ver los autos de carreras enanos en la pista de carreras directamente detrás del Parque Kennedy el sábado por la tarde. La comunidad de San Lorenzo parecía protegida de todo el caos, caminando alrededor del estanque de los patos o disfrutando de una película como *The Nutty Professor*, protagonizada por Jerry Lewis, en el Teatro Lorenzo. La bondad salpicaba las calles como los plátanos en flor. Mis pensamientos sobre el cambio y la incertidumbre de La década de 1960 se desvanecieron y pensaba, *Me gusta este lugar. Esto es hogar.* Tenía esperanzas y esperaba con ansias lo que traerían los años setenta. Tenía mi licencia de conducir, la camioneta Chevy de mi padre para conducir y un toque de queda que se amplió hasta las 11:00 p.m.

Es vergonzoso admitir que viví como un ermitaño durante mis dos primeros años de secundaria. Mi mejor amigo, Mike, era mucho más extrovertido que yo. Asistía a fiestas y bailes de la escuela secundaria. Mike tenía una hermosa novia en ese momento llamada Andrea. Mike amaba a Andrea porque era una reina de belleza con cara de ángel y una personalidad dulce y agradable. Mike me pedía varias veces que asistiera a fiestas y bailes con él y Andrea, pero nunca sentí la necesidad de ir. En cambio, prefería quedarme en casa en mi habitación leyendo libros sobre ovnis, viendo deportes por televisión o escuchando música.

Además, sabía que el consumo de cerveza y el consumo de marihuana serían frecuentes, y que la presión de mis compañeros sería intensa para participar en este capricho en las fiestas de la escuela secundaria. Por otro lado, los bailes de la escuela secundaria siempre estaban acompañados por un puñado de profesores, y antes de permitirte la entrada te hacían controles de alcohol y drogas. Unos meses después de mi tercer año, me volví más seguro de mí mismo porque mi acné estaba bajo control. Recuerdo que me interesé más y tenía muchas ganas de unirme a Mike y Andrea para experimentar los bailes de la escuela secundaria.

Antes de asistir a un baile de la escuela secundaria, decidí que necesitaba aprender algunos pasos y rutinas de baile rudimentarios en lugar de bailar estilo libre de manera torpe. Para aprender, comencé a ver *American Bandstand* religiosamente. Sacudir una pierna en los años sesenta y principios de los setenta a menudo estaba relacionado con una canción. En bailes populares como Locomotion, Shake y Swim, puedes escuchar la letra y seguir las instrucciones de los pasos de baile de la canción. Uno de mis grupos favoritos durante este tiempo fueron los Four Tops. Cuando actuaba en *American Bandstand*, noté que los pasos de baile de Four Tops eran coreografiados y simples. Los movimientos eran elementales, con los pies separados a la altura de los hombros. Comenzabas tus movimientos de baile incluyendo movimientos de cabeza y brazos (levantando y bajando), doblando las rodillas al unísono con el ritmo de la música, incluyendo pasos deslizados laterales hacia la izquierda o hacia la derecha. Practicaba la rutina de baile repetidamente frente a un espejo en la privacidad de mi dormitorio, escuchando "It's the Same Old Song" o "I Can't Help Myself". Después de algunas semanas de práctica, me sentí cómodo porque tenía suficientes movimientos de baile en mi repertorio como para no sentirme intimidado o cohibido en el próximo baile de la escuela.

Nunca hablé con Mike sobre mis sesiones de baile de auto práctica, ya que me invitó a reunirme con él y Andrea el viernes por la noche. Muchos compañeros de béisbol y baloncesto me recibieron con entusiasmo cuando llegué. El tema fue "Una fiesta de baile de los años 50 y 60", con decoraciones apropiadas e impresionantes luces estroboscópicas parpadeantes. La cafetería de la escuela secundaria proporcionó el lugar del baile con un disc jockey o una banda en vivo. El primer baile de la escuela secundaria al que asistí tenía un DJ. Me di cuenta de que la mayoría de las personas estaban paradas hablando mientras esperaban que alguien les invitara a bailar o sentadas en sillas alineadas contra la pared. La mayoría de las personas que bailaban estaban en una cita o en pareja.

El DJ tocó famosos éxitos musicales del Top 20 de Billboard y solicitó títulos que la mayoría de los chicos querían escuchar. Después de aproximadamente una hora, el DJ puso la canción de Four Tops con la que había practicado mi rutina de baile, "It's the Same Old

Song". No tuve el valor de invitar a bailar a una chica, así que simplemente salí a la pista de baile y comencé a bailar junto a Mike y Andrea. Sintiéndome confiado y al ritmo de la música, noté que los movimientos de mis caderas, las extremidades derecha e izquierda moviéndose independientemente y el movimiento lateral de mis pies atraían cierta atención.

Entonces, por el rabillo del ojo, noté que una chica se acercaba a mí. Era alta y tenía un hermoso cabello largo y castaño que le llegaba hasta la cintura. Mirándome con grandes ojos marrones, dijo, "¿Puedo bailar contigo?"

Inmediatamente respondí, "Por supuesto, un placer conocerte. Mi nombre es John."

Ella respondió sonriendo, "Mi nombre es Debbie."

Mi corazón volvió a saltar ese latido familiar. Debbie era atractiva, con buena apariencia y era buena bailarina. Parecía disfrutar bailando conmigo. Después de que terminó la canción, Debbie dijo, "¡Gracias por el baile, John!", y se alejó.

Mike se dio cuenta de que acababa de terminar de bailar y me preguntó, "¿Con quién estabas bailando?"

Le dije, "Acabo de saber su nombre, Debbie."

Más tarde descubrí que el apellido de Debbie era Blanchard y que era una estudiante de primer año que participaba con mi hermana, Mary, como miembro del personal de periodismo del Comité del Anuario de la Escuela Secundaria Arroyo.

Obtuve buenos resultados en todas las pruebas estandarizadas y en el examen SAT preliminar durante mi tercer año, obteniendo cómodamente una puntuación lo suficientemente alta como para ser aceptado en la universidad. Antes de comenzar mi último año, sabía que después de graduarme, tendría que ingresar a una universidad de dos años si no obtenía una beca, ya que mis padres no podían pagar la matrícula universitaria. Mi hermana, Judy, decidió asistir a Cabot Junior College en Hayward y se inscribió en su programa de enfermería LVN-RN de título AA de dos años. Judy sabía desde hacía mucho tiempo qué carrera profesional quería seguir.

Durante mi último año, todavía estaba indeciso. Al final de mi último año, me preocupaba qué número de lotería sacaría del Servicio Militar Selectivo, ya que la guerra de Vietnam todavía estaba en pleno apogeo. Decidí pasar las vacaciones de verano consiguiendo un trabajo a tiempo parcial y fortaleciendo mi forma física. Mi objetivo era estar en óptimas condiciones físicas para la próxima temporada universitaria de baloncesto y béisbol. Gracias a mi padre, podía hacer ejercicio en casa o en la escuela durante el verano.

Papá dedicó tiempo y esfuerzo a registrar todas las medidas y materiales necesarios para construirnos un tablero de madera contrachapada para baloncesto al aire libre, incluidos los accesorios de extensión del poste, una plantilla del tablero y un borde que se sujetaría de forma segura a un hastial de madera ubicado justo debajo de una sección inclinada del techo directamente encima de la puerta del garaje. Fue un proyecto importante que parecía hecho profesionalmente una vez finalizado, con el camino de entrada ligeramente inclinado sirviendo como superficie de juego. Éramos la única casa en San Lorenzo que tenía un tablero de baloncesto sujeto de esa manera. Mi padre también consiguió el viejo banco de entrenamiento y levantamiento de pesas de un amigo, que incluía pesas y pesas de metal sueltas para que yo pudiera hacer ejercicio en el garaje.

El verano de 1970 comenzó cuando mi hermano Frank consiguió un trabajo a tiempo parcial y fue contratado y capacitado como jefe de preparación de comida para el restaurante local de comida rápida Kentucky Fried Chicken. Frank estaba emocionado y le dijo a mamá, "El jefe me hizo hacer una promesa. Tuve que poner mi mano sobre una Biblia, prometiendo nunca revelar *la receta secreta de las once hierbas y especias.*" Frank dijo que la receta secreta estaba guardada en una bóveda en la sede de KFC en Louisville, Kentucky.

Mi mamá se rio y le dijo a Frank, "Dame la receta."

Como jefe de cocina, Frank espolvoreó un paquete de cuatro onzas de ingredientes (la receta secreta) sobre el pollo durante el proceso de preparación usando grandes ollas de cocción a presión. Sin estar seguro de si incluía la fórmula secreta, Frank trajo a casa algunos paquetes para que mamá los usara.

Un par de semanas más tarde, Frank me consiguió una oportunidad de entrevista con su jefe para un puesto de trabajo a tiempo parcial como lavaplatos con algunas tareas laborales paralelas de apertura y cierre. Conseguí el trabajo y ganaba 1,40 dólares la hora como salario inicial.

Después de una semana de trabajo, no disfrutaba de mi trabajo. Como lavavajillas principal, tenías que limpiar toda la vajilla, cristalería y ollas a mano utilizando un fregadero grande equipado con grifos de alta presión. Recibimos delantales, gorros para el cabello, estropajos de plástico y esponjas como útiles de limpieza. Tenías que estar de pie durante todo tu turno de cuatro horas excepto un descanso de quince minutos. Limpiar las ollas grandes fue difícil ya que después de cocinar el pollo dejaban un residuo crujiente en el fondo y en los lados internos de las ollas a presión. Algunas ollas eran tan malas que una sola olla a presión podía tardar hasta diez minutos en limpiarse a fondo y adecuadamente con mucho esfuerzo. Con el paso del tiempo, también fui responsable de reabastecer el congelador, limpiar los baños y vaciar y desinfectar todos los contenedores de basura. Cada turno requería dos empleados de mostrador, dos cocineros, un lavaplatos y un subgerente. El gerente, Al, salía de su oficina para resolver problemas de servicio al cliente en persona y aliviar los descansos de los empleados en el mostrador. Además, Al contrató a un señor mayor llamado Pete que venía cada dos días para ayudar a mantener las mesas del vestíbulo y la limpieza del piso. Era una tienda ocupada.

Un día, durante mi segundo mes de trabajo, Pete dijo que estaba enfermo, dejándome con las tareas adicionales y la presión de encontrar tiempo para limpiar las mesas del vestíbulo y trapear el piso principal mientras cumplía con mi tarea habitual de lavar los utensilios de cocina. Trabajando lo más rápido que pude, pero aun asegurándome de que todas las ollas estuvieran limpias a fondo, comencé a retrasarme con las ollas a presión sucias amontonándose. Mi mánager, Al, pasó y me dijo, "John, no vas a durar mucho aquí. Estás tardando demasiado en limpiar esas ollas."

Ese comentario me molestó. Pensé para mis adentros, *Entonces consígueme ayuda. Estoy haciendo lo mejor que puedo.* Estaba exhausto después del turno. Cuando llegué a casa, le conté a mamá lo que dijo el gerente Al.

Mamá preguntó, "¿Por qué el gerente no te consiguió ayuda?"

Le respondí, "Es posible que lo haya intentado, pero no pudo encontrar a nadie más que pudiera entrar. Esas ollas a presión son desafiantes y requieren tiempo para limpiarlas correctamente."

Mamá respondió entonces, "Toma uno de mis estropajos de lana de acero. Eso debería hacer que limpiar esas ollas sea mucho más fácil y rápido".

Pensé, *Qué gran idea*. En mi siguiente turno, mantuve el estropajo de lana en el bolsillo delantero de mi delantal y sólo lo saqué para limpiar las ollas. Redujo el tiempo para limpiar las ollas a más de la mitad.

El gerente Al notó la mejora y dijo, "¡Buen trabajo limpiando esas ollas, John!"

Durante la siguiente semana laboral, mientras Frank estaba ocupado cocinando pollo y yo limpiando ollas en un tiempo récord, escuchamos una gran conmoción en el mostrador. Un cliente gritaba a todo pulmón mientras abría de golpe las puertas de la entrada principal con tanta fuerza que no se cerraban, dejando entrar todo el ruido del tráfico de Hesperian Blvd. Escuché al cliente gritar, "¡Mira lo que tu maldito pollo le hizo a mi diente frontal!"

Aunque el Gerente Al estaba en su oficina trasera con la puerta cerrada, pudo escuchar el alboroto y salió corriendo de su oficina hacia el mostrador. Después las cosas se calmaron y el cliente molesto se fue. Al cerró temporalmente la tienda para una reunión de emergencia del equipo de empleados. Al nos reunió en la parte de atrás y dijo, "El cliente molesto que acaba de irse amenaza con demandar a mi empresa. Afirma que mientras comía un muslo, se rompió el diente frontal con esto." Usando las yemas de sus dedos, Al levantó y mostró un pequeño trozo de lana de acero a la altura de los ojos.

Pensé para mis adentros *¡Oh mierda!* mientras mi estropajo de lana de acero estaba empapado pero escondido detrás de la bolsa de mi delantal. Frank se echó a reír.

Al se volvió hacia Frank y le preguntó, "¿Por qué te ríes? Este es un asunto serio."

Frank, pensando rápido, dijo rápidamente, "¿Viste la cara de ese cliente? Estaba enojado." Frank sabía que estaba usando estropajos de acero para limpiar las ollas.

Al hizo una pausa y dijo, "¿Alguien sabe cómo llegó un trozo de lana de acero a nuestro pollo?"

Nadie dijo una palabra. Después de mirar fijamente los ojos de cada empleado, Al dijo, "Volvamos al trabajo."

Cuando llegué a casa esa noche del trabajo, le conté a mi mamá lo que había sucedido. Ella dijo, "Oh, mierda."

La semana siguiente, mientras conducía hacia el trabajo, era un día de verano inusualmente caluroso en San Lorenzo, con una temperatura de más de noventa grados. Cuando llegué, descubrí que volvería a estar solo. Pete había vuelto a decir que estaba enfermo. Siempre hacía calor en la parte trasera de la tienda una vez que el pollo comenzaba a cocinarse, pero el calor era extremadamente incómodo ese día. Entonces el gerente Al salió de su oficina para anunciar que tenía que hacer un depósito bancario.

Después de que se fue, decidí que me tomaría un descanso de quince minutos. Me tomé mi tiempo de descanso en el congelador para refrescarme. Sentado en la silla, miré los cartones de leche con chocolate y varios pasteles prefabricados perfectamente apilados en los estantes de almacenamiento especializados. Seguro que tenían buena pinta. Una de las reglas de los empleados era no comerse nada del inventario sin la aprobación del gerente.

Concluí en ese momento, "Al diablo con las reglas. Voy a tomar una rodaja de pastel de limón y acompañarla con un poco de leche con chocolate. El gerente Al nunca notará la diferencia."

Esa tarta de limón estaba deliciosa. Cogí un pequeño cartón de leche con chocolate; Después de abrirlo, lo bebí y lo terminé en unos segundos. Mientras me limpiaba la boca con la mano izquierda y sostenía el cartón de leche con chocolate vacío en la mano derecha, la puerta del congelador se abrió de repente; era Al.

Al me miró con expresión demente y dijo dos palabras, "¡Estás despedido!"

Dije, "¿En serio? Oye, Al, ¿adivina qué? Estaba pensando seriamente en renunciar de todos modos. Este trabajo apesta."

Perder mi trabajo en KFC me dio más tiempo para disfrutar de mis vacaciones de verano antes de que comenzaran las clases. Mi papá estuvo de acuerdo en dejarnos usar su Chevy Impala Station Wagon del 68 cuando no lo necesitaba. Legalmente podrías acomodar hasta nueve pasajeros. Era enorme, comparable al tamaño de un barco con 17,9 pies de largo. ¡Podías colocar un colchón tamaño queen en la parte trasera! Mi padre tenía el motor V8 Turbo de 5,4 litros, 325 caballos de fuerza y que consumía mucha gasolina. El reabastecimiento de gas no fue un problema ya que el precio del galón de gasolina en 1970 era sólo 0,36 centavos.

Ver autocines era un pasatiempo de moda durante las vacaciones de verano. Tenía una atmósfera similar a la de las fiestas previas al fútbol en los estadios de hoy. Entonces, un sábado por la noche, Frank le preguntó a papá si podía usar la camioneta Chevy para llevar a seis de sus amigos a ver la película *M*A*S*H**, protagonizada por Donald Sutherland, en el autocine de Alameda Island.

"Puedes usar la camioneta. Pero nada de travesuras," respondió Papá.

Frank me pidió que fuera, pero yo quería quedarme en casa y ver un segmento de *The Engelbert Humperdinck Show* en la cadena ABC, con la esperanza de que cantara una de mis favoritas, "Winter World of Love". Mi sentido común y mi previsión resultarían ser una elección acertada. Afortunadamente, tenía la sensación de que Frank no tramaba nada bueno.

Aproximadamente tres horas después, Frank entró por la puerta principal con una expresión facial ansiosa. Le pregunté, "¿Cómo estuvo la película?"

Pasó junto a mí, con paso rápido y lleno de pánico. Dirigiéndose hacia el pasillo que conduce a nuestro dormitorio. Siguiéndolo, finalmente me respondió diciendo, "Sí".

Confundido, pregunté, "¿Qué quieres decir con 'Sí'?"

Frank me cerró la puerta del dormitorio en la cara. Cuando volví a entrar a la sala de estar, noté luces rojas y azules parpadeantes que entraban por nuestra ventana frontal. Papá y Mamá dijeron simultáneamente, "¿Qué diablos?"

Antes de que pudieran terminar la frase, sonó el timbre. Mi padre abrió la puerta principal. Dos de nuestros mejores agentes del Departamento del Sheriff del Condado de Alameda estaban en nuestro porche delantero era alrededor de las 23:45.

Mi mamá finalmente entendió la frase completa y preguntó con empatía, "¿Qué diablos está pasando?"

Papá le respondió a mamá diciéndole, "Cálmate, Dee Dee Baby Boo Boo's."

Los dos policías, que miraban a través de la puerta mosquitera, giraron la cabeza, se miraron y empezaron a poner los ojos en blanco. Finalmente, uno de los agentes de policía dijo, "¿Es usted Garth Delmane Edwards, el propietario registrado de la camioneta Chevy modelo 1968 que se encuentra en su entrada?"

Mi papá respondió, "Sí, ¿qué está pasando, oficial?"

Los policías continuaron, "Recibimos una denuncia formal por alteración del orden público de un ciudadano que anotó el número de licencia de su vehículo."

Mi papá preguntó, "¿Qué tipo de disturbio?"

El policía afirmó firmemente, "El denunciante y su esposa dijeron que seis adolescentes se expusieron 'presionando el jamón' las ventanas laterales de su camioneta mientras estaban en un semáforo en Atlantic Ave. en Alameda."

Mi papá respondió, "¿En serio?"

Mi mamá interrumpió y dijo, "¿Qué quiere decir con presionando el jamón, oficial? Garth, ¿Frankie sacó el jamón del frigorífico para hacer sándwiches en el autocine?

Los oficiales empezaron a reír. Ahora, mi padre estaba poniendo los ojos en blanco. Papá le dijo a Mamá, "Prensar el jamón es otro término para enloquecer a alguien, Dee Dee. Ya sabes, cuando te bajas los pantalones y la ropa interior mientras te inclinas, sobreexponiendo tu trasero desnudo."

Mamá dijo, "Mi pequeño Frankie no haría tal cosa. Probablemente fue Bob Grover quien instigó esto."

El oficial preguntó, "¿Frankie está aquí para que podamos llegar al fondo de esta queja?"

Mamá gritó, "¡Frankie, ven aquí!"

Frank se sentó cortésmente en el sofá con una mirada inocente cuando los oficiales entraron a nuestra sala. Frank comenzó su historia: "Justo antes de que terminara la película, queríamos salir de allí con ventaja porque el lugar estaba lleno. ¡Tenía que haber más de trescientos coches en la película! Entonces encendí el Chevy Wagon y encendí los faros. Nos dimos cuenta de que el tipo estacionado en la fila directamente frente a nosotros estaba en una camioneta Chevy C-10 roja. Estaba besándose con su cita. ¡Nos insultó, mostrándonos el dedo medio mientras sostenía su mano fuera de la ventana del conductor! Se enojó porque encendí las luces antes de que terminara la película. Cortésmente apagué el motor y los faros de inmediato, oficial. Decidimos esperar hasta que terminara la película antes de irnos. Mientras tanto, todos los chicos en la parte trasera de la camioneta lo llaman idiota. Una vez terminada la película, nos dirigimos hacia la salida. Luego tuvo un gran respaldo. Bob Grover notó que la camioneta Chevy roja estaba detrás de nosotros. El idiota encendió y apagó intencionalmente las luces altas mientras aceleraba el motor. Luego, sentado en el asiento de la tercera fila, Bob dice, "Oye, Frank, ese imbécil todavía nos sigue."

"Miro por el espejo retrovisor y, de repente, el idiota acelera delante de mí y me corta el paso, girando a la derecha en Atlantic Ave. Nos detuvimos junto a él en un semáforo en rojo. Inmediatamente me miró y volvió a insultarme. ¡De repente, la pasajera baja la ventanilla y comienza a gritarme histéricamente! Me giro para mirar a los chicos de los asientos traseros. Se ríen incontrolablemente, se bajan los pantalones y golpean sus traseros desnudos contra las ventanillas laterales. Inmediatamente, esto inició una persecución a alta velocidad por el tubo Alameda Posey. Finalmente, salimos del metro y entramos en una sección residencial cerca del centro de Oakland, girando a izquierda y derecha por varias calles del vecindario hasta que finalmente lo perdimos cerca de Laney College. Después de dejar a todos, conduje directamente a casa. El tipo era un verdadero imbécil."

Después de la explicación de Frank, mamá dijo, "Le patearé el trasero a Bob la próxima vez que lo vea y, Frankie, deja de usar malas palabras."

Observé a los agentes de policía mientras empezaban a inquietarse y a hacer todo lo posible para seguir siendo profesionales y mantener la cara seria. Finalmente, uno de ellos dijo, "Mira, tengo una pregunta, Frankie, ¿alguno de tus amigos expuso sus genitales a la señora sentada en el asiento del pasajero?"

Frank respondió, "¿Te refieres a su pene?"

Los policías se echaron a reír y dijeron, "¡Sí!"

Frank respondió, "No, señor, Señor Policía."

Entonces mi padre respondió, "Suena como una broma inocente. Llamémoslo una forma de expresión artística."

El policía dijo, "Creo que aquí tenemos suficiente para finalizar nuestro informe. Frankie, en el futuro, asegúrate de controlar a tus amigos. Usted es responsable como conductor principal. Mucha gente consideraría las acciones de sus amigos como una forma provocativa de exposición indecente y un símbolo de falta de respeto. No es una broma."

Antes de que el oficial saliera por la puerta principal, mamá preguntó, "¿Querrían, muchachos, un sándwich de jamón para el camino?"

Más tarde descubrimos que Frank había instigado y alentado el incidente problemático. Como resultado, Frank quedó castigado por el resto de las vacaciones de verano.

Llegué a mi último año en la mejor forma de mi vida. Medía seis pies y dos pulgadas y gané quince libras de músculo. Mis ejercicios con pesas en los tobillos y sesiones de entrenamiento en el garaje durante el verano habían dado sus frutos. Mientras practicaba en el gimnasio, pude hacer un mate por primera vez. Proyectado como delantero titular, estaba ansioso por que comenzara nuestra temporada.

Antes de que comenzara la temporada regular, se esperaba que nuestro equipo ganara la división de baloncesto HAAL. Sin embargo, perdimos a tres jugadores por desacuerdos con nuestro entrenador. En consecuencia, esto perjudicó la cohesión y continuidad inicial de nuestro equipo, interrumpiendo las rotaciones y debilitando nuestro banco. Como resultado, perdimos tres de nuestros primeros cuatro partidos. Desafortunadamente, una de esas derrotas fue un partido en nuestra cancha contra nuestro principal rival, los Rebeldes de San Lorenzo.

El partido contra la escuela secundaria San Lorenzo fue notable porque mi ex novia de octavo grado, Eileen, era cantante del equipo de baloncesto Rebels. Eileen y yo sólo nos habíamos comunicado un par de veces por teléfono desde que nos graduamos en St. Joachim. Luego, durante los calentamientos previos al partido, vi a Eileen cerca de las gradas. Asentí, sonreí y la saludé con la mano. Ella reconoció devolviéndole el saludo y pronunciando las palabras, "Encantado de verte."

Fue un partido muy reñido hasta el inicio del último cuarto, cuando finalmente conseguimos una ventaja de once puntos. Luego San Lorenzo anotó quince puntos seguidos y se puso en ventaja faltando sólo dos minutos para el final. El marcador cambió tres veces más antes de que los Rebels ganaran el juego con un tiro sonado, ganando 55-53. Estaba muy molesto y frustrado por perder, no quería hablar con nadie. Después del partido, evitando a Eileen, corrí directamente al vestuario, me duché y conduje a casa. Sería nuestro último contacto.

Antes de Navidad y durante las vacaciones de Año Nuevo, mejoramos nuestro récord a 5-3 al vencer a Tennyson High School por veinte puntos 78–58. Después del juego, mi hermana Mary me dijo que habría una fiesta de Nochebuena al día siguiente por la noche en casa de su profesora de periodismo.

Mary dijo, "Deberías venir. Debbie Blanchard estará allí."

Le dije a Mary, "Probablemente no iré. Planeo ver la celebración de Nochevieja de la Big Band de Guy Lombardo con Mamá y Papá."

Mary respondió, "Bueno, podemos ir juntos si cambias de opinión. Le gustas mucho a Debbie."

La noche siguiente, Nochevieja, Mary dijo justo antes de salir de casa, "Diviértete viendo a Guy Lombardo. Le diré a Debbie que le mandas saludos."

No podía decir si estaba siendo sarcástica. Más tarde esa misma noche, alrededor de las 11:00 p. m., recibí una llamada telefónica; era María. Dijo, "Alguien aquí quiere hablar contigo."

Mientras esperaba varios segundos, escuché, "John, es Debbie. ¿Recuerdas cuando bailamos juntos no hace mucho?"

Respondí, "Sí, lo recuerdo. Hay atajos para la felicidad y bailar es uno de ellos."

Debbie se rio. "Sabes, esta fiesta sería mucho más divertida si estuvieras aquí. ¿Puedes venir?"

Debbie se convertiría en mi primer amor maduro, mi primera relación sexual íntima y mi amor de secundaria. Siempre hay algo especial y único en tu primer amor adolescente. Debbie me presentó el sueño del amor. Nuestra relación se convertiría en una conexión tierna. Se convertiría en el primer vínculo interpersonal que se desarrollaría en un íntimo y amoroso romance vertiginoso. Nos enamoramos muy rápido y nada antes podía compararse. Quería que ese sentimiento durara para siempre. Pensé en Debbie como una posible pareja de por vida. Debbie usaba con orgullo mi suéter Arroyo Block cuando asistía a mis juegos de baloncesto universitario.

Después de verme jugar desde las gradas, decía, "Me encanta cómo mueves las caderas y el trasero cuando lanzas un tiro libre."

Me encantaba cuando ella me recogía para llevarme a la escuela en su Volkswagen Bug color-beige, haciendo que mis mañanas fueran muy especiales.

Las cosas simples de la vida se intensificaron. El simple hecho de ayudar a su abuela a vender plantas en macetas durante los fines de semana en el mercadillo de la Alameda o conversar en su porche sobre nuestros deseos futuros eran recuerdos preciosos.

Recuerdo estar rodeado por el olor de las plantas de jazmín estrella que colgaban de un arco de madera que bordeaba la entrada principal de su casa. El agradable y precioso recuerdo de Debbie extendiendo una experiencia esperaba un toque reconfortante al abrazarme del brazo mientras apoyaba su cabeza en mi hombro y sigue siendo un recuerdo preciado. Cada vez que percibo el aroma del jazmín estrella, me devuelve a ese momento, a ese recuerdo perdurable.

Terminamos nuestra temporada de baloncesto ganando siete de nuestros últimos ocho juegos, lo que nos dio un récord de 12-4. Lamentablemente no ganamos el campeonato, pero lideramos al HAAL como el equipo con mayor puntuación. Todos los honores de la liga fueron para nuestro base estrella, Mike Soto, quien lideró la liga y la División del Área Este de la Bahía con un promedio de anotaciones de 28,9. El centro, Brad Tauscheck, líder de la HAAL en rebotes, obtuvo los honores de la All-League. Terminé mi temporada de baloncesto universitario con un promedio de puntuación de 17,1 y obtuve una nominación con mención honorífica en todas las ligas.

En ese momento, mi mentalidad se centró en la transición a mi último año de béisbol universitario con mi mentor, el entrenador Thornock. Además, tenía muchas ganas de llevar a Debbie al baile de graduación. Al comenzar mi temporada de béisbol en el equipo universitario, mi entrenador me había preordenado para jugar en el jardín central.

Durante los entrenamientos de pretemporada, fui con el entrenador Thornock para hablar con él sobre nuestra alineación titular. Le dije, "Entrenador, quería ofrecerle la opción de considerar colocarme en la segunda base en lugar del jardín central. Tenemos a Craig Leipelt, Randy Barker y Bob Grover, quienes pueden jugar en el jardín central o izquierdo. Permitirle a uno de ellos la oportunidad de jugar nos daría una alineación de bateo y opciones de sustitución mucho más fuertes."

El entrenador respondió, "El campo central es tu posición natural. Agradezco tu flexibilidad para ayudar al equipo. Lo consideraré."

Antes de que comenzara la temporada, comenzó el ritual anual de fotografías individuales y de equipo. El entrenador me tenía como segunda base titular y primer bateador el día inaugural. Normalmente batearía tercero en el orden de bateo, pero el entrenador quería usar mi velocidad para robar bases.

El entrenador Thornock explicó, "Johnny, tuviste la velocidad más rápida desde el home hasta la primera base con 3,59 segundos. Me robarás muchas bases este año."

Frente a mis compañeros de equipo, el entrenador siempre me llamaba por mi apellido, *Edwards*, pero cuando hablaba conmigo en privado, siempre era *Johnny*. Amaba al entrenador Thornock tanto como a mi padre. Siempre se propuso aumentar mi confianza a través de cumplidos sutiles.

Con un calendario de dieciséis juegos por delante, se pronosticaba que estaríamos en la búsqueda del Campeonato de Béisbol HAAL, con las escuelas secundarias Sunset y Marina como nuestros principales competidores. Teníamos un talento excepcional en toda nuestra alineación. Tenía muchas ganas de empezar, sobre todo con Debbie en las gradas mirándome jugar, y anticipé una gran temporada. Desafortunadamente, tuvimos un comienzo terrible, perdiendo nuestros primeros cinco juegos por una carrera. Terminamos la primera mitad de la temporada con un récord de 1 a 7, poniendo fin a cualquier esperanza realista de tener una temporada exitosa. Sin embargo, tuve un tremendo bateo en la primera mitad de .353 en general con dos jonrones, lo que me colocó en la primera posición de la estadística de promedio de bateo de HAAL.

Terminar la primera mitad siempre marcaba el comienzo del Torneo anual de Béisbol de Pascua del San Lorenzo Lion's Club. El torneo fue fundado y organizado por el entrenador Thornock. Por primera vez, el grupo de dieciséis equipos incluiría equipos de la Liga Atlética de Diablo Valley, la Liga Atlética Católica y la Liga Atlética de Mission Valley. Jugamos a nuestro máximo potencial durante este torneo, llegando al juego de campeonato contra uno de los equipos de escuelas secundarias mejor clasificados del estado—St. Elizabeth. Eran grandes favoritos para aplastarnos.

Con Debbie, mis parientes y mis padres en las gradas mirando, mi voz interior dijo, *No hay manera de que hoy volvamos a casa perdedores.* Tuve un gran juego, obteniendo un simple-, un doble- y un triple por regla básica. Había aplastado una bola rápida en una jugada de pega y hasta hasta el momento, y la pelota aterrizó sobre la marcha en el cuadro del diamante del equipo universitario junior opuesto, impulsando tres carreras. La pelota viajó en el aire a una distancia tan grande que podría haber corrido dos veces alrededor de las bases sin que me echaran.

Después del partido, mi papá me dijo, "Esa pelota que golpeaste salió disparada como un cohete, ganando velocidad y altura a medida que avanzaba."

Una oscura regla básica establecía que una pelota golpeada en otro campo de juego se designa automáticamente como un triple por regla básica. Terminé el torneo de cinco juegos con un promedio de bateo de .375, cuatro extrabases, incluidos dos jonrones y 10 carreras impulsadas. Derrotamos a St. Elizabeth por una puntuación final de 15 a 7, y me entregaron el Premio al Jugador más Valioso.

Después del partido, el entrenador Thornock y yo caminamos juntos, dando zancadas de tres pies para calcular cuántos pies en el aire había viajado ese triple. ¡Después de contar 147 zancadas, calculamos una distancia aproximada de 441 pies! Me dijo, "Me alegra decirte que el entrenador de béisbol de la División 1 de la NCAA de UC Davis, Phil Swimley, te estaba observando hoy. Está muy interesado en reclutarte para jugar con sus Aggies el próximo año. Él programará una visita para ti y tu familia para recorrer el campus. Te avisaré cuando." Luego, el entrenador Thornock me rodeó el hombro con el brazo y dijo, "Gran juego, chico" entregándome un sobre grande.

Estaba tan emocionado que olvidé abrir el sobre durante varios días. En ese sobre estaba la fotografía de nuestro equipo con una inscripción escrita por el entrenador en el reverso que decía, "Tienes el talento, Johnny, busca las estrellas."

Tuvimos un descanso de dos semanas antes de comenzar la segunda mitad de nuestra temporada. Mi reunión con Phil Swimley estaba programada para el fin de semana siguiente a las 10:00 a. m. Visitar UC Davis y hacer el recorrido con mis padres fue una experiencia impresionante.

Al conocer al entrenador Swimley, me dijo, "Bienvenido al campo de Aggie."

Phil nos mostró las instalaciones de las aulas, el centro de estudiantes, la librería, los dormitorios, el gimnasio de entrenamiento de fuerza y el estadio de béisbol. Terminó el recorrido en la cafetería para almorzar. Descubrimos que UC Davis podría ofrecer asistencia financiera parcial y un trabajo a tiempo parcial para la librería del campus. También descubrí que Phil había jugado béisbol profesional para la organización de los Yankees de Nueva York y había sido el entrenador en jefe de béisbol en UC Davis desde 1965. Era bien conocido por reclutar a varios jugadores que eventualmente llegaron a las grandes ligas y consiguieron contratos como jugadores de béisbol profesionales. El señor Swimley respondió varias preguntas de mis padres.

Terminó la gira diciendo, "John, tienes el tipo de talento de béisbol que buscamos aquí en UC Davis. He estado observando tu trabajo desde hace algún tiempo. Tu entrenador habla muy bien de ti. Espero que hayas disfrutado el recorrido y consideres seriamente nuestra escuela para jugar béisbol y recibir un plan de estudios educativo altamente calificado. ¿Podrías informarme tu decisión antes de graduarte?"

Respondí, "Absolutamente. Gracias por mostrarnos el campus y dedicar tiempo a explicar su programa de béisbol."

En el camino a casa, tenía varias preguntas rondando por mi mente, *¿Qué pasara con Debbie? ¿Pueden mis padres pagar los demás gastos necesarios para la matrícula? ¿Recibiré otra oferta universitaria o seré seleccionado por una organización de béisbol profesional? ¿Quiero estar lejos de casa para asistir a la universidad? ¿Me reclutarán para la guerra de Vietnam?*

Mientras conducía a casa, mi mamá dijo, "Es una excelente oportunidad para ti, Johnny. Se puede percibir cuánto quiere el Sr. Swimley que juegues para él. Sin embargo, preferiría que primero obtuvieras tu educación universitaria antes de aceptar una oferta de elección profesional. Y no estoy segura de que podamos afrontar el costo de la vivienda universitaria".

Mi padre añadió, "Al menos tienes mucho tiempo para decidir. Esperemos a ver qué otras opciones podrían desarrollarse."

Ese comentario de mi padre me tranquilizó. Necesitaba tiempo antes de decidirme y quería hablar con Debbie sobre todo esto. Acababa de cumplir dieciocho años y nunca había pasado mucho tiempo fuera de casa. Quedarme en el campus lejos de casa sería una carga financiera para mis padres, incluso con el trabajo a tiempo parcial y el dinero adicional de asistencia ofrecida por UC Davis. No podía esperar a que comenzara la segunda mitad de nuestra temporada.

El viaje a casa pareció durar una eternidad. La Universidad UC Davis estaba a unas cien millas de nuestra casa en San Lorenzo, a dos horas en auto. Regresamos a última hora de la tarde. Debbie llamó más tarde y me preguntó si quería ir a cenar y ver un episodio de *All in the Family*. Dije, "Perfecto. Necesito discutir algo contigo."

Al llegar a la casa de Debbie, quise esperar el momento adecuado para hablar con ella en privado. Esa oportunidad llegó mucho más tarde en la noche, después de que sus padres se acostaron. Era una hermosa y cálida tarde de verano mientras nos sentábamos uno al lado del otro en los escalones del porche delantero. Después de un afectuoso abrazo y beso, le dije, "Te amo y tengo tantas cosas pasando por mi mente. Quiero compartir mis inquietudes contigo y conocer tu opinión. Después de graduarme, una lotería militar puede requerir que participe en la Guerra de Vietnam."

Continué, "Además, como sabes, acabo de regresar de UC Davis, donde el entrenador Swimley me está reclutando para jugar béisbol con él el próximo año. Gracias a Dios tengo algo de tiempo antes de tomar cualquier decisión porque no estoy seguro de querer mudarme de casa para asistir a la universidad. Probablemente sería mejor ir al Chabot Junior College en Hayward durante mis primeros dos años y luego transferirme a una universidad. Tienes dos años más antes de graduarte de Arroyo, por lo que elegir este escenario funcionaría para nosotros. ¿Qué opinas? Podríamos ir juntos a la universidad."

Al mirar el rostro de Debbie, noté una expresión de cariño y aprensión. Antes de responder, hizo una pausa de un buen rato. "John, no quiero perderte, pero esta tendrá que ser tu decisión, no la mía. No quiero influir en ti de ninguna manera. Pase lo que pase, tienes algo de tiempo y tus opciones podrían cambiar, tómate el tiempo para considerar todas las posibilidades. Decidas lo que decidas, te apoyaré."

No estaba seguro de cómo tomar esa respuesta. Pensé para mis adentros, *Esa respuesta no es ni negativa ni positiva. Es neutral.* Estaba un poco preocupado por su respuesta. Yo era un adulto joven que enfrentaba varias opciones y decisiones importantes que tomar. Jugar béisbol profesional ha sido un sueño desde que tengo uso de razón. Nunca anticipé que el amor por una mujer provocaría confusión en mi proceso de pensamiento y me llevaría a una elección onerosa. En ese momento, recordé las palabras de mi consejero escolar sobre mi tipo de personalidad, "Tienes miedo de ser juzgado y no quieres molestar a los demás, lo que te dificulta tomar decisiones o elecciones"

Sabía que tenía algo de tiempo para sopesar mis opciones. Entendí que mis próximas elecciones o decisiones impactarían mi vida ya que eran más complejas.

Abrimos la segunda mitad de nuestra temporada de béisbol universitario contra nuestro rival de la ciudad, San Lorenzo Rebels. Noté por primera vez que Debbie no estaba presente. Terry Huckabee fue el lanzador abridor de los Rebels. Siempre lo domine cuando jugaba béisbol en las ligas menores y le ganaba partidos pegando jonrones. Tenía la intención de hacer el swing lo más fuerte posible en su primer lanzamiento para comenzar el juego. Conseguí una bola rápida por el medio del plato y comencé el juego con un jonrón. Terry me acompañó en mis siguientes dos turnos al bate lanzando curvas fuera de la zona de strike. Entramos en la última entrada en un juego cerrado, estando una carrera detrás. Nuestros dos primeros bateadores se poncharon. Instalándome en la caja de bateo, me coloqué más cerca del plato de home. Quería alcanzar su curva si la lanzaba fuera de la zona de strike. En el tercer lanzamiento, recibí una bola curva colgando en la esquina exterior del plato y seguí el lanzamiento con un sencillo hacia el jardín derecho. Luego robé la segunda base para ponerme en posición de anotar. Terry me miró y sacudió la cabeza con frustración.

Terry ponchó al siguiente bateador para ganar el juego. Luego, caminando hacia nuestro dugout, Terry me recibió en el césped del cuadro, me dio un abrazo, chocó los cinco y dijo, "Esta vez no, Edwards."

Al salir del dugout para subirnos al autobús que nos llevaría de regreso a Arroyo, un tipo se acercó a mí y me entregó una tarjeta de presentación que decía, "Soy un reclutador que representa a los Piratas de Pittsburg. Estás teniendo un gran año. Estaremos observando tu juego hasta el final de la temporada."

Le mostré al entrenador Thornock la tarjeta de presentación en el autobús durante el viaje a casa. Mi entrenador dijo, "Johnny, te ha estado observando desde tus días de Babe Ruth y American Legion. No quería decirte nada porque no quería presionarte innecesariamente. Eres uno de los mejores atletas en general que he entrenado. Terminemos el año con fuerza."

A mi padre le gustaba citar a Eleanor Roosevelt, "Si la vida fuera predecible, dejaría de ser vida." Siempre me había relacionado e interpretado esa cita desde el punto de vista de un evento histórico.

Ésa era una perspectiva estrecha por mi parte. Entiendo completamente que la vida es una serie de momentos y transiciones cruciales que pueden cambiarnos y moldearnos como individuos. Sin saberlo, estaba a punto de enfrentarme a tal evento.

Llegando un poco tarde a la práctica de béisbol, salí corriendo del gimnasio de baloncesto hacia el campo de béisbol universitario. Noté enseguida que algo era diferente. No vi al entrenador en su posición habitual. El entrenador Thornock comenzaba cada práctica haciendo que los jugadores se pararan en la línea de falta del jardín derecho como punto de partida para correr sprints de cuarenta yardas hacia adelante y hacia atrás en línea recta. En cambio, vi a la mayoría de mis compañeros de equipo sentados o dando vueltas alrededor del dugout de la tercera base. Mientras me acercaba al dugout, noté que el entrenador de béisbol del equipo universitario junior, Bill Basacker, estaba esperando mi llegada para celebrar una reunión del equipo.

Mientras me sentaba, el entrenador Basacker dijo, "Lamento informarles a todos que el entrenador Thornock ingresó al hospital esta tarde con una afección cardíaca grave. Desafortunadamente, no sabemos cuál es su estado en este momento. Por lo tanto, probablemente tendré que entrenarte por el resto de la temporada."

Conmocionado y abrumado, no pude controlar mis emociones mientras las lágrimas comenzaron a correr por mi rostro. Estando tan conmocionado, no recuerdo cómo pasé la práctica de béisbol ese día.

Estaba devastado. Cuando llegué a casa, saqué mi rosario y oré por el entrenador. Al día siguiente, mi mamá llamó a la oficina de la escuela para decirles que no asistiría a clases. Mamá fue conmigo a la iglesia de St. Joachim para encender algunas velas y orar por el entrenador. Más tarde ese día, descubrimos que el entrenador Thornock había sufrido un "infarto de miocardio sin elevación del segmento ST." En otras palabras, un infarto leve. Estaba en condición estable y permanecería en el hospital hasta que los médicos le dieran el alta. Lamentablemente, no volvería como nuestro entrenador durante el resto de la temporada.

Sintiéndome deprimido y agotado, llamé a Debbie para levantarme el ánimo. Al contestar el teléfono, Debbie dijo, "Me alegra que hayas llamado. ¿Me preguntaba si podría ir?"

Le pregunté, "¿Cuándo quieres venir?"

Ella respondió, "¿Ahora está bien?"

Dije, "Claro"

Debbie no tenía idea de lo que le pasó al entrenador Thornock. Mientras esperaba su llegada, mirando por la ventana delantera, vi que Debbie acababa de llegar en su Volkswagen Bug. Estaba tan emocionado de verla. Salí corriendo para saludarla. Ella dijo, "Sube." Condujo durante dos cuadras y se detuvo en la entrada de Via Catherine al Centro Comunitario del Parque San Lorenzo.

Le dije, "Podríamos haber caminado hasta aquí en lugar de conducir tu auto."

Después de salir del auto, Debbie dijo, "Vamos a caminar por el estanque de los patos."

Mientras caminábamos hacia el estanque de los patos, estaba a punto de informarle a Debbie sobre el grave problema de salud del entrenador Thornock. Sin embargo, noté que Debbie no caminaba a mi lado, no me tomaba la mano ni decía una palabra. Mis instintos me avisaban que algo malo estaba pasando. Mi corazón y mi mente comenzaron a acelerarse. En mi confusión, olvidé contarle sobre el entrenador. Pensé, *No he hablado con Debbie desde hace casi dos semanas y ella no asistió a mi último partido de béisbol. Algo no está bien. ¿Qué estaba pasando?* Debbie se sentó en uno de los bancos del parque que bordeaban el sendero para caminar del estanque de los patos.

Sentado a su lado, le pregunté, "¿Pasa algo?"

Debbie dijo en voz baja, "John, por favor, no te enfades conmigo. Estuve pensando mucho en nuestra conversación hace un par de semanas sobre tus opciones después de la graduación. Incluso hablé con mis padres sobre esto. Te graduarás en dos meses. Todavía me quedan dos años de secundaria. Entonces irás a la universidad en algún lugar y conocerás gente nueva. Creo que lo mejor que podemos hacer es separarnos. Tengo tu suéter cuadrado en la tintorería. Te lo dejaré después de que lo devuelvan. Lo siento mucho por esto. Sé que no esperabas esto y no es fácil para ti ni para mí. Nunca quise lastimarte, pero esto es lo correcto para los dos." Debbie se levantó y se alejó.

Permanecí sentado en silencio mientras sus palabras me rompían el corazón. Me senté en ese banco, desconcertado, sintiéndome mareado durante varios minutos mientras miraba los patos en el estanque. Tuve la misma sensación de abandono y desesperación como cuando tenía tres años y me encerraron accidentalmente en ese pequeño apartamento de School Street. Estaba lidiando con dos eventos que cambiaron mi vida y que sucedieron uno detrás del otro en unas pocas horas. *¿Cómo navegaría a través de este dolor del corazón?*

Al principio busqué la soledad. Necesitaba estar lejos de la influencia de los demás. Sentí una fuerte necesidad de estar en privado, tratando de darle sentido a los dos eventos devastadores y transformadores que acababa de experimentar. Oré y leí pasajes de la Biblia, intentando organizar mis pensamientos. Reflexioné sobre los dolores de cabeza anteriores compartidos con Nancy y Eileen. El dolor de esta pérdida fue abrumador e intensamente significativo. Estaba en territorio desconocido y necesitaba encontrar una salida a la desesperación.

Me acerqué a mi padre. Le dije a mi padre, "Papá, ¿cómo puedo hacer desaparecer la tristeza emocional que me revuelve el estómago?

Papá respondió, "Hijo, a veces la vida no es justa. Nadie puede protegerte de las transiciones de la vida. Tienes que sentir el dolor antes de que puedas seguir adelante. Intenta pensarlo de esta manera. Si Debbie quisiera estar contigo, habría hecho todo lo posible para quedarse. Habrá otra chica que inesperadamente llegará a tu vida y lo cambiará todo. Recordarás este momento como una experiencia en la que aprendiste más sobre ti mismo."

Las palabras de mi padre fueron profundas y estimulantes. No obstante, luché durante mucho tiempo antes de recuperarme de nuestra ruptura. Todo lo que podía sentir emocionalmente era confusión y tristeza implacable. Las fotografías mentales de los momentos especiales que compartimos fueron una tortura autoinfligida. No podía reconocer la felicidad en nada. Decidí no terminar los últimos siete juegos de la temporada de béisbol. Sin el entrenador Thornock y Debbie, perdí el deseo de jugar y competir. Cada vez que veía a Debbie en la escuela, sentía una puñalada en el corazón. Sólo quería que terminara el año escolar. Seguí pensando en las palabras de mi padre. Tal vez mi relación con Debbie estaba destinada a terminar. Por tanto, no falló. Cumplió un propósito. Todavía estaba aprendiendo a amar. Todavía estaba aprendiendo en qué tipo de hombre me convertiría. Di mi amor por tercera vez—ecada vez, mi corazón se rompió. Pero de alguna manera, finalmente encontré el coraje para seguir adelante y continuar mi viaje de autodescubrimiento.

Antes de graduarme, acepté un trabajo en Smorgy Joe's, un buffet libre, como lavaplatos y camarero de mesa para ahorrar algo de dinero y llevar a mi amiga, Debbie Fletcher, al baile de graduación.

*****

El 5 de agosto de 1971, mi hermano y yo recibimos el número 323 de la lotería de Vietnam. Ese año, el número más alto de la lotería llamado en servicio fue 95, acomodando la opción de alistarse o no servir. La guerra de Vietnam estuvo en el centro de la política estadounidense. La televisión trajo el salvajismo y la crueldad de la guerra a nuestra sala de estar. Imágenes inquietantes mostraban un creciente movimiento contra la guerra. Mi hermano iba a entrar a su último año de secundaria. Estaba considerando a qué universidad asistir. Mi padre sirvió en Corea del Norte. Ambos buscamos el consejo de mamá y papá.

Mi madre fue directa, "Ustedes, muchachos, van a terminar la escuela. No irán a Vietnam. No podría soportar la posibilidad de que mis hijos volvieran a casa en una bolsa para cadáveres."

Papá dijo, "Muchos han considerado la guerra de Vietnam como un error. He sido testigo de la tragedia y la brutalidad de la guerra. El papel más importante de los padres es proteger a sus hijos. Tienes la oportunidad de terminar la escuela. Tómala."

Mike fue aceptado en la Universidad Cal State, Hayward, y había decidido obtener su título de cuatro años en ciencias políticas. Mi hermana, Judy, completó su programa de enfermería AA en Chabot College y fue contratada para trabajar en el Hospital St. Rose en Hayward. Debido a limitaciones financieras, seguí los pasos de Judy. Decidí inscribirme en el programa de grado AA de gestión empresarial de Chabot Junior College, lo que me permitió quedarme en casa mientras asistía a la universidad, ya que el campus de Chabot estaba a sólo cuatro millas de mi casa. La decisión de dejar el béisbol eliminó cualquier posibilidad de ser reclutado por una organización de béisbol profesional. Llamé al entrenador Swimley de UC Davis y le agradecí su sincera consideración y deseo que me uniera a su programa de béisbol. Le expliqué que finalmente había decidido no jugar más béisbol. En cambio, iba a centrarme en mis estudios académicos y buscar una carrera en gestión empresarial.

Cuando comenzó el verano, no podía dejar de pensar en Debbie. Todavía estaba en medio del proceso de duelo por perderla. Decidí cortar cualquier contacto, esperando que eso disminuyera mi apego a ella. Mike siempre estuvo ahí para ayudarme a superar mis ansiedades. Su apoyo moral y su estrecha amistad lograron hacerme sentir mejor.

"Míralo de esta manera. Estabas preocupado por la lotería del draft de vietnam, la posibilidad de mudarte de casa para ir a la universidad, debatiendo si querías seguir jugando béisbol y estar separado de Debbie mientras asistías a la escuela. Todas esas preocupaciones y opciones agonizantes han desaparecido. La angustia no dura para siempre. No siempre te sentirás así," dijo Mike.

Sus palabras proporcionaron una nueva perspectiva y una sensación de alivio. La semana siguiente recibí una llamada telefónica de Mike. "¿Quieres un trabajo de verano a tiempo completo?"

Le dije, "Claro, ¿dónde?"

Mike me dijo que lo contrató Hunt-Wesson Foods Cannery en Hayward por $ 4,75 la hora. Garantizan cuarenta horas semanales con pago de horas extras opcional. Dijo, "Mi amigo Barry Balk, su padre es gerente de operaciones en la fábrica de conservas. Necesitan trabajadores para la temporada de procesamiento de tomates de verano. Podemos trabajar juntos. Simplemente ve a su oficina de empleo en A Street y presenta tu solicitud. El padre de Barry se asegurará de que trabajemos en el mismo turno."

En consecuencia, Mike y yo comenzamos a trabajar el lunes siguiente en el turno de día. Fuimos contratados como trabajadores de servicios públicos que realizábamos múltiples trabajos dirigidos por un supervisor. Al día siguiente estaríamos cargando contenedores de fruta en paletas, introduciendo el producto en el equipo de procesamiento. Fue un trabajo duro, pero fue una distracción y un cambio de ritmo bienvenidos hasta que comenzó la universidad.

Al ingresar a Chabot College, estaba preparado para la divergencia de la educación secundaria y la transición a la universidad. Mi hermana Judy me advirtió sobre la universidad y me dijo, "En la universidad, ahora se te considera lo suficientemente mayor para asumir responsabilidades. La universidad es voluntaria y debes administrar tu tiempo de manera efectiva. Experimentará grandes salas de conferencias en lugar de instrucción práctica individual en el aula. Tú decides. Pagarás el precio u obtendrás la recompensa de tus decisiones sobre hábitos de estudio y toma de notas. Tú tienes el control de tus acciones y decisiones."

Tener sólo una educación secundaria no le abriría muchas puertas a una carrera gratificante. Sin embargo, ese precursor fue un factor motivador y dominante. Después de resumir mis aptitudes para la escuela secundaria y los resultados del SAT, estaba seguro de que un gerente de negocios El curso de gestión proporcionaría numerosas oportunidades después de la graduación. Nunca miré hacia atrás en mi decisión de dejar mi búsqueda del jugar béisbol profesional.

Aprecié mis dos años de universidad en Chabot. Los dos años que pasé en Chabot ampliaron mi profundidad y amplitud de conocimientos y conciencia de mí mismo. Representó mi despertar a cómo las relaciones sociales y las instituciones enriquecen nuestras vidas. Me permitió expresar mis pensamientos e ideas mediante la redacción de ensayos, la interpretación de teorías abstractas y hablar en público. Estudiar e interpretar el rico lenguaje y los complejos personajes del mayor escritor en prosa de nuestra historia, Shakespeare, fue un placer intelectual y filosófico. Una de mis lecturas favoritas de literatura inglesa fue *El hombre en busca de sentido*, de Víctor Frankl, que influyó en mi comprensión de que somos responsables de nuestro destino en la vida. Sin embargo, mis favoritos eran estudiar las ciencias sociales de la historia, la sociología, la filosofía y la psicología.

Mi profesor de psicología quedó tan impresionado con mis ensayos que me imploró que siguiera una carrera en psicoterapia. El estudio de Sigmund Freud, Carl Jung, Erik Erickson y Abraham Maslow inspiró mi comprensión de cómo las condiciones sociales, el desarrollo humano y la autorrealización influyen en nuestras vidas. Aprender las teorías de la gestión científica del tiempo del fundador Frederick Taylor o estudiar a Peter Drucker, conocido como el padre de la gestión moderna, me preparó bien para mi futura carrera directiva. Estaba entusiasmado por transferirme a St. Mary's College en Moraga para completar mi título de cuatro años en administración de empresas.

St. Mary's era una universidad católica privada de gran prestigio. Una vez que supe que los costos de matrícula en 1973 serían de poco más de $3,000 por año para asistir, decidí conseguir un trabajo de tiempo completo para ahorrar el dinero necesario para continuar mi educación, ya que mis padres no podían pagar el gasto. En 1973, la economía se estancó, como resultado del embargo petrolero de la OPEP durante la administración de Richard Nixon. Las largas colas y esperas en el surtidor de la gasolinera se convirtieron en algo habitual con el racionamiento de gasolina impuesto. Encontrar un trabajo de tiempo completo resultó ser más difícil. Fue útil establecer contactos o tener una visita a través de un familiar, pariente o amigo.

Aproximadamente tres semanas después de buscar trabajo, un buen amigo de la escuela secundaria, Rick Waters, me dijo que dejaría su puesto de gerente en el almacén en Blue Chip Stamps en el centro de Oakland en Telegraph Avenue en una semana. Dijo, "Es un buen trabajo con un salario decente. Asegúrate de presentar la solicitud en persona. Ya hablé con el Sr. Grissom sobre ti. Dijo que pasáramos el próximo sábado por la mañana alrededor de las 10:00 a. m. para una entrevista."

Durante mi entrevista, el Sr. Grissom me hizo varias preguntas que había preparado y anticipado. Su última pregunta fue, "¿Qué preguntas tienes para mí?"

Respondí, "¿En qué fecha y hora empiezo?"

El señor Grissom se rio y dijo: "El próximo lunes a las 9:00 a. m."

Estaba muy motivado en ahorrar dinero para poder continuar mi educación. Trabajar de lunes a viernes en Blue Chip Stamps dejaba el fin de semana libre para un trabajo de medio tiempo. Solicité un trabajo en el Oakland Alameda County Coliseum durante los partidos en casa de los Oakland A's y Raiders. Fue un trabajo de servicio al cliente de fin de semana ayudando a gestionar y supervisar la distribución de concesiones a aficionados y jugadores. Me contrataron y trabajé en ambos trabajos hasta octubre de 1975.

Durante los siguientes tres años, se convertiría en un momento para comprender cómo afrontar nuevas experiencias de aprendizaje y hacer ajustes para hacer frente a las curvas que la vida que me presentaba. Me estaba alejando de la encrucijada de la adolescencia, siendo personalmente responsable como un adulto emergente mientras me quedaba en casa y seguía atado a mis padres y mi familia. La familia, la música, el deporte y la soledad seguirían siendo mis principales diversiones para relajar la mente, ser fuente de placer y potenciar mi bienestar psicológico. En ese momento, mi padre conseguiría un ascenso laboral transfiriéndolo a Lockheed Missiles and Space Company en Sunnyvale, California.

Al dejar la Estación Aérea Naval de Alameda, ayudó a gestionar el programa de garantía de calidad trabajando en varios programas clasificados de seguridad nacional, como los proyectos del submarino nuclear Polaris y de misiles balísticos Poseidón. Incluso con este ascenso y aumento salarial, mis padres lucharon financieramente para cubrir todos sus gastos de manutención, lo que les impidió ahorrar. Sin que yo lo supiera en ese momento, papá entregaba sus cheques de nómina a mi madre sin buscar participar en el proceso presupuestario o buscar asesoramiento financiero. Él la amaba y confiaba en ella.

Un día, antes de ir a clase, mi mamá se me acercó con una expresión animada de estrés y pánico abrumadores y me dijo, "Johnny, necesito que me prestes algo de dinero para pagar los pagos de la hipoteca del mes pasado y de este mes. Si no hago estos pagos esta semana, el banco dijo que iniciarían un procedimiento de ejecución hipotecaria. No quiero perder nuestra casa."

La alarma y la ansiedad de mi madre desencadenaron inmediatamente mi empatía y sensibilidad para ayudarla. Dije, "Lo que necesites, mamá. Tengo dinero en mis ahorros. ¿Cuánto necesitas?"

Cuando te enfrentas a circunstancias incontrolables, incluido el miedo a perder tu hogar, di gracias a Dios por haber podido ayudar a mi madre. Pensé para mis adentros, *Esta era una consecuencia inevitable de la vida... una interrupción de mi plan.* Una experiencia que tendría un impacto duradero y moldearía mi perspectiva para reconocer y darme cuenta de que la vida no siempre sigue un camino predecible. Mi vida como cuidador de la casa de mis padres moldearía parte de mi identidad. Ayudar a mi madre y satisfacer sus necesidades reveló mi humanidad y empatía. *A veces es agradable que te necesiten,* pensé.

Después de darle a mi madre los fondos necesarios para salvar nuestra casa, ella respondió, "Johnny, deja esto entre nosotros. No quiero que tu padre sepa ni se preocupe por esto."

Ante las difíciles circunstancias de mis padres, que podían perder su casa, rescatarlos fue una obviedad. Nunca le hice ninguna pregunta a mi madre. Proporcioné el dinero sin pensarlo dos veces. No sólo una sino otras dos ocasiones en estos años. Solo quería que el estrés y la ansiedad de mi madre desaparecieran. Fue una experiencia compleja y desafiante de manejar.

Aprender sobre la vulnerabilidad financiera de mis padres, junto con el miedo al desplazamiento, la incertidumbre y las posibles dificultades económicas, fue estresante. Por lo general, busco tiempo a solas en momentos de ansiedad, escucho música o veo deportes para alejarme de la influencia de los demás. Tener la soledad me permitió pensar de forma independiente y cumplir el deseo de escapar de las preocupaciones.

En el Área de la Bahía, a principios de los años 70 fue una época emocionante para los deportes. Los 49ers, Giants, Raiders, Oakland A's y Warriors competían por campeonatos ganando sus divisiones y entrando a los playoffs. John Brodie, Willie Mays, Kenny Stabler, Reggie Jackson y Rick Barry fueron grandes atletas que aportaron algo especial para unir a las comunidades del Área de la Bahía. Personalidades deportivas extravagantes siguieron el movimiento de moda de pantalones acampanados, camisas teñidas y botas de plataforma en Oakland, como Reggie Jackson, Catfish Hunter, Rollie Fingers, Ben Davidson y John Madden, siendo los más preeminente, del Área de la Bahía a la vanguardia. Uniformes llamativos, cabello largo, patillas prominentes y bigotes en forma de manillar reflejaban el movimiento de la moda de principios de los años 70. Los Atléticos de Oakland trajeron a casa tres campeonatos consecutivos de Serie Mundial (1971–73). Vistiendo su legendaria camiseta Kelly de punto doble verde y dorado con pantalones blancos con cinturillas elásticas multicolores, los jugadores vistieron los uniformes más inusuales y únicos de las Grandes Ligas de Béisbol. Trabajar para el Oakland Coliseum en ese momento era una ventaja. Tenía acceso a ver algunos de los juegos de campeonato de forma gratuita y vería a "Charlie O", la mula, la famosa mascota de los Atléticos de Oakland (que lleva el nombre del ostentoso propietario Charlie Finley), corriendo por la pista de advertencia antes del inicio de los juegos.

Estaba comenzando mi segundo año de empleo en Blue Chip Stamps y el Oakland Coliseum mientras terminaba mi título AA de dos años en administración de empresas. Todavía vivía en casa con mis padres mientras intentaba ahorrar la mayor cantidad de dinero posible mientras renunciaba a mis dos últimos años de universidad. Compré una motocicleta Honda CB 350 nueva para ahorrar gasolina y, aunque ya no tenía toque de queda, mi mamá siempre me preguntaba cuando llegaba tarde a casa, "No hiciste nada ilegal esta noche, ¿verdad?" Era muy consciente de la prevalencia y popularidad de la droga ilícita cannabis.

Durante la década de 1970, el Congreso aprobó leyes para despenalizar y reducir las sanciones penales legales por el uso y posesión de marihuana. No tenía ningún interés en experimentar con una droga con riesgos adictivos y los posibles efectos a largo plazo de volverme dependiente, causando consecuencias adversas para la salud. Sin embargo, en cuanto al comportamiento de toma de riesgos, comencé a experimentar con el alcohol ya que mis amigos frecuentaban los bares locales de la ciudad.

Mi amigo Mike y algunos de sus amigos amantes de la diversión decidieron mudarse a una antigua casa de dos pisos en Hesperian Boulevard cerca del antiguo cementerio de los Pioneros de San Lorenzo. Se convirtió en un lugar de fiesta salvaje que albergaba varias fiestas grandes los viernes o sábados por la noche.

Mi siempre querida hermana y celestina, Mary, que asistió a un par de estas fiestas con su novio Bill, mencionó que un par de sus atractivas amigas solteras asistirían a otra fiesta de barrilete en casa de Mike ese sábado.

Le dije a Mary, "Sí, sé lo de la fiesta. Voy a estar allí. ¿Quiénes son tus amigas?"

Mary respondió, "Donna Tusi y Mary Lou Voecks. Ambas son muy atractivas, pero creo que Donna es más tu tipo. Por cierto, ella es modelo de trajes de baño." Ese comentario de mi hermana desvió mi atención y mi curiosidad mientras esperaba con ansias la fiesta.

No me decepcioné cuando Mary me presentó a Donna y Mary Lou. Ambas mujeres eran hermosas. Mientras charlaba con ellas, Donna me atrajo inmediatamente. Donna tenía un rico tono beige de cabello rubio suelto y rasgos faciales detallados. Escaneé sus ojos perfectamente formados con labios carnosos y pómulos altos. Ella modelaba bien su cuerpo de supermodelo alto, curvilíneo y esbelto. Me sentí instantáneamente atraído por ella y tenía un fuerte deseo de conocerla mejor.

Con el tiempo, Donna y yo establecimos una amistad muy estrecha. La visitaba en su pequeño apartamento de una habitación y disfrutaba de sus galletas con chispas de chocolate recién horneadas, o ella pasaba por la casa de mis padres para pasar tiempo juntos. Me encantaban sus paradas inesperadas en mi casa. Ella siempre me saludaba con una hermosa sonrisa y me decía, "¿Qué estás haciendo, Gran A?" Donna tenía una personalidad luchadora y decidida, y no tenía ningún problema en criticarte. Su carácter asertivo era sexy y tremendamente divertido. Me recordaba mucho a mi madre.

Mamá amaba a Donna. Ella me decía, "Quiero que algún día te cases con esa chica."

Mi atracción por Donna alivió el dolor que aún estaba en mi corazón y en mi mente por mi ruptura con Debbie. Sin embargo, esta mujer única que coqueteó conmigo y me dio la impresión de que me encontraba atractivo tenía otro amigo cercano que estaba muy interesado en ella ya que visitaba su apartamento con regularidad. Donna hablaba de Frank a menudo y me di cuenta de que tenía sentimientos íntimos por él. Mi naturaleza empática natural tomó el control y me convertí en una caja de resonancia, un buen oyente y un salvador para aliviar la angustia de Donna cuando ella y Frank pasaban por una discusión o conflicto.

Conocía a Frank y lo respetaba mucho como un buen tipo, ya que ambos nos habíamos graduado de Arroyo High School. A todo el mundo le gustaba Frank. Por lo tanto, entendí la atracción que Donna sentía por él. No tenía ninguna intención de robársela.

Una famosa canción de los sesenta describe lo que sentía por Donna durante ese tiempo. Se llama "Duele estar enamorado" de Gene Pitney. La letra expresaba perfectamente mi sentimiento y amor por ella. Decidí que, aunque me doliera, debía fingir. La única manera de estar cerca de ella era guardármelo para mí. A medida que pasó el tiempo y tomamos caminos separados, nunca olvidaré soñar con Donna por las noches, sabiendo que nunca me atreví a decirle cuánto la amaba.

Me juntaba con mi mejor amigo Mike de vez en cuando entre sus clases en Cal State Hayward. Como estudiante de ciencias políticas, estaba absorto en la actual participación en Vietnam y el escándalo Watergate. Pasábamos nuestro tiempo juntos compartiendo puntos de vista sobre el conocimiento negado por parte de la administración Nixon de un allanamiento en la sede de la campaña del Partido Demócrata mientras escuchábamos álbumes de Crosby, Stills, Nash y Young (CSNY). A Mike le encantaban las intrincadas voces de CSNY y las excepcionales armonías de la guitarra acústica que reflejaban perfectamente la mentalidad contracultural de la época. Mike diría, *"Me encanta cómo se asocia la música de CSNY con causas políticas."*

Crosby, Stills, Nash y Young se embarcaron en una gira de verano en 1974. Durante este tiempo, conocí a mi nueva novia, Sharon Lee, a quien conocí como compañera de trabajo en Blue Chip Stamps. Asistimos juntos a un concierto de CSNY "Day on the Green", promovido por Bill Graham. Sharon y yo llegamos cerca de la puerta de entrada temprano en la mañana con algunos amigos. Pudimos ubicarnos muy cerca del escenario. Más de sesenta mil personas asistieron mientras el aire se impregnaba del olor a cannabis, pelotas de playa volando por todas partes y melodías musicales increíbles. CSNY tuvo un gran espectáculo, abriendo con "Love the One You're With" y terminando con "Carry On."

A Sharon le encantaba viajar conmigo en mi motocicleta, ya que con frecuencia mencionaba su sensación de libertad que le llenaba de energía en la carretera y una sensación de calma. Sin embargo, estaba nerviosa por la posibilidad de un accidente y por estar mucho menos protegida. Decidí que ya era hora de cambiar mi motocicleta y comprar un automóvil con tantas cosas que hacer. Fui de compras con mi padre y compré un Opal GT azul celeste de 1971 en un concesionario de autos usados Buick en San Leandro. Pagué el vehículo en efectivo con mis ahorros. Para mí, los puntos de venta fueron la característica inusual de los faros emergentes y descendentes controlados desde una palanca cerca de la consola central y el diseño fastback del Opal GT. Muchas revistas automotrices citaron que el estilo del Opal GT se parecía a un Chevy Corvette, promoviendo el apodo de "Mini-Corvette." Mi padre no era un gran admirador del vehículo. Papá era un "Chevy Man" y quería que comprara un Chevy Camaro usado, pero estaba feliz porque sabía que ya no estaría molestando en viajar ni usando su auto.

Parado afuera, admirando el auto, dije, "Papá, mira esto." Rápidamente salté al asiento del conductor, empujando el faro y giré los faros emergentes en sentido antihorario, revelando y encendiendo los faros. Le dije, "¿Qué piensas? Bastante impresionante, ¿verdad, papá?"

Mi papá puso los ojos en blanco y dijo, "Vamos."

Mi primera cita en mi auto nuevo fue para el consultorio del dentista. Como mencioné, mi dentista vigilaba mi ligera sobremordida, el movimiento de los dientes y la posición de la mandíbula. El problema era que no lo había visto en unos dos años. Después de tomar algunas radiografías, dijo, "John, la buena noticia es que no tienes caries. La mala noticia es que tu sobremordida ha empeorado, comprimiendo la articulación de la mandíbula en una posición poco saludable. Te recomiendo que programe una cita con un ortodoncista para ver si los frenillos serían el mejor curso de acción."

Al salir del consultorio del dentista, supe que los frenillos serían un gasto importante que tendría que pagar yo mismo ya que mis padres no tenían seguro dental. Por lo tanto, programé una cita con un ortodoncista recomendado por mi dentista a unas treinta millas de mi casa en Walnut Creek. Después de examinar y revisar las radiografías, el ortodoncista dijo que se necesitaban aparatos ortopédicos para alinear el apiñamiento de mis dientes y la desalineación de la mandíbula.

Dijo, "Deberías haber recibido un tratamiento con aparatos ortopédicos hace varios años. Lamentablemente, tendrás que usarlos durante dos años." Continuó, "Necesitarás un trabajo completo para corregir todos los problemas, incluida la adhesión de brackets, bandas, espaciadores, arcos de alambre, resortes y arnés para la cabeza con forma de arco facial."

Dije, "¿Un tocado con forma de arco facial?"

"Sí. El uso de casco es poco común, pero necesitará presión adicional para corregir la sobremordida en su caso. Sin embargo, usar el casco todas las noches al acostarse será de gran ayuda," respondió.

Le dije, "He oído que se pueden transmitir estaciones de radio con ese tipo de casco, ¿es cierto?"

Él sonrió y dijo, "Nos vemos en dos semanas, John."

Estuve de acuerdo con un plan de pago de dos años que requería un pago de $125 cada mes. Si no faltaba a ninguna cita, me quitarían los frenillos en el verano de 1975.

De repente, sería necesario ajustarse a un presupuesto. Seguir y calcular mis gastos de ortodoncia, seguro de automóvil, gasolina, entretenimiento, salir a cenar con Sharon y ayudar a mis padres cada mes me exigía estar atento a mis gastos. Tenía una cuenta corriente, una cuenta de ahorros y una tarjeta de crédito. Entendí que no quería tener dificultades económicas como mis padres. Por lo tanto, administré mi dinero con cuidado. Nunca abusé de mi tarjeta de crédito para gastos importantes, manteniendo mi saldo bajo mientras desarrollaba una calificación crediticia. Ajusté mi presupuesto y agregué lo que me quedaba a mi cuenta de ahorros para la universidad. Eliminé los gastos innecesarios. Crear un presupuesto fue fácil, lo difícil fue perseverar. Tener novia y tener citas hacía que fuera difícil ajustarse a un presupuesto. Siempre me preocupé por no dejar una impresión negativa de lo caras que eran las cosas o de lo que podía o no podía permitirme. Nunca quise que Sharon pensara que era una carga financiera. Complacerla era una influencia más poderosa.

Sharon era hermosa, inteligente, tenía una personalidad encantadora y era una pianista consumada. A menudo me tocaba mi canción favorita de Jim Croce, "Tengo que decir que te amo en una canción", en su piano casero Steinway. Sharon se tomó el tiempo para enseñarme más sobre su cultura y tradiciones. Me encantaba cuando me preparaba *Popiah*, un panecillo tradicional chino hecho con una envoltura parecida a una crepe rellena de varios rellenos de carne con pepinos en rodajas finas y otras verduras. Pasábamos tiempo juntos asistiendo a eventos culturales en el barrio chino del centro de Oakland, como el Año Nuevo Chino, lo que me dio una sensación de aprecio, pertenencia y satisfacción sobre la importancia de apreciar la diversidad cultural y las diferentes formas de ser.

En la década de 1970, la gente no siempre veía con buenos ojos las relaciones interraciales. La presencia de estereotipos y tradiciones familiares de larga data provocó barreras y complicaciones para que nuestro romance floreciera. El padre de Sharon nunca aprobó la conexión entre nosotros. Se opuso a nuestra relación interracial, pero, de mala gana, permitió que su hija tomara sus propias decisiones. Amaba a Sharon por su singularidad y el encantador ser humano que era.

Nunca consideré las diferencias culturales como un obstáculo. Sharon y yo nos dimos cuenta de que no cambiaríamos las opiniones de su padre sobre la raza. Continuamos viviendo y disfrutando uno del otro mientras nos dimos cuenta de que el proceso era algo oneroso, pero no imposible. Sin embargo, pensé, *¿Será este un amor que nunca avanzará, sabiendo que su padre nunca permitirá que se produzca una relación seriamente comprometida?*

Después de salir durante más de un año, recibí una llamada telefónica de Sharon. Al notar el nerviosismo en su voz, dijo, "John, tengo dos semanas de retraso en mi ciclo menstrual. Me preocupa que este embarazada."

Le pregunté, "¿Alguna vez te has retrasado dos semanas?"

Sharon respondió, "No, nunca."

"Hay muchas razones por las que se te puede atrasar el periodo. ¿No puedes ir a tu médico o a una clínica para confirmar si estás embarazada?" le dije.

"Sí, planeo hacer eso," respondió Sharon con cierta inquietud en su voz.

Dije, "Genial, no te preocupes. Todo estará bien. Déjame saber si quieres que vaya contigo."

Después de colgar, traté de mantener la compostura y tranquilizar a Sharon durante nuestra conversación, pero la sombra de incertidumbre y ansiedad premonitoria era preocupante. Ninguno de nosotros estaba mental o financieramente preparado para la responsabilidad de criar y mantener a un niño.

Al llegar al trabajo al día siguiente, noté que Sharon estaba ausente. Supuse que probablemente estaba viendo a un médico. Pasaron tres días más. Sharon siguió llamando para decir que estaba enferma y no respondió ni devolvió mis llamadas telefónicas. Ese sentimiento de ansiedad me abrumó mientras esperaba los resultados de la prueba de embarazo de Sharon y no hablar con ella se volvió insoportable. Sólo podía imaginar que el peor escenario se había hecho realidad.

Finalmente, al día siguiente, Sharon me devolvió la llamada. Ella dijo, "John, lamento no haberte llamado de inmediato. Por favor, perdóname. He estado lidiando con algunos problemas familiares. Mamá me llevó a nuestro médico de cabecera y prometió no decírselo a mi padre. Entonces, la buena noticia es que los resultados de la prueba de embarazo fueron negativos. No estoy embarazada y ayer empecé mi periodo. La mala noticia es que mi padre se enteró de lo que estaba pasando a través de una llamada telefónica de seguimiento involuntaria del personal del consultorio médico. Mi padre está tan enojado que no me permite verte más y exige que renuncie a mi trabajo en Blue Chip Stamps."

Respondí, "¿Qué? ¿Vas a cumplir con esa exigencia? ¿Aún quieres continuar nuestra relación?"

Sharon hizo una pausa de varios segundos y respondió, "Te extrañaré, John. Pero desafortunadamente, mi padre proviene de una cultura y una infancia autoritarias dominantes, y no me permitirá evadir sus deseos. Espero que entiendas. Siempre permanecerás en mi corazón. Adiós."

Sharon colgó el teléfono sin esperar mi respuesta. Finalmente, después de varios intentos de acercarme a ella sin lograr volver a conectarme, las palabras "Siempre permanecerás en mi corazón. Adiós." siempre permanecieron en mi corazón. Después de eso, nunca volví a comunicarme ni a ver a Sharon.

La angustia siempre duele—otro golpe y una profunda cicatriz en mi joven corazón. Me sentí abandonado e indefenso nuevamente. El dolor y los recuerdos acumulados de mis angustias y decepciones anteriores me causaron aprensión. Esta ruptura reabrió viejas heridas de no tener control sobre las circunstancias y de la raíz de la separación. Cuando el amor no ocurre como esperamos, se vuelve frustrante. Todavía estaba aprendiendo a estar en una relación amorosa con una mujer. Me di cuenta de que los muchos momentos y recuerdos de mis experiencias amorosas me convirtieron en el hombre que sería. Al vivir la angustia, nunca cuestioné si el amor existía. En cambio, comencé a preguntarme quién sería la que encendería el tipo de amor que dura para siempre.

Tener algo de fortaleza y resiliencia me impulsó a ponerme a mí mismo en primer lugar por una vez. Sentí que era fundamental para reavivar cierto nivel de confianza en uno mismo. Gran parte de mi experiencia de vida y de mi autoestima provinieron de pensar que era atractivo, un buen atleta, inteligente y que podía ser empático y reflexivo. Al centrarme en estas fortalezas, decidí dedicarme a un programa de ejercicios para volver a practicar deportes.

Para entonces, mi mejor amigo, Mike, se había graduado de la Universidad Cal State Hayward y fue contratado como oficial de seguridad en el Parque Nacional Yosemite. El Parque Nacional Yosemite estaba a tres horas en auto desde San Lorenzo, lo que redujo considerablemente nuestro tiempo juntos.

Al unirse al Servicio de Parques Nacionales de EE. UU. y a la Compañía de Seguridad Curry, Mike disfrutó de un paquete de compensación que incluía alojamiento y comidas de bajo costo que le permitían residir en los terrenos del parque. Visitaba a Mike en el parque de vez en cuando, pero su hermano Bob, que ya era un amigo cercano, se convirtió instantáneamente en mi compañero y confidente. En ese momento, Bob trabajaba a tiempo completo para la Industrial Clean Air Company, especializándose en proporcionar sistemas de filtración y ventilación en el Área de la Bahía.

Durante los siguientes años, nos convertiríamos en compañeros de equipo de softbol, compañeros de entrenamiento y de noches de fiesta en la ciudad. El hermano Frank, Bob y yo fuimos a nuestra comunidad local de San Lorenzo para buscar un patrocinador para el equipo de softbol. Pensamos que visitar las empresas locales en persona mejoraría la consideración y la motivación para una exposición publicitaria adicional. La primera empresa familiar con la que hablamos se convirtió en nuestro patrocinador, Emery's Carpets. Proporcionaban servicios de alfombras comerciales y residenciales en San Lorenzo, Oakland y Hayward. Al final, el Sr. Emery decidió patrocinarnos para jugar ligas y torneos en nuestra área regional para atraer negocios.

Jugando bajo las reglas de softbol masculino de lanzamiento lento de la Asociación de Softbol Amateur (ASA), nuestro equipo estaba compuesto principalmente por ex jugadores de béisbol de Arroyo High School Varsity. Llegamos a ganar varios campeonatos de liga y torneos. Finalmente, el organismo rector de la ASA nos clasificó como uno de los veinte mejores equipos masculinos de softbol de lanzamiento lento en el estado de California.

Bob y yo nos convertíamos en criaturas de hábitos y compartíamos un regimiento deliberado y programado de ejercicios y entrenamiento de fuerza en el gimnasio local o en mi garaje. Nuestra inquebrantable dedicación a acondicionar nuestros cuerpos mejoró significativamente nuestra capacidad para desarrollar músculos y reducir la grasa corporal. Además, jugar juntos torneos de softbol y hacer ejercicio se convirtieron en prioridades. Durante un examen físico anual, mi médico de cabecera utilizó un calibrador de pliegues cutáneos como herramienta de medición y tomó medidas de circunferencia corporal, estimando mi grasa corporal con un porcentaje del 12 por ciento. Mi médico me dijo que una proporción baja de grasa corporal o un porcentaje de condición física excelente generalmente se registran dentro del rango del 14 al 17 por ciento. A los veintidós años, medía seis pies y unas pulgadas y pesaba 195 libras de músculo magro. Estaba en la mejor forma de mi vida.

Durante el otoño de 1975, Bob y yo normalmente completábamos cuatro series de ocho repeticiones por serie de press de banca con 225 libras mientras hacíamos ejercicio. Bob siempre podía vencerme en una competencia de press de banca de una sola repetición, levantando más de 350 libras. Mi mejor peso fue 325 libras. Durante uno de nuestros entrenamientos, Bob mencionó que United Parcel Service (UPS) en Oakland estaba contratando personal para la temporada navideña.

Bob dijo, "Escuché que UPS paga bien y tiene buenos beneficios ya que tiene una fuerza laboral sindicalizada. Debe tener un buen historial de conducción para ser contratado como repartidor. Tengo dos multas por exceso de velocidad en mi expediente, así que tengo que esperar, pero deberías probarlo."

Respondí, "¿Te refieres a los conductores uniformados de color marrón que entregan paquetes en esos camiones de reparto marrones en nuestro vecindario?"

"Sí, Big Brown," respondió Bob.

Todavía trabajaba para Blue Chip Stamps en ese momento, pero estaba interesado en intentarlo con UPS una vez que descubrí que podía duplicar con creces mi salario por hora. Al completar una investigación sobre UPS, descubrí que era una empresa privada de entrega de paquetes bien establecida, fundada por James E. Casey (conocida inicialmente como American Messenger Company) en Seattle, Washington, en 1907. En 1975, UPS hizo crecer su negocio. a pasos agigantados para satisfacer la demanda de sus servicios excepcionales. Se convirtió en la primera empresa de entrega en servir a todas las direcciones en los Estados Unidos continentales, con planes de expansión internacional a Canadá en la mesa de dibujo. Lo más importante es que UPS tenía políticas claras en el lugar de trabajo que fomentaban programas de capacitación agresivos con una cultura de promoción interna.

Como mencionó Bob, los empleados de UPS del área de Oakland estuvieron representados por el Teamsters Union Local 70 a través de acuerdos de negociación colectiva que garantizaban los derechos de los trabajadores y los salarios más altos de la industria. A través de mi investigación, recordé un hecho interesante. En 1975, mientras Frank Fitzsimmons continuaba su reinado como presidente de los Teamsters, se intensificó la búsqueda del exjefe de los Teamsters, Jimmy Hoffa. Hoffa desapareció de un restaurante de Detroit en julio del mismo año cuando planeaba tomar nuevamente la presidencia de los Teamsters.

Llamé al Departamento de Recursos Humanos al día siguiente. Me programaron una entrevista con un gerente de empleo llamado Pat Stafford el miércoles 12 de noviembre de 1975, en el centro de distribución principal en Oakland, para una vacante de conductor de entrega de paquetes estacional.

Querer ser un candidato destacado, quería descubrir más detalles sobre United Parcel Service a través de una investigación que me preparara para mi entrevista. Por lo tanto, estudié la jerarquía corporativa, la declaración de misión, la cultura y los valores de la empresa. Examiné los tipos de productos y servicios que UPS proporcionaba para determinar el prototipo de solicitante que deseaban. Descubrí que el trabajo demandaría poco tiempo para socializar, ya que cada movimiento estaba cronometrado, medido y concentrado en métodos probados. Las exigencias físicas del trabajo eran sustanciales, ya que mover cientos de paquetes diariamente, que en ese momento pesaban hasta setenta libras (el límite de peso actual de UPS es de 150 libras), requería fuerza y resistencia.

Tener pasatiempos que promuevan la aptitud física fue una ventaja ya que no era necesario poseer un título universitario. Después de haber completado una licenciatura universitaria AA de dos años en administración de empresas y haber alcanzado la mejor condición física que jamás había tenido, me sentí bien preparado y confiado.

Después de una entrevista inicial, que fue más bien una sesión informativa y un proceso de solicitud, me llamaron para una segunda entrevista al día siguiente. UPS me contrató el 21 de noviembre de 1975 y me pidió que me presentara en el Oakland Center. Llamé a Bob para informarle que había conseguido el trabajo y le agradecí la recomendación. Sería el comienzo de una carrera de treinta y tres años en la que me conocerían como "Un UPSer." Tomé una sabia decisión al elegir un camino excelente para comenzar. Y la decisión aún mejor fue seguir así.

Ser conductor de entrega de paquetes por automóvil de UPS conllevaba beneficios adicionales además de un excelente salario, generosas vacaciones pagadas, licencia por enfermedad, seguro médico, pensión y un programa de asistencia para la matrícula universitaria. Los conductores de UPS reciben mucha autonomía mientras están bajo supervisión estricta por parte de la gerencia en la parte trasera. Después de ofrecer diferentes rutas diariamente, me di cuenta de que estaba brindando un servicio esencial que apoyaba una economía en movimiento mediante la transferencia de bienes vitales y servicios a empresas, consumidores residenciales e instituciones. El trabajo proporcionaba un fuerte sentido de valía, ya que los clientes lo adoraban y lo veneraban con respeto, apego y confianza en su eficiencia en el desempeño, lo que reforzaba su sentimiento de pertenencia a algo que importaba. Me encantaba el trabajo.

UPS estaba creciendo internacionalmente, ofreciendo servicios en Canadá y Alemania. Las comunicaciones internas revelaron planes de que UPS ampliaría sus servicios en toda Europa y la Cuenca del Pacífico en los próximos años. Las nuevas tecnologías y sistemas de apoyo permitirían la diversificación hacia opciones de entrega al día siguiente. Fue una década emocionante para United Parcel Service, ya que un tremendo crecimiento brindó oportunidades. Mis estudios universitarios se centraron en los principios fundamentales de gestión empresarial de organización, análisis y planificación. La teoría de la eficiencia industrial promulgada por Frederick Winslow Taylor, un ingeniero mecánico estadounidense, se considera el padre de la gestión científica, ya que proporcionaba un marco de comprensión y conocimiento. Aprecié la búsqueda por parte de la organización de los cuatro pilares esenciales de orientación que habían hecho que UPS tuviera tanto éxito en sus primeros setenta años de existencia. Esos cuatro pilares fundamentales incluían una dedicación inquebrantable y una prioridad a lograr: servicio al cliente de clase mundial, capacitación, seguridad y eficiencia medida.

Durante el verano del mismo año, se publicó una hoja de inscripción (lista de ofertas) para la apertura de una ruta de entrega regular en Berkeley. Yo estaba cerca de la mitad de la lista de antigüedad del centro como miembro del sindicato Teamster. Firmé el listado sin muchas esperanzas de ganar la ruta regular. Sorprendentemente, nadie más firmó la hoja. Por lo tanto, se me asignó mi primera área de entrega designada. Mi gerente de operaciones en ese momento, Tom Huff, dijo, "Maldita sea, Edwards. No pensé que tomarías esa ruta. Estoy perdiendo a mi mejor conductor con flexibilidad de conocimiento de múltiples rutas."

Agradecí el cumplido de Tom y respondí, "Lo siento, Jefe. Pero espero conocer y saludar a los mismos clientes todos los días. Entonces, si me necesitas en un apuro, pregúntame."

Poco después de que me asignaran mi área de parto, mi ortodoncista me quitó los frenillos. Inmediatamente programé una cita con mi barbero local, Rick, para hacerme un nuevo look. Rick dijo, "John, ¿alguien te ha dicho alguna vez que te pareces a Bruce Jenner?"

Le dije, "No, pero mucha gente me dice que me parezco a Jimmy Connors, el tenista."

Bruce Jenner, excampeón olímpico de decatleta (1976), se convirtió en un cartel mostrando sus mechones largos y cuidadosamente recortados. Rick dijo, "Sí, el peinado de Jimmy Connor es similar al de Bruce. Te quedaría bien." Por lo tanto, se convirtió en mi nuevo peinado durante los siguientes años.

Una nueva sonrisa y corte de pelo pueden hacer maravillas con tu confianza en ti mismo. Mi autoimagen estaba en su nivel más alto durante este tiempo. La percepción y evaluación de que las personas seguras de sí mismas se vuelven más atractivas, abriendo oportunidades con el sexo opuesto, son acertadas. Realizar cientos de encuentros y saludos corteses en el trabajo, una vida nocturna de socialización activa y al mantener un acondicionamiento físico enérgico y un modus operandi deportivo competitivo, noté mucha más atención y un lenguaje corporal atractivo y coqueteo por parte del sexo opuesto. El atractivo y el carisma del conductor de UPS fueron auténticos. El enamoramiento por un hombre uniformado y atractivo que entregaba un paquete específico eran parte del carisma dominante. Negociar delicadamente tentaciones de citas directas e indirectas era algo común en mi ruta diaria. Mi salvación fue que el trabajo de entrega de paquetes de UPS requiere avanzar a un ritmo rápido y constante para realizar el trabajo. Sólo hay tiempo para intercambios verbales corteses y de corta duración a medida que tu autoestima florece.

Bob y yo compartíamos un gran grupo de amigos, que se multiplicaron a medida que disfrutábamos de la interacción social y el apoyo de compañeros mutuos, compañeros de equipo de softbol y conocidos. Nuestro grupo central hacía todo juntos y todos tenían un apodo. Bob heredó su apodo de "Bobby Press de Banca" porque nadie podía superarlo en ese ejercicio. Chuck "Starsky y Hutch" Barrett obtuvo su etiqueta con su nombre porque era dueño de un Oldsmobile Cutlass de 1968, pintado a medida de color rojo brillante con franjas blancas "Vector" que hacían juego con el famoso Grand Torino de 1976 usado en el famoso programa de televisión del investigador vestido de civil, *Starsky y Hutch*. El apodo de Ken "Wild Turkey" Weaver se hizo famoso debido a que su clásico Lincoln Continental de 1977 se detenía en la acera frente a su casa, tocando música de Bill Withers a todo volumen antes de salir por la noche. Antes de subirte al auto, él siempre tenía la misma rutina de dar una calada a su cigarrillo Marlboro después de dar un trago a su petaca de whisky bourbon puro de Kentucky "Wild Turkey". Era todo un personaje. Rob "Lester" Caisse acuñó su sobrenombre por disfrazarse del famoso saxofonista negro Lester Young para una fiesta de Halloween. Y Seth "Okie" Williams recibió su apodo porque su abuelo era un trabajador agrícola migrante de Oklahoma. Finalmente me llamaron "Johnny Angel" porque naturalmente atraía a las chicas. Ya fuera un bar, una discoteca o un restaurante, siempre parecíamos reunir a veinte o más amigos disfrutando de la vida nocturna.

Teníamos un bar y un lugar nocturno favorito que frecuentábamos a menudo. El bar se llamaba "Joe's Sneaky Tiki" en San Leandro. Un bar hawaiano especializado en cócteles tropicales. La mezcla Blue Hawaii, mi favorita, incluía ron, jugo de piña, licor Blue Curacao y una mezcla agridulce. Desafortunadamente, después de haber bebido demasiado durante una noche memorable en el Tiki, tuve mi primera resaca desagradable mientras jugaba al billar con Bob y Rob, quienes me llevaron a casa para dormir.

El estreno de la película *Saturday Night Fever* durante las vacaciones de Navidad de 1977 desencadenó la música disco, un movimiento musical y de danza cultural. Varias grabaciones populares de grupos y artistas solistas, como Bee Gees, Village People y Donna Summer, se reprodujeron en clubes de baile de todo el mundo. En consecuencia, fue una época de estilos de moda distintivos que incluían pantalones acampanados de poliéster, collares de conchas de puka, zapatos de plataforma y camisas abiertas de poliéster brillante con cuellos de mariposa y estampados salvajes.

Nuestro gran grupo de amigos bailaba toda la noche un viernes o sábado por la noche en un club nocturno llamado "The Cardinal Lounge" en San Leandro mientras seguían a nuestro grupo disco favorito, Clean Air, que actuaba allí con frecuencia. Tenía veinticuatro años en ese momento y disfrutaba del compañerismo y la compañía de varias amigas femeninas sin hacer ningún compromiso de relación serio. Todavía vivía en casa de mis padres y disfrutaba de mi libertad, independencia y capacidad de ahorrar mucho dinero.

El hermano Frank, en ese momento, trabajaba como ejecutivo contable para Kragen Auto Parts Supply Company mientras vivía en Union City con su novia, Terri. Frank decidió seguir una carrera de gerente de ventas después de completar un año de universidad. Mis hermanas, Judy y Mary, se habían casado con sus novios de toda la vida, John Thurston y Bill Creese. Judy y John compraron una casa en Hayward para que Judy pudiera disfrutar de un viaje cercano a su trabajo en St. Rose Hospital. Mary se mudó a Federal Way, Washington, cuando el trabajo de Bill lo transfirió y lo reubicó. Mientras mi hermana menor, Susan, todavía vivía en casa conmigo y trabajaba para la oficina corporativa de Mervyn como agente de compras para el departamento de calzado infantil. Papá se había retirado recientemente de Lockheed Aero Space Division en Sunnyvale mientras mamá se estaba adaptando a una reducida "etapa de nido vacío" debido a que varios de sus amados hijos se habían ido de casa.

Económicamente, mis padres estaban en una situación mucho-mejor. Papá decidió trabajar a tiempo completo para la Iglesia de St. Bede en Hayward como personal de mantenimiento en el lugar mientras cobraba una pensión del gobierno y el Seguro Social. Susan y yo complementamos los ingresos del hogar de nuestros padres contribuyendo con pagos mensuales de alojamiento y comida.

Con una gran suma de dinero en mi cuenta de ahorros, sorprendí a mis padres al ofrecerles pagar la pintura del interior, nuevos muebles y accesorios de iluminación, alfombras, arte mural y piezas decorativas para su hogar. Mi padre había decidido jubilarse después de una carrera de treinta y dos años. Como nunca pude permitirme muebles bonitos, quería hacerles este regalo para que mi padre y mi madre pudieran jubilarse cómodamente. Aceptando amablemente mi ofrecimiento, mamá decidió optar por una decoración rústica para crear un estilo cálido y acogedor para su hogar.

Fue una experiencia significativa ayudar a mi madre a decidir las paletas de colores, las consideraciones de acento y los muebles distintivos a considerar. Nunca olvidaré el deleite y la alegría de su tierna expresión facial y su aprecio. Anteponer sus necesidades a las mías me trajo mucha satisfacción y felicidad. Era mi forma de expresar mi amor por mis padres. Utilizamos Emery's Carpet para las necesidades de pisos y alfombras. Cuando se completaron las renovaciones del diseño interior, el espacio habitable de mis padres se transformó en una casa modelo. Dar sin expectativas es extremadamente gratificante.

Durante este tiempo, mi buen amigo Rob estaba lidiando con una transición difícil en su vida. Sus padres lo presionaron para que se mudara de su casa mientras Rob iba y venía a su antojo sin demostrar ningún deseo o motivación para volverse autosuficiente. Sus padres se enfurecían cuando Rob irrumpía en la casa a las 2:00 a.m. oliendo a alcohol. Rob tenía dos bebidas alcohólicas favoritas. Le encantaban sus cócteles Stinger de coñac y crema de menta con hielo. Sin embargo, cuando tomaba múltiples "tragos" con el grupo, Rob siempre prefería el ron Green Chartreuse de 110 grados con un 60,0 por ciento de alcohol por volumen. Rob disfrutaba mostrándonos la potencia del alcohol encendiendo una cerilla sobre la bebida y prendiéndole fuego. Pensaba para mis adentros que, *Si podías prender fuego a una bebida alcohólica, eso no podía ser bueno para tu salud.*

Rob era famoso por llamarnos maricas por no acompañarlo a beber el aguardiente. Una noche en el Cardinal Lounge, Rob pidió tragos por adelantado para todo el grupo, incluidos Bob, Seth, Chuck, Ken y yo, mientras la camarera alineaba los 110 vasos llenos de ron en nuestra mesa. Era costumbre que un chico brindara antes de que el grupo tomara los tragos al unísono. Rob dijo, "¡Mujeres demasiado guapas!"

Mientras Rob y Ken tomaban sus tragos rápidamente, Bob, Seth, Chuck y yo echamos nuestras cabezas hacia atrás como si bebiésemos el aguardiente, pero tiramos la bebida sobre nuestros hombros derechos y luego golpeamos los vasos sobre la mesa para enfatizar sin que Rob y Ken se dieran cuenta de la diferencia. Rob luego dijo, "¿Quieren otra ronda?"

Todos respondimos simultáneamente con fuerza, "No, estamos bien."

En más de una ocasión, tuve que ayudar a Rob a llegar a casa después de una noche bebiendo mucho. Luego, un par de semanas más tarde, Rob me confió que había experimentado síntomas preocupantes de dolor abdominal, fatiga y hematomas en el estómago. Preocupado, contactó a su médico de familia, quien le realizó un examen físico, una resonancia magnética y un análisis de sangre. Después de que llegaron los resultados, el médico de Rob le dio una grave advertencia: "Rob, tienes una enfermedad hepática avanzada. El tejido cicatricial está empezando a apoderarse de tu hígado. Si no dejas de beber, entrarás en una enfermedad hepática en fase avanzada que acabará con tu vida". Rob tenía sólo veintisiete años en ese momento.

Después de que Rob me reveló esto, me quedé en shock, en silencio. No pude responder porque sentí una sensación imperiosa de temor, preocupación y empatía que me dominó. Todos amábamos a Rob. Él siempre fue el alma de la fiesta. Rob sabía cómo hacer una entrada y crear un ambiente donde la gente que lo rodeaba se lo pasaría bien. Rob era un consumado soldador de profesión, un excelente jugador de béisbol y un talentoso piloto de carreras de buggy. Era un tipo apasionado "un poco loco" que creía en trabajar duro, jugar duro y disfrutar la vida. En algunos aspectos, Rob era más grande que la vida para todos nosotros. Sin embargo, su rasgo más virtuoso fue su confiabilidad como persona que estaba ahí para ayudar en momentos de necesidad.

Rob hizo uso de su buen juicio y decidió dejar de beber. En consecuencia, se sintió obligado a mudarse de la casa de sus padres para reducir la ansiedad mientras su madre y su padre seguían acosándolo para que hiciera algo con su vida. Temporalmente vivió en su Camioneta camper Chevy C10 de 1965 hasta que pudo encontrar un apartamento o una casa para alquilar. Rob tenía un adaptador de corriente para automóvil de doce voltios que le permitía afeitarse, calentar comida en una pequeña estufa y bombear aire a un colchón de aire. Rob usaba cajas de cartón para guardar sus pertenencias personales en la caja de su camioneta. En ese momento, Bob y Chuck vivían juntos en una suite de dos dormitorios en el complejo Lakeside Apartments en San Leandro. Para ayudar a Rob, Bob y Chuck le permitían a Rob dormir en su sofá o ducharse en su residencia tres veces por semana.

Teniendo mucha sensibilidad y empatía por la situación de Rob, decidí brindar un poco de bondad inspiradora al dilema de su vida actual. Le ofrecí pagarle ropa y zapatos nuevos para animarlo y aumentar su confianza.

Teníamos planes de reunirnos con nuestros amigos para una noche de baile en el Cardinal Lounge. Rob aceptó mi oferta mientras nos dirigíamos a las tiendas de ropa Mervyn's y Grutman's en el centro comercial San Lorenzo Village.

Rob eligió un traje informal de tres piezas de color azul, dos pantalones acampanados de vuelo de ángel, cinturones con hebilla de herradura, algunas camisas de vestir de seda de nailon y poliéster, calcetines y un par de botas de plataforma. Más tarde esa noche, Rob me llevó en su camioneta, modelando ropa nueva mientras nos dirigíamos hacia el club nocturno. Tenía buen aspecto y parecía muy animado.

Ir al club fue una oportunidad para observar el compromiso de Rob con la sobriedad y el autocontrol. Rob pasó la prueba con gran éxito mientras bebía Coca-Cola durante toda la noche. El ego y la confianza de Rob parecieron recuperados mientras bailaba toda la noche con una chica llamada Kay. Parecían gustarles la compañía del otro y terminaron la noche intercambiando números de teléfono.

Al salir del club, nos dirigimos al restaurante Carrow's para comer algo tarde en la noche. Seth gritó "escopeta" y ocupó el asiento delantero con Rob. Rob dijo, "Oye, John, tendrás que saltar a la parte trasera del camión." En la parte trasera de la caravana había una pequeña e inestable silla plegable de aluminio, entre muchas cajas de cartón y material de acampada. La camioneta de Rob estaba en mal estado y un olor a quemado invadió el armazón de la caravana.

Cuando Rob aceleraba, el vehículo producía un ruidoso golpeteo procedente del compartimento del motor. Mientras Rob continuaba calle abajo, el escape se volvió excesivamente ruidoso y comenzó a hacer un chasquido. Grité, "¡Esta camioneta es una mierda! Tiene un colector de escape agrietado o con fugas."

De repente, a gran velocidad, la camioneta comienza a desviarse hacia la izquierda y hacia la derecha. Mientras intentaba levantarme, tratando de recuperar el equilibrio y prepararme para el siguiente zigzag, Rob pisó el freno y me arrojó hacia la puerta de salida de la camioneta. Pensé, *Dios mío. Me lanzarán por la puerta y a la calle.* Cayendo de espaldas y deslizándome a gran velocidad hacia la puerta de la camioneta, mis pies se empujaron contra una caja de cartón llena de ropa, causando un impacto contundente que obligó a abrir la puerta de la caravana, impulsando el contenedor de ropa corrugada por el aire y hacia el suelo de la calle. Por suerte, al tener mis brazos extendidos a los lados del marco de la puerta esto evito que mi cuerpo cayera a la carretera.

Empecé a gritar "¡Para la camioneta! ¡Vamos a volcar!" repetidamente. Finalmente, después de recorrer un par de cuadras más, Rob reduce la velocidad y se detiene en un estacionamiento vacío de Mervyn.

Desaliñado y nervioso, traté de recomponerme mientras estaba afuera, bajo el resplandor de una luz parpadeante en el estacionamiento, pensando para mis adentros, *podría haberme matado.* Me inclino y pongo mis manos sobre mis rodillas, tratando de evitar hiperventilar mientras racionalizo el tipo de ansiedad y miedo que acabo de experimentar. Atónito, vi a Rob y Seth parados frente a mí con amplias sonrisas. Me preguntaron, "Johnny Boy, ¿estás bien?"

Fruncí el ceño mientras me levantaba, enderezaba mi postura y preguntaba, "¿Qué diablos acaba de pasar? ¿Perdiste el control del camión?"

Rob y Seth se rieron histéricamente y dijeron, "¡No, hombre, solo estábamos jodiendo contigo!"

Sacudiendo la cabeza, dije, "Ustedes, idiotas, me engañaron. Me deben una."

Nunca le dije una palabra a Rob acerca de que accidentalmente había pateado algunas de sus pertenencias personales por la puerta de su camioneta. Entonces, de la nada, nuestro amigo Chuck llegó al estacionamiento de Mervyn en su automóvil *Starsky and Hutch*. Chuck bajó la ventanilla lateral y dijo, "Hermano, encontré esta caja de ropa esparcida por todo Hesperian Blvd. Mira este bonito traje informal azul de tres piezas."

Mientras Chuck lo sostenía en alto, Rob echó un vistazo y gritó, "¡Amigo, esas son mis cosas! ¿Qué demonios?" Rob giró la cabeza y me miró con una mirada de muerte por excelencia.

Grité, "Esa caja de ropa me salvó la vida. ¡Estamos a mano!"

Más tarde, descubrimos que Chuck estaba diez minutos detrás de nosotros, dirigiéndose hacia Carrows para unirse a nosotros para desayunar. Este incidente se convirtió en una saga legendaria que se volvería a contar durante años.

Vivir una vida de libertad personal, compromiso social y auto-suficiencia fue agradable, significativo y satisfactorio. Mi voz interior me decía, *Estás viviendo tu mejor vida*. Ninguna parte de mi existencia diaria fue inagotable o insatisfactoria. Fue un momento para perseguir con alegría mis pasiones, aprender cosas nuevas y ampliar nuevas habilidades. Fue el momento más feliz de mi vida. Me sentí satisfecho por mis bendiciones y por en quien me estaba convirtiendo. Celebré mis rasgos de ser un hombre compasivo, generoso, respetuoso y empático, tratando de mejorar sin importar las circunstancias. Después de algunas relaciones rotas y desalentadoras, me di cuenta de que es nuestra elección sentirnos felices o infelices. A la temprana edad de veinticinco años, me di cuenta de que no son las transiciones o condiciones de vida problemáticas las que resultan ser un obstáculo para la felicidad sino mi propia elección de actitud, comportamiento y pensamientos que enfrentan los onerosos ajustes de la vida.

Siendo un poco materialista, compré un Chevy Camaro Sport Coupe de 1978. Mi padre dijo, "Ése es un vehículo que puedo apreciar. Buena elección."

Podría haber pagado el vehículo en efectivo, pero decidí financiarlo. Me encantó el auto porque tenía reputación de tener un elegante diseño cupé de dos puertas y de comer Mustangs como su principal competidor. Mi otro objetivo era establecer una calificación crediticia impecable, ya que sabía que posibles compras mayores requerirían una excelente situación financiera en mi futuro. Sin embargo, mi elección de comprar algo nuevo y brillante aumentó mi disfrute y felicidad, incluso si duró sólo un corto período después de tomar esa decisión. Convertirme en minimalista no estaría en mi futuro hasta mucho más adelante en mi vida.

Mientras el concesionario preparaba mi nuevo vehículo, yo hacía cola en el banco para sacar algo de efectivo para el pago inicial. Esperando pacientemente mi turno, sentí un golpe en mi hombro derecho. Cuando me di vuelta, el hombre que estaba detrás de mí dijo, "Hola, mi nombre es Victor Hamilton. ¿Cómo te llamas?"

Respondí, "John, John Edwards."

Víctor continuó diciendo, "Encantado de conocerte. ¿Te parece bien si te hago una pregunta?" Víctor asintió con la cabeza y continuó, "¿Alguna vez has considerado ser modelo para campañas publicitarias locales o publicaciones en revistas?"

Tomado por sorpresa con una expresión curiosa en mi rostro, dije, "No. ¿Por qué lo preguntas?"

Víctor respondió, "Trabajo como explorador y fotógrafo de moda para una agencia de modelos primaria. Tienes el tipo de mirada que buscamos activamente. Eres guapo, alto, bien proporcionado y tienes rasgos faciales distintivos. ¿Estarías interesado en desarrollar un portafolio pictórico de modelaje?"

A finales de la década de 1970, el modelaje era una carrera dominada por las mujeres. A diferencia de hoy, los modelos masculinos de entonces tenían la percepción de ser modelos de un estereotipo de feminidad relacionado con esa elección de carrera. Además, el modelaje de moda se consideraba principalmente un trabajo a tiempo parcial en la ciudad natal sin una remuneración sustancial. No estaba, ya tenía completado tres años de una carrera significativa en United Parcel Service, le respondí a Víctor diciendo, "Gracias por la oferta, pero no me interesaría un portafolio de modelo."

Víctor me entregó su tarjeta de presentación y me dijo, "Si cambias de opinión, llámame."

En lugar de sentirme halagado y desarrollar mi autoestima o confianza después de la oferta de modelaje, pensé sorprendentemente para mis adentros en una vana reflexión. Me preguntaba, *¿Qué mujer entrará en mi vida en el futuro? ¿Quién se enamorará de mí y se convertirá en el amor de mi vida?* A medida que se establecieron mis rasgos y valores de carácter moral, comencé a hacer un examen de conciencia más serio acerca de buscar una compañera de por vida. Después de haber experimentado rupturas dolorosas y angustias, no me había comprometido con un vínculo romántico profundo durante tres años, siendo Sharon mi última relación significativa. Quería encontrar una pareja que estuviera atenta a generar confianza, respeto y compromiso para tener en cuenta nuestros mejores intereses. Anhelaba a alguien que pudiera adorarme por ser yo mismo en lugar de disgustarse por lo que me faltaba. Lo dejé en manos del pensamiento intuitivo, el destino y las actividades espontáneas. Promoví y mantuve emociones positivas mientras esperaba que una compañera para toda la vida llegara a mi vida.

Unas semanas más tarde, mi amigo Rob me llamó y me preguntó si quería ir a un restaurante italiano en Concord llamado Michael Anthony's. Naturalmente, pregunté, "¿Por qué Michael Anthony's?" Concord estaba a cuarenta minutos en coche de San Lorenzo.

Rob dijo, "Nuestra banda favorita, Clean Air, tocará allí el próximo viernes y sábado por la noche en lugar del Cardinal Lounge."

Michael Anthony's era un restaurante y un club nocturno exclusivos. El diseño del restaurante incluía un gran bar, un vestíbulo abierto y un cómodo comedor con capacidad para trescientos invitados. El ambiente tenía una sensación de elegancia sencilla con iluminación suave, lino blanco, arquitectura de madera y paredes con pinturas murales. Michael Anthony's era conocido como un "lugar de citas románticas", con música en vivo y baile.

Rob dijo, "¿Puedes recogerme alrededor de las 8:00 p.m. el sábado? La banda no empezará a tocar hasta las nueve de la noche."

Pensando que esta sería una excelente oportunidad para recorrer algunos kilómetros de carretera con mi auto nuevo, le respondí a Rob, "Está bien, amigo. Hasta entonces."

Rob y yo llegamos tarde. Cuando llegamos al estacionamiento del restaurante, notamos una fila relativamente larga de personas esperando para poder entrar. Pagamos un cargo de entrada de cinco dólares para tener la opción de entrar solo para estar de pie. Cuando entramos, la atmósfera era eléctrica mientras Clean Air tocaba una canción disco estándar, "Le Freak" de CHIC. Encontramos un lugar para pararnos directamente frente a la barra, junto a una pared divisoria elevada de bloques de cuatro pies de altura con una encimera de madera enmarcada para dejar reposar las bebidas y tener una vista panorámica de la pista de baile y la banda.

Pequeñas mesas redondas y sillas delimitaban el perímetro de la pista de baile para atender a cuatro personas por mesa. Rob inició una conversación con una mesa de cuatro chicas atractivas en el lado opuesto de la partición donde estábamos parados. Rob, a quien nunca le faltó confianza, tenía una manera entrañable y extrovertida que invitaba a una conversación entretenida cuando comenzaban las presentaciones.

Me encantaba salir con Rob porque era más tímido y tranquilo, de naturaleza reflexiva y considerada, y no buscaba la validación de los demás. Rob siempre se ocupó de mis inseguridades involucrándome en la conversación mientras intercambiábamos presentaciones. Rob terminó estando muy ocupado durante la mayor parte de la noche, ya que le ofrecía bebidas gratis a la chica que acababan de presentarle si bailaban con el sí bailaban con él.

Me di cuenta de que una de las chicas, Charlotte, estaba interesada en mí mientras seguía mirándome directamente con ojos adormilados. De repente, se acercó a mí para romper el hielo preguntándome, "¿Te gusta bailar, John?"

La miré a los ojos verdes y dije, "Claro, solo estoy esperando la canción correcta. ¿Te gustaría bailar cuando suene una de mis canciones favoritas?"

Charlotte respondió, "Pensé que nunca lo preguntarías. Por supuesto."

Intercambiamos sonrisas cuando Rob regresó de la pista de baile. Mientras Rob consumía algunas bebidas sin alcohol de Arnold Palmer, sin darse cuenta tiró mi bebida al suelo de baldosas, rompiéndose el vaso en varios trozos pequeños. Causó un modesto disturbio cuando una camarera limpió rápidamente el desorden. Mientras intentaba ayudar, miré hacia arriba y noté a una mujer increíblemente guapa sentada en una mesa cerca de la esquina izquierda del escenario, justo al lado de la banda. Cuando hice contacto visual con ella, ella sonrió adorablemente. Ella captó toda mi atención. No podía quitarle los ojos de encima mientras su belleza desafiaba las palabras. Mi pensamiento inmediato fue, *¿Me estaba sonriendo?* Estaba disfrutando de la banda con otras seis personas (cuatro hombres y dos mujeres) en dos mesas juntas. Supuse que uno de los chicos tenía que ser su novio.

Después de que la conmoción se calmó y la camarera limpió el desorden, le dije a Rob, "Mira. Mira esa belleza sensacional sentada cerca de la banda."

Rob giró la cabeza hacia mis ojos exploradores y dijo, "Hombre, ¿dónde has estado? La noté hace una hora. Ella es un espectáculo total y una buena bailarina."

Le pregunté a Rob, "No sé si ese tipo sentado frente a ella puede ser su novio."

Rob respondió, "De ninguna manera, ese tipo está más interesado en el tipo que está sentado a su lado. Los noté tomados de la mano."

Le dije a Rob, "Mientras ayudaba a la camarera a limpiar los vidrios rotos, miré hacia arriba y la vi. Hicimos contacto visual y ella me sonrió."

Rob asintió, reconociendo mi comentario mientras la banda anunciaba que se tomarían un descanso de veinte minutos. Tomando un sorbo de mi bebida, Rob abruptamente agarró mi brazo y dijo, "Mira, esa chica sexy está caminando hacia aquí."

Noté que una mujer mayor caminaba con ella mientras parecían dirigirse hacia el baño de damas, tomando su camino en nuestra dirección. Antes de que se acercaran a ambos, Rob y yo giramos simultáneamente, dándoles la espalda al escenario para asegurar el contacto visual cuando pasaban. La señora mayor corrió rápidamente delante de ella, pasando junto a nosotros sin girarse ni hacer contacto visual. Cuando hice contacto visual con la mujer increíblemente hermosa que caminaba directamente hacia nosotros a través de la habitación llena de humo, su belleza en mi mente era tan fascinante que era inalcanzable.

Ella se detuvo abruptamente. Su sonrisa indicó interés. Mientras nos miraba directamente a los dos, dijo, "Hola, ¿cómo te trata la vida?"

Rob, sin dudarlo, respondió de inmediato, "¿Cómo estás? ¿Te lo estás pasando bien esta noche?"

No dije una palabra, paralizado por el asombro y con la boca abierta. Siguió a la señora mayor sin responder a la pregunta de Rob mientras observaba su sexy caminar.

Le dije a Rob, "Amigo, ella me estaba saludando."

Rob hizo una pausa con una sonrisa y dijo apasionadamente, "De ninguna manera, hombre, ella estaba hablando conmigo."

Le dije, "Bueno, lo sabremos una vez que regresé del baño."

Pasaron al menos treinta minutos. Esperando con impaciencia, ambos asumimos que probablemente se habían ido. Entonces, inesperadamente, noté que se acercaban. Mi corazón empezó a latir a un ritmo más rápido. Queriendo hacer contacto visual nuevamente, sonreí cuando ella se acercó. Caminó hacia mí, se detuvo a un brazo de distancia sin mirar a Rob y dijo, "Mi nombre es Robbin. Tenía que saludarte. ¿Cómo te llamas?"

Respondí, "John. Es un placer conocerte. Eres fabulosa."

Robbin vaciló por un momento mientras una hermosa sonrisa parecía irradiar felicidad. Finalmente, dijo "No seas un extraño esta noche" mientras se daba la vuelta y caminaba de regreso a su mesa.

Pensé, *vamos, hombre, no la dejes escapar sin decir nada.* Extendí la mano y agarré su muñeca suavemente. Cuando giró la cabeza, le dije, "¿Te parecería bien si pudiéramos compartir un baile antes del final de la noche?"

Con los ojos marrones más seductores y conmovedores llenando mi corazón como el calor del sol, Robbin dijo dulcemente, "Esperaré, solo por ti".

Mientras sonaba canción tras canción, no pude reunir el coraje para pedirle a Robbin que bailara mientras su belleza me dejaba sin aliento y me hacía reaccionar con dudas y nerviosismo.

Rob dijo, "¿Cuándo te dejarás crecer un par y le pedirás a Robbin que baile?"

Clean Air empezó a reproducir una de mis canciones favoritas, "More Than a Woman" de los Bee Gees. Noté que Robbin salía a la pista de baile con una de sus amigas. Le había prometido un baile a Charlotte, así que se lo pedí. Yo era un buen bailarín de disco de dos pasos e incorporaba giros de swing con una o dos manos y movimientos de estilo envolvente con sincronización. Charlotte era una excelente bailarina y me siguió el ritmo, integrando perfectamente grandes movimientos de cadera, golpes corporales y movimientos independientes de pierna y pie derecho e izquierdo con variaciones asimétricas de brazos. Fue muy divertido bailar con ella, pero mi mente estaba en Robbin. Le agradecí a Charlotte por el baile y regresé a mi lugar de pie. La banda tocó un par de canciones más y luego Clean Air anunció la última.

Mi corazón se hundió. Tuve que invitar a Robbin a bailar. La última canción fue una melodía de baile lento de Roberta Flack y Donny Hathaway, "The Closer I Get to You."

Sin estar seguro de si Robbin aceptaría un baile lento e íntimo conmigo, me acerqué a su mesa, extendí con gracia mi mano abierta y le pregunté, "¿Puedo tener este último baile contigo?"

Robbin tomó mi mano y dijo, "Esperaba que no te hubieras olvidado de mí."

Mientras Robbin ponía sus manos sobre mis hombros, yo coloqué mis manos contra sus caderas mientras nos acercábamos lentamente, balanceándonos hacia adelante y hacia atrás con la música. El movimiento de nuestros pies era mínimo ya que girábamos lentamente con Robbin apoyando su cabeza en mi hombro izquierdo. Canté con ternura algunas de las letras de la canción en su oído y le dije, "Cuanto más me acerco a ti, un sentimiento me invade. Acercándonos, dulce como la gravedad."

Mientras mi corazón latía con fuerza contra su pecho, la canción terminó. Ese había sido un momento precioso y no quería que la melodía terminara. Una vez que separamos nuestros cuerpos, nos tomamos de las manos con los brazos extendidos. Le dije, "¿Tienes tiempo para salir y hablar antes de irte?"

Robbin dijo, "Claro."

Bajo la luz de la luna llena, los focos externos del paisaje y el viento que soplaba ligeramente entre el cabello de Robbin, me rodeaban sentimientos de felicidad y anticipación amorosa mientras descansábamos contra la barandilla del patio afuera del restaurante. Le dije, "Gracias por bailar conmigo. Aprecio compartir ese momento contigo."

Cuando Robbin respondió, yo no estaba escuchando, hipnotizado por su exótica belleza. Por la forma de sus ojos, sus labios carnosos, su color de piel y la textura de su cabello indicaba que podría ser de diferente etnia y tradición cultural. Además, los rasgos faciales simétricos de Robbin eran perfectos. Mi mente reflexionó, *¿Es así como se siente el amor a primera vista?*

Entonces escuché "John, ¿estás conmigo?" cuando salí de mi estado hipnótico.

"Sí, dondequiera que vayas, yo voy por tu camino," respondí. Una letra que recordaba de una de mis canciones favoritas, "Moon River" de Andy Williams.

Robbin se rio y dijo, "Tengo que irme. Mis amigos me están esperando."

Como no quería que se fuera, rápidamente le pregunté, "¿Puedo llamarte?"

Robbin hizo una pausa y dijo, "Normalmente no entrego mi número de teléfono. Es 925-689-6144" mientras se alejaba rápidamente.

Mientras regresaba a mi auto, repetí el número de teléfono, no queriendo olvidarlo. Tan pronto como me subí a mi auto, cuando estuve con Rob, anoté su número de teléfono en una nota adhesiva amarilla que rápidamente saqué de mi guantera. Luego lo doblé por la mitad y lo guardé de forma segura en mi billetera.

Antes de arrancar el auto, miré a Rob y le dije, "Te dije que me estaba saludando a mí."

Rob contempló su respuesta por un momento y luego dijo, "Impresionante. Eres un hombre muy afortunado. ¡Es una maravilla!"

Respondí, "Sí. Somos dos vagabundos que salen a ver mundo. Hay mucho mundo que ver. Estamos detrás del mismo final del arco iris, esperando, a la vuelta de la esquina, mi amigo arándano." (Letra de la canción que había memorizado de "Moon River.")

Después de esperar varios segundos por la respuesta de Rob, finalmente respondió, "Cállate."

El domingo me sentí en un estado de felicidad. Robbin estuvo en mi mente todo el día mientras escuchaba mis canciones de amor favoritas pregrabadas en casetes en mi Walkman Sony. Primero, hice una oración, agradeciendo a Dios por bendecirme con la oportunidad de conocer y que una mujer tan hermosa se cruzara en mi camino. Entonces siendo de fe católica, tomé mi Libro Católico de Oración Diaria e improvisé sobre la devoción a la Confianza en la Oración.

Mi oración fue así:

Padre Celestial, tu Hijo nos enseñó a orar con
confianza cuando dijo, "Pide y recibirás,
busca y encontrarás."
Padre mío, creo en tu amor por mí.
Me darás lo que es bueno cuando te lo pido con
humilde confianza.
Le agradezco de todo corazón su amable
providencia al permitirme reunirme con Robbin.
Te pido que me des todas las gracias que necesito
para amar.
Gloria al Padre, al Hijo y al Espíritu Santo.
Amén.

Estaba ansioso por llamar a Robbin, pero no quería parecer demasiado presuntuoso o cautivado al hacer una llamada telefónica al día siguiente. Por lo tanto, esperé a regañadientes para hacer esa llamada. Planeaba llamar a Robbin el miércoles por la noche para invitarla a cenar el sábado por la noche. Luego llamé a Bob para confirmar nuestro plan de entrenamiento habitual en mi garaje. Bob y yo levantamos pesas todos los domingos, miércoles y viernes por la noche durante un par de horas. Bob dijo que estaría allí y yo estaba deseando darle los detalles de lo sucedido anoche. Bob era un oyente excepcional y siempre brindaba consejos y orientación sencillos. Mi pregunta principal para Bob sería, "¿Es posible el amor a primera vista? ¿O mis sentimientos se basan superficialmente en la excitación de una atracción instantánea?"

Una vez que llegó Bob, le conté paso-a-paso la secuencia de circunstancias que permitieron y condujeron a mi encuentro fortuito con Robbin. Todavía estaba en la nube cuando Bob notó en mi lenguaje corporal, entusiasmo y euforia emocional cuando le describí haber conocido a Robbin y que tenía planes de llamarla el miércoles por la noche antes de nuestro entrenamiento.

Bob dijo, "Nunca te había visto tan emocionado y apasionado por una chica."

Le respondí emocionalmente a Bob, "¡Creo en mi corazón que ella es la indicada!"

Bob preguntó, "¿Te refieres a tu alma gemela y compañera de por vida?"

"¡SÍ! Por eso tengo un par de preguntas para ti," respondí. "¿Crees que el amor a primera vista es posible, o crees que mis fuertes sentimientos por Robbin se basan simplemente en la emoción de una atracción instantánea?"

Siendo su yo introspectivo, Bob dijo, "La mayoría de las relaciones comienzan con encontrar a alguien que nos parezca atractivo. A primera vista, enamorarse no podría ocurrir sin que, en primer lugar, te atraiga Robbin. Por lo tanto, ya sea amor a primera vista o una atracción instantánea, ambos juegan un papel en su interés genuino por conocer mejor a Robbin. Las relaciones toman tiempo. Date el tiempo para responder esas preguntas."

Aproximadamente una hora antes de que Bob viniera a hacer ejercicio el miércoles por la noche, llamé a Robbin desde la habitación de mis padres para tener privacidad. La conversación telefónica fue así:

"¿Puedo hablar con Robbin?"

"Esta es Robbin."

"¡Hola, Robbin! Soy John."

Larga pausa. *"¿Recordaste mi número de teléfono?"*

"Sí, tengo una memoria excelente".

"Mira, como te dije, normalmente no doy mi número de teléfono. Gracias por llamar. Fue un placer conocerte, pero tengo que irme."

Escuché un clic y luego nada más que un tono de marcar. Estaba devastado. La voz de Robbin por teléfono anunció alto y claro que no estaba interesada y que no quería continuar la conversación. Me senté en el borde de la cama de mis padres con las manos en las rodillas, mirando a la pared con una mirada triste y vacía, contemplando mi decepción durante varios minutos. Entonces sonó el timbre. Bob había llegado para nuestro entrenamiento.

Bob reconoció que parecía molesto por algo y que no estaba como siempre durante nuestro entrenamiento. Entonces Bob preguntó, "¿Pasa algo?"

Le dije, "Llamé a Robbin. Desafortunadamente, la llamada no fue como yo había anticipado."

Después de repetirle a Bob palabra por palabra mi diálogo telefónico con Robbin, Bob dijo, "¿Vas a rendirte tan fácilmente? Robbin dijo que fue un placer conocerte. No te rindas tan fácilmente, John. Probablemente la llamaste en un mal momento. Prométeme que le devolverás la llamada."

Asentí con la cabeza en señal de reconocimiento a medias.

Más tarde esa noche, me senté en la cama de mis padres mirando el teléfono, tratando de reunir las agallas para volver a llamar a Robbin. Debí haber levantado el auricular de color rosa diez veces para volver a colocarlo en su lugar sin presionar ningún botón de tono. Entonces, de repente, mis pensamientos se llenaron de confianza después de decir una oración, lo que me dio el espíritu para hacer el llamado.

"¿Puedo hablar con Robbin?"

"Sí, John, este es Robbin."

"Quería volver a llamarte para asegurarme de que no te arrepientas de haber dejado pasar una oportunidad fantástica".

"¿Y cuál podría ser esa fantástica oportunidad?"

"¡Tener la oportunidad de conocerme mejor!"

Risas de aprobación. *"Está bien, estoy escuchando."*

"Anoche soñé que me invitabas a salir. ¿Te gustaría cenar conmigo el sábado?"

Risa descontrolada. *"¡Me encantaría!"*

A medida que pasábamos más tiempo juntos, floreció una relación duradera. Fue un romance vertiginoso que apreciamos y disfrutamos al máximo. Durante la etapa inicial de nuestro período de citas, descubrí que el nombre completo de su madre era Robbin June Lockhart y que nació en Vallejo, pero había vivido la mayor parte de su vida en Concord. Ella era una estudiante de segundo año de la Universidad Estatal de San José que vivía en un dormitorio de varios pisos cerca del campus. Recuerdo haberle preguntado a Robbin, "¿Quién era esa señora mayor con la que estabas cuando nos conocimos en casa de Michael Anthony?"

Robbin respondió, "Oh, esa era mi madre."

Luego le pregunté, "¿Cómo se llama tu madre?"

"June Lockhart," respondió Robbin.

Me reí entre dientes y dije, "¿El mismo nombre que la famosa actriz de televisión de *Lassie, Lost in Space y Petticoat Junction*?"

Robbin sonrió y dijo, "SÍ."

Robbin me dijo que su madre había nacido en Irak y que su padre, Walt, era mucho mayor que su madre.

Nuestra atracción y fascinación mutua era innegable. Recuerdo que las sensaciones del amor eran poderosas. Teníamos muchas similitudes. Ambos éramos buenos atletas y amábamos la música, el baile, salir a cenar, el cine, las actividades al aire libre, acampar y tener muchos amigos. Además de todo eso, a Robbin le encantaba el béisbol y era una esquiadora avanzada en agua y nieve. La fe de Robbin era muy similar a mi catolicismo, y ella provenía de una base familiar sólida que la apoyaba como yo. Me di cuenta de que la impresionante apariencia de Robbin provenía de su variada herencia iraquí e inglesa. Compartimos el intercambio de valores y actitudes. Parecíamos ser muy compatibles y pasábamos mucho tiempo juntos. Mis pensamientos eran, *Esto es demasiado bueno para ser verdad.*

Antes de nuestra tercera cita, Robbin me llamó y me dijo, "He planeado una excursión sorpresa para ti. ¿Puedes conducir hasta San José y recogerme en el dormitorio este sábado por la mañana alrededor de las 10:00 a. m.?"

El viaje de San Lorenzo a San José fue aproximadamente de unos cuarenta y cinco minutos en coche. Estaba tan emocionado de ver a Robbin. Conduje por la autopista 880 en treinta minutos, rompiendo el límite de velocidad de toda la ruta sin recibir una multa. Robbin se movía en esos días en un Oldsmobile Cutlass Supreme de 1971 que estaba en el taller de reparación por vibraciones extrañas, fugas, ruidos extraños y un rendimiento deficiente la mayoría de las veces. Le encantaba mi nuevo Camaro. Cuando Robbin saltó al asiento del pasajero, pasamos los primeros diez minutos besándonos y abrazándonos antes de arrancar el auto para salir a la carretera. Robbin nos estaba guiando hacia nuestro destino sorpresa mientras yo seguía sus instrucciones. En cuestión de minutos, llegamos al aeropuerto de San José y llegamos a una sección de estacionamiento de la propiedad del aeródromo, aproximadamente a media milla de la terminal principal. Caminamos por un edificio marcado con jun letrero que decía

"Trade Winds Aviation." Robbin le mostró una placa al encargado del mostrador y me acompañó a través de una puerta que nos llevó afuera a una fila de aviones Cessna 152 estacionados.

Robbin dijo, "Salta."

Luego, perplejo y asombrado, dije, "¿Tiene usted licencia de piloto?"

Nunca había volado en un avión pequeño y estaba muy aprensivo y nervioso. Pensé en la vez que tenía miedo a las alturas cuando Eileen me pidió que la acompañara en la noria en el festival de San Joaquín. Sin querer mostrar ninguna percepción de inquietud emocional, abrí la puerta y me acomodé en el asiento del pasajero delantero.

Con total control, Robbin hizo los preparativos para el despegue, aliviando un poco mi ansiedad mientras yo decía una oración silenciosa para calmar el miedo en mi corazón. Mientras Robbin aceleraba el avión por la pista y finalmente ganaba elevación, la vista era única y diferente a la de volar en un gran avión comercial. Robbin usó controles de manos y pies para practicar maniobras de inclinación suave y giros a medida que alcanzábamos una altitud de crucero. Mi confianza en su capacidad no flaqueó cuando Robbin me explicó que debía esperar más vibraciones y ruido del motor de los que experimentaría en un automóvil.

Las vistas eran impresionantes mientras Robbin tomaba una trayectoria de vuelo que nos llevaba hacia Vacaville mientras veíamos paisajes naturales, vecindarios y jardines. Robbin aterrizó el avión en el aeropuerto de uso público Nut Tree. Pasamos la tarde comiendo y disfrutando de las distintas tiendas de souvenirs y estaciones de tren. En el vuelo a casa, Robbin me llevó a un hermoso paseo al atardecer sobre San Francisco, el paseo marítimo de la playa de Santa Cruz y la costa de la Bahía de Monterey. Después de aterrizar y detenernos, sentí un profundo suspiro de alivio cuando salí del avión y puse mis pies en tierra firme. Abracé a Robbin durante varios minutos sin soltarme. Sus instintos entendieron mis sentimientos y dulcemente me abrazó, fuerte.

Le susurré al oído a Robbin, "Aquí es donde perteneces, en mis brazos."

Nuestra experiencia compartida fue un encuentro inolvidable que se convertiría en un momento en el tiempo, una parte encarnada de mi vida que permanecerá como un recuerdo sincero para siempre. Me estaba enamorando con los ojos muy abiertos. Me pregunté, *¿Es este el amor que he estado esperando toda mi vida?* Fue una relación tierna y que evolucionó naturalmente, transformando mi mundo alrededor. Nuestro comienzo fue una emotiva y dulce aventura que involucró las maravillas más profundas del enamoramiento. Mis pensamientos fueron, *Este amor que siento es único y diferente. Robbin hace que me importe con una pasión emocional diferente. Ella es el amor de mi vida. Quiero ser su héroe.*

A los pocos minutos de aterrizar el avión, supe que mi vida cambiaría.

Nos volvimos inseparables y nos dedicamos a buscarnos el uno al otro: romances, conversaciones íntimas, compartir nuestras vidas, evaluar la compatibilidad, hacer el amor y comprometernos sin prisas durante nuestro noviazgo. Aprovechamos al máximo todo lo que San José tenía para ofrecer. A menudo salíamos a caminar por el parque municipal de Alum Rock. Era un parque espacioso con vistas increíbles del horizonte de San José con puentes de piedra y roca que conducían a senderos apartados durante mucho tiempo. Durante los fines de semana, frecuentábamos Japantown o el centro comercial Pruneyard, disfrutando de la variedad de tiendas, múltiples opciones gastronómicas y salas de cine. Uno de nuestros pasatiempos favoritos era beber chocolate caliente en la cama de su dormitorio mientras escuchaba canciones de amor de la famosa banda estadounidense de soft rock Bread. Fue un gran placer colmarla de regalos caros, cenar e ir a desayunar a Hobee's. Recuerdo lo difícil que fue esperar para ver a Robbin en ese momento. A menudo le preguntaba, "¿Cuándo te volveré a ver?" y pensaba para mis adentros, *"No quiero esperar una eternidad"* mientras conducía de regreso a casa en San Lorenzo.

Con el paso de los días sin verla, algo empezó a pasarme. Casi cada minuto de cada día, mis pensamientos estaban relacionados con Robbin. Día y noche pensaba en su exótica belleza, su encantadora sonrisa, su risa y nuestras conversaciones profundas. Recé a Dios, esperando que Robbin sintiera lo mismo por mí. Esa noche me fui a la cama, escuchando música, reflexionando. Recordando mis relaciones pasadas y recordando la maravillosa, cautivadora y la hermosa inocencia de mi joven amor con Nancy. Pensé en cómo mi romance de secundaria con Eileen me ayudó a darme cuenta de en quién me estaba convirtiendo. Y cómo mis desamores en la escuela secundaria y la universidad con Debbie, Sharon y Donna proporcionaron los trampolines y experiencias de vida conmovedoras que me permitirían la oportunidad de aprender más sobre mí mismo. Antes de dormir, una de mis canciones favoritas sonó en la radio, "More Than a Woman" de los Bee Gees. La letra de la música tocó mis emociones al describir mi amor por Robbin.

> *Pero ahora me dejas sin aliento*
> *De repente estás en mi vida*
> *Parte de todo lo que hago*
> *Me tienes trabajando día y noche*
> *Sólo trato de mantenerte bajo control*
> *Aquí en tus brazos encontré mi paraíso.*
> *Mi única oportunidad de ser feliz*
> *Y si te pierdo ahora, creo que moriré*
> *Oh, di que siempre serás mi bebé*
> *Podemos hacerlo brillar*
> *Podemos tardar una eternidad, sólo un minuto a la vez*
> *Más que una mujer*
> *Mas que una mujer para mi*

Antes de quedarme dormido, recuerdo haberme dicho cariñosamente sobre Robbin, *nunca había conocido un amor como este. Ella es más que una mujer para mí.*

Durante los primeros seis meses con Robbin, los sentimientos de intensa emoción, romance y placer fueron un territorio desconocido para mí. Habiendo soportado los rechazos anteriores, tenía la mente clara pero temeroso ante la posibilidad de que el desencanto volviera a ocurrir. Mientras conducía de San Lorenzo a San José para estar con Robbin, puse repetidamente una de mis canciones favoritas en el reproductor de casetes. La letra de "Will You Still Love Me Tomorrow" de Dave Mason imitaba mi pensamiento emocional. ¿Es este un tesoro duradero o sólo un placer momentáneo? ¿Se romperá mi corazón cuando la noche se encuentre con el sol de la mañana? Sin embargo, mi principal esperanza era que compartiéramos tantas cosas en común que nuestra relación tuviera el potencial de cambiar nuestras vidas. Cada día, nuestros sentimientos mutuos y nuestra conexión emocional se volvieron más sustanciales.

Al trabajar para United Parcel Service, aproveché al máximo un generoso paquete de vacaciones, licencia por enfermedad y beneficios aleatorios de vacaciones para estar con Robbin más a menudo entre semana, ampliando mis fines de semana libres. Tomarnos un día libre aquí y allá nos permitió a Robbin y a mí fortalecer nuestro vínculo. Robbin y yo creíamos que las amistades y las conexiones familiares estables eran esenciales para que nuestra relación se mantuviera sólida. Ambos discutimos y acordamos que era el momento adecuado para presentar a familiares y amigos. Conocer a los padres de Robbin por primera vez fue un gran paso y muy emocionante ya que ella me invitó a cenar. Sabiendo que los padres son bastante protectores con sus hijas, era fundamental dejar una buena impresión. Conocer a los padres puede ser una experiencia estresante, pero Robbin me avisó sobre cómo sus padres hacen que esta transición sea menos estresante.

Antes de conocer a los padres de Robbin, mi objetivo principal era vestirme con modestia y ser sensible y educado. Robbin me dijo de antemano que su madre nació en Irak, lo que me inspiró a aprender algunas respuestas nativas en árabe. En consecuencia, memoricé "Hola," "Gracias," "Disculpe" y "Adiós" en árabe, pensando que esto dejaría una impresión positiva duradera si se presentaba la oportunidad, además de llevarme de regalo un pastel árabe favorito llamado, *baklava*.

Durante nuestro viaje a casa de sus padres para cenar, Robbin mencionó, "Oh, por cierto, mi tía Eve y mi tío Sam volaron desde Nueva Jersey y también se unirán a nosotros para cenar."

Estar más involucrado en esta relación que en relaciones pasadas generó un incómodo sentimiento de presión, sabiendo que un grupo más grande de miembros de la familia estaría presente. Para tranquilizarme, le pregunté a Robbin, "Háblame de tu tía y tu tío."

Robbin respondió, "Amarás a la hermana de mi madre, tía Eve. Ella es la persona más dulce del mundo. Mi tío Sam es un árabe tradicional nacido cerca de Bagdad, Irak. La familia y el honor son primordiales para él mientras celebra su herencia. Por lo tanto, ser invitado a la casa de mis padres sería visto a sus ojos como un gran honor." Robbin continuó, "Siempre que mi tío Sam me saluda, me dice en árabe, *'Asalaamu Alaikum,'* que significa 'la paz sea contigo.' Entonces, si mi tío te saluda de esta manera, dile en respuesta, *'Wa Alaikum Salaam,'* que significa 'y la paz sea contigo.'"

Una vez que llegamos, Robbin y yo nos quedamos uno al lado del otro en el porche mientras ella extendía la mano para tocar el timbre. La puerta se abrió lentamente finalmente revela a un hombre fornido de estatura relativamente baja vestido con una túnica blanca tradicional árabe hasta los tobillos y de manga larga con un pañuelo de colores del arco iris que cubría su cabeza, complementando su tez oscura.

"¡Asalaamu Alaikum!" exclama con entusiasmo.

Robbin y yo respondimos al unísono, "Wa Alaikum Salaam." Este fue mi primer encuentro con el Tío Sam.

Después de saludar a Robbin con un afectuoso abrazo y un beso en ambas mejillas, Sam extendió su mano derecha para estrechar la mía. El apretón de manos duró mucho tiempo mientras Sam terminaba su saludo besando mi mano derecha y luego colocando su mano derecha sobre su corazón. Más tarde supe por Robbin que el Sam colocar su mano derecha sobre su corazón era su forma de mostrarme respeto. Este afectuoso saludo hizo que conocer al resto de la familia de Robbin estuviera libre de preocupaciones.

Sentados a la mesa con los padres y familiares de Robbin, disfrutamos de una deliciosa comida de cocina nativa iraquí llamada *fasoulia,* un guiso de frijoles blancos con cordero y verduras servido sobre arroz. Mantuvimos una conversación informal y esclarecedora sobre cómo nos conocimos Robbin y yo, nuestros lazos familiares y la cultura iraquí mientras yo me mantenía cortés, sensible y afectuoso con Robbin. Luego, después de probar un bocado de baklava, la masa mantecosa hecha con un jarabe dulce y azucarado que traje como regalo de bienvenida, el Tío Sam estornudó con fuerza y ruidosamente. Al principio, permaneciendo en silencio, todos abrieron los ojos como platos, tratando de actuar con calma como si nada hubiera pasado. Luego, sentado directamente frente a Sam en la mesa, noté una leve sonrisa en su rostro, como si estuviera tratando de no reírse. Habían pasado unos veinte segundos y sucedió lo peor. El olor empezó a extenderse sobre la mesa.

Dije en árabe *"Muedharat"* (que significa "Disculpe, le ruego que me disculpe").

Todos rieron. Sam respondió en árabe diciendo, *"Barakallafik Shukran."*

La madre de Robbin, June, y la tía Eve tenían sonrisas de oreja a oreja con aprobación, entendiendo lo que Sam había dicho. Más tarde, June me dijo que Sam dijo, "Dios te bendiga, muchas gracias."

Asumir la culpa por el pedo de Sam dejó la impresión duradera que esperaba dejar. Afortunadamente, al ser bendecido, Sam se convirtió en un cariñoso amigo mío durante muchos años.

Durante los meses siguientes, conocimos a mi familia, mis viajes de campamento de fin de semana y mis amigos en común. Celebramos el vigésimo cumpleaños de Robbin en el restaurante 94th Aero Squadron, que parecía una cabaña rural francesa de la Primera Guerra Mundial cerca del aeropuerto de San José. Tenían las mejores costillas de la ciudad y vistas a las pistas del aeropuerto. Mientras comía allí, puede tomar los auriculares en su mesa y escuchar a los controladores de tráfico aéreo mientras los aviones despegan y aterrizan. Conocí al mejor amigo de Robbin, Kim, que voló desde San Diego, Wally, un viejo amigo de la familia, y el exnovio de Robbin, Mike. Unos días antes de su cumpleaños, le compré un vestido largo de encaje negro con bordados pesados y pedrería intrincada como regalo de cumpleaños. El vestido acentuó la belleza de Robbin con un punto focal femenino. Casi me hizo llorar por lo increíblemente hermosa que se veía al usarlo.

A medida que fui conociendo mejor a Robbin, descubrí su singularidad. No conocía a nadie como ella. Además de ser una consumada piloto de Cessna, era una hábil conductora de botes de esquí y una experta pescadora y sabía cómo cambiar los frenos, arreglar una llanta pinchada o reemplazar un alternador en su automóvil. Robbin aprendió estas habilidades para la vida de su padre, ya que quería preparar a su hija para el mundo real y que sobreviviera de forma independiente. Pasábamos los fines de semana acampando con sus padres y amigos, disfrutando del embalse de Salt Springs en el bosque El Dorado cerca de Jackson o practicando esquí acuático en el lago McClure en el condado de Merced. Usando sus aptitudes matemáticas y mecánicas, Robbin pudo armar e instalar completamente su tienda en diez minutos. Por el contrario, yo leía las instrucciones, descubría cómo conectar los postes de la tienda y luchaba por colocar mi tienda en la dirección correcta sesenta minutos después. Durante este tiempo, supe que quería un compromiso más serio con nuestra relación y pensé en nuestro futuro a largo plazo.

Después de seis meses de noviazgo, Robbin y yo seguimos viéndonos de forma positiva. Estábamos encantados el uno con el otro y no prestamos atención a parejas alternativas. Adoptamos una visión de más largo plazo de las cosas y tomamos decisiones basadas en lo que era mejor para nuestra relación. Sabiendo que estábamos compartiendo algo especial, le pedí a Robbin que me acompañara a una cena romántica en el Restaurante Grandview en la cima del Monte Hamilton en San José, un restaurante de elegancia clásica con vistas excepcionales del Valle de Santa Clara. Teníamos una mesa junto a la ventana que ofrecía un ambiente e intimidad exquisitos. Nos miramos al otro lado de la mesa. Antes de que nos sirvieran la cena, espontáneamente extendí la mano para tomar la mano de Robbin para expresarle mi profundo afecto. Me detuve por varios momentos sin decir una palabra mientras sus ojos encarnaban un aura de ternura. Por un momento fue como si estuviéramos solos en ese exquisito restaurante.

Finalmente le respondí y le dije por primera vez, "Te amo." Mientras el corazón se me subía a la garganta, esperando su respuesta, pensé, *¿Qué pasa si su respuesta no es mutua?*

Pero entonces, tan suavemente como un copo de nieve que cae, Robbin respondió, "Yo también te amo" mientras apretaba mi mano con más fuerza. Fue un momento y una noche mágicos que residirán en mi corazón y en mi memoria para siempre.

No tomé decir las palabras "Te amo" con indiferencia. Siendo más reservado y recurriendo sólo a esas palabras con moderación, quería que fuera un momento íntimo libre de cualquier restricción. Robbin y yo habíamos construido un vínculo de conexión, compromiso mutuo y confianza a lo largo del tiempo. Sabía que una vez que estuviéramos dispuestos a ser exclusivos el uno para el otro, la profundidad de nuestra relación se movería en la dirección del amor. Después de intercambiar esas memorables palabras, salí de una conexión amorosa casualmente entrelazada y abracé algo natural y formal. La esencia de nuestra pasión estaba comenzando.

Durante los siguientes meses, el enamoramiento dio paso a estar enamorados. Nuestra atracción física, intimidad sexual e intereses compartidos finalmente dieron paso a la importancia de la compatibilidad, la comunicación y la forma en que nos relacionamos. Aprendimos a aceptar nuestras imperfecciones, validar nuestros sentimientos y comprender las necesidades del otro. Sabía que mi compromiso con Robbin era fuerte. Quería ser su héroe y estar ahí en la enfermedad y en la salud. Fue esencial crear una amistad significativa y un resultado de apoyo debajo de mi pasión por el romance y el amor. Sentí toda la gama de alegría, satisfacción y orgullo. Nunca había conocido tanta felicidad. Robbin era el amor de mi vida. Había encontrado a mi persona para siempre.

Estaba en mi cuarto año como conductor de paquetes para UPS. A los veintiséis años, después de recibir aumentos salariales por horas en el contrato laboral de UPS, mis ingresos anuales coincidían con los de mi padre. Sabiendo que UPS estaba experimentando un crecimiento tremendo, tenía una política de promoción interna y tenía un programa de reembolso de matrícula universitaria, tenía toda la intención de permanecer en la organización. En esencia, teniendo una visión más amplia de mi carrera potencial y mi futuro laboral, le conté a Robbin mis planes de ejercer una profesión gerencial en UPS y eventualmente terminar mi título universitario de cuatro años mientras trabajaba. Si se presentaba una buena oportunidad en la gestión, dije que la consideraría seriamente. Nada de esto fue una revelación explosiva para ella. Al contrario, ella me apoyó y me dijo que hiciera lo que me hiciera feliz.

Después de un año y tres meses de noviazgo, Robbin y yo nos casamos en la Iglesia Episcopal St. Michael y Todos los Ángeles en Concord el 22 de abril de 1979, con la asistencia de más de doscientos de nuestros amigos, compañeros de trabajo y familiares. Disfrutamos de nuestra luna de miel en uno de los diez lugares más bellos de América y en el lago de agua dulce más grande de California, el Lago Tahoe.

Como recién casados, sentimos que alquilar un apartamento sería la mejor opción para empezar nuestra vida juntos. Así que nos mudamos a un nuevo complejo en Fremont llamado The Treetop Apartments. Nuestro nuevo hogar estaba ubicado en Fremont y Stevenson Boulevard, cerca de Central Park y Lake Elizabeth. Nuestro nuevo apartamento de un dormitorio era un tesoro arquitectónico, lo que hacía que el espacio habitable pareciera más grande con techos abovedados y una terraza de patio de gran tamaño, creando un diseño acogedor y lujoso. Si bien ser propietario de una vivienda era un objetivo futuro, alquilar un apartamento proporcionaba la flexibilidad financiera y el estilo de vida urbano que buscábamos antes de formar nuestra propia familia. Fue una época emocionante en la que empresas como Atari, Apple y Oracle se fundaron y florecieron en Silicon Valley, que llegó a ser ampliamente aceptado como el centro de la industria tecnológica e informática en 1979.

Aprovechando el auge de la innovación en Silicon Valley, Robbin decidió ocupar un puesto de secretaria en una nueva empresa de tecnología en Palo Alto después de completar dos años de universidad. Disfrutamos de nuestros trabajos y tratamos de descubrir cómo vivir unos con otros como pareja sin desarrollar malos hábitos. A menudo pensaba en cómo podría proporcionar y promover un matrimonio romántico y feliz. Quería ser un buen esposo. Por eso, siempre traté de crear un ambiente cálido y acogedor para nuestro hogar. Sabiendo que a Robbin le gustaban los muebles antiguos, los sofás cómodos y el estilo de decoración de interiores antiguo y hogareño, integré una combinación de luces de velas, plantas, flores frescas, almohadas cómodas, collages de fotos y mantas en nuestro apartamento. Quería que Robbin se sintiera bien con el espacio donde pasábamos la mayor parte del tiempo juntos.

Además, como Robbin tenía más instintos de crianza y habilidades manuales para cocinar, yo asumí la responsabilidad de las tareas domésticas, como lavar los platos, lavar la ropa y realizar el mantenimiento del hogar. A menudo, dejaba notas de amor adhesivas al azar en lugares estratégicos como su auto, el espejo del baño o la encimera de la cocina para expresar y escribir algunas palabras reflexivas sobre mi aprecio y amor por ella. Teniendo expectativas de que Robbin pudiera corresponder sus sentimientos de esta manera hacia mí, me pareció un poco preocupante que este tipo de muestra afectuosa no fuera comunicada. Racionalicé que no hay dos personas iguales a la hora de mostrar su amor. Dejé que el pensamiento de inquietud desapareciera.

Cuando empiezas, no lleva mucho tiempo comprender las realidades de la vida matrimonial. Hubo un momento anticlímax después de la emoción de planificar nuestra boda, casarnos y luna de miel. Robbin y yo ahora teníamos que considerar trabajar en torno a nuestras carreras potenciales, cómo decidiríamos combinar las finanzas y cómo gestionar las reuniones compartidas de ambas familias. Creo firmemente que el matrimonio es una sociedad. Todo lo que es mío es tuyo. Eso incluía el negocio de tomar decisiones sobre dinero y planificación financiera. Como la madre de Robbin era gerente del Bank of America, decidimos abrir una cuenta corriente y de ahorros conjunta con su banco. Sabiendo que los problemas de dinero pueden ser una fuerza disruptiva en un matrimonio y no queriendo causar ningún conflicto, confié y permití que Robbin tomara el control de nuestra planificación financiera y pago de facturas. Como resultado, estábamos libres de deudas y éramos ahorradores naturales más que grandes gastadores que buscaban tener un buen comienzo.

Robbin y yo éramos un matrimonio joven. Yo acababa de cumplir veintiséis años y Robbin tenía veintiuno. En la década de 1970, la edad media o apropiada para contraer matrimonio era 22,5 años para los hombres y 20,5 años para las mujeres. Hoy en día, la edad recomendada para casarse es entre los veintiocho y treinta y dos años, siendo la que presenta la menor probabilidad de divorcio en los primeros cinco años. Según la "teoría de Ricitos de Oro," las personas de esta edad no son ni demasiado mayores ni demasiado jóvenes. Una preocupación persistente era que Robbin y yo sacrificáramos nuestra educación secundaria para casarnos. Pensamos que podríamos estar casados y aun así realizar nuestros dos últimos años de educación universitaria. Sin embargo, sabía que esto podría ser exigente y estresante para nuestro matrimonio y nuestras habilidades de afrontamiento. Luego, durante nuestro segundo mes de matrimonio, recuerdo que Robbin regresaba a casa del trabajo y me decía, "Mi jefe cree que me casé demasiado joven."

Dudé un momento antes de responder al comentario de Robbin, pensando sobre la mejor manera de responder. Finalmente, le pregunté, "¿Qué opinas de la opinión de tu jefe?"

Robbin dijo, "Él siente que debería haber completado mi educación antes de casarme... es sólo su opinión."

Sintiéndome un poco incómodo por nuestra discusión y porque Robbin no respondió completamente a mi pregunta, pensé en preguntar, "¿Te importa su opinión?" pero decidí no hacer esa pregunta y simplemente lo dejé ignorando el tema y cambiando de tema.

Durante los siguientes meses, noté que Robbin comenzó a llegar tarde a casa del trabajo cuando comenzó a participar en fiestas en la oficina o reuniones sociales con sus compañeros de trabajo y su jefe. Una de las salidas sociales incluyó una fiesta en el jacuzzi con compañeros del trabajo. Pensé para mis adentros, *Acabamos de comenzar nuestra vida matrimonial, ¿hay algo en nuestra relación que le impide querer volver a casa y pasar tiempo conmigo?* Razoné que mi mejor estrategia era ser sincero acerca de mis sentimientos y hablar con Robbin sin sacar conclusiones apresuradas.

Comencé diciendo, "Me entristece que llegues tarde a casa tan a menudo del trabajo. Extraño tu compañía y quiero ser la razón por la que quieras correr a casa desde el trabajo. ¿Hay alguna razón por la que pasas tanto tiempo fuera de casa?"

Robbin dijo que sus compromisos laborales le exigían quedarse hasta tarde periódicamente, y cuando le ofrecían una bebida o una fiesta con sus compañeros de trabajo después del trabajo, se sentía obligada a participar. Ella me aseguró que no tenía motivos para preocuparme. Ciertamente no quería insistir sobre este tema, así que decidí saltarme el drama y seguir adelante. Todo lo que quería era el tipo de amor que trae paz a tu mente.

Todavía estaba en la "etapa de luna de miel." Mi amor por Robbin estaba en un período de euforia. No podía esperar a llegar a casa del trabajo para estar con mi nueva esposa. Mi atracción y deseo estaban en su punto más alto, particularmente durante mi época favorita del año, los pintorescos meses de otoño de octubre y noviembre. Nunca vi ningún defecto en Robbin. Mi cuerpo respondía físicamente cada vez que ella estaba cerca de mí. Tenía una intensa sensación de anhelo mientras mi energía sexual aumentaba. Cualquier toque o mirada de Robbin estaba lleno de deseo. Luego, repentina e inesperadamente, con falta de atención, Robbin se distanció emocional y físicamente de mí una noche en la cama. Sintiéndome frustrado y rechazado, no dije nada. Racionalicé que debía haber estado demasiado cansada o distraída por algo. Sin embargo, no pude evitar pensar, *¿Mi matrimo-*

nio ya está en problemas? Por tanto, esta fue mi primera experiencia con Robbin en la que nuestro deseo sexual no coincidía. No quería ser insensible ante este tema ni obsesionarme con un incidente, pero tuvo un impacto persistente en mi psique.

En consecuencia, internalicé el dolor sin comunicar mi angustia. Luego, durante las siguientes semanas, no pude evitar notar que nuestra actividad sexual había disminuido. Recuerdo haber intentado caminar desnudo con más frecuencia o hacer ejercicio con pesas frente a Robbin con solo un par de pantalones cortos ajustados, intentando estimular su deseo sexual. No tuvo ningún efecto. Empecé a pensar que tal vez había un problema físico que afectaba la sexualidad de Robbin o que ella podría satisfacer sus deseos sexuales en otra parte. Robbin sabía que mi amor por ella era incondicional. Mi temperatura emocional hacia ella siempre fue cálida y amorosa. Yo era un romántico de corazón. Tenía que sentir que mi amor por ella era convincente. Como no quería tener una conversación incómoda sobre nuestra falta de intimidad, pensé profundamente en cómo para abordar el tema. Decidí preguntarle si algo andaba mal la próxima vez que sucediera.

A medida que se acercaba el feriado de Acción de Gracias, Robbin y yo decidimos dividirnos y pasar nuestro primer Día de Acción de Gracias junto con nuestras familias. Asistimos a primera hora de la tarde con su familia y a última hora de la tarde con la mía. Durante nuestro viaje a la casa de sus padres, Robbin me informó que le había avisado a su jefe con dos semanas de anticipación que dejaría su trabajo en la empresa de tecnología. Explicó que quería un trabajo más cerca de casa y menos estresante que le proporcionara más diversión. Esta decisión fue una opción acogedora. Ciertamente me tranquilizó el hecho de no tener que lidiar más con su franco jefe o con las reuniones nocturnas después del trabajo.

Robbin dijo, "Me encantan las manualidades, así que estaba pensando en conseguir un trabajo en la tienda de juguetes y manualidades King Norman's aquí en Fremont. Podría trabajar a tiempo completo o parcial." Robbin pudo visualizar mi entusiasta aprobación sin que yo dijera una palabra. Luego agregó, "¿Qué piensas acerca de tener un bebé? Sé que pronto estaré ovulando."

Inmediatamente pensé en el hecho de que tener un hijo y ser padre era una decisión importante. Estaba pensando, *¿Estoy preparado* *para esto?* Antes de que pudiera desarrollar sentimientos ambivalentes sobre su pregunta o respuesta, Robbin dijo, "Sé que todo cambia una vez que tienes un hijo. Sin embargo, ambos somos jóvenes y nos relacionaremos mejor con nuestros hijos a medida que se hagan adultos gracias a nuestra juventud."

Respondí, "¿Estás lista para hacer ese tipo de sacrificio? Nosotros Hemos estado casados sólo siete meses."

Robbin suplicó, "¡Detén el auto!" Mientras detenía el auto de manera segura fuera de la carretera, Robbin dijo con una luz de amor en sus ojos, "Quiero tener un bebé contigo. Estoy listo para formar una familia". Y añadió, "¿Tienes alguna preocupación acerca de tener hijos?"

Después de pensarlo y hacer una pausa de varios segundos, finalmente respondí con entusiasmo, "¡Empecemos!"

Inmediatamente nos abrazamos y mis preocupaciones sobre nuestra intimidad poco frecuente desaparecieron de mi mente.

Durante los dos meses siguientes, nuestras conversaciones estuvieron inmersas en el entusiasmo por prepararnos, hacer preparativos y comparar ideas sobre cómo criar a un niño. Ninguno de nosotros nunca consideró cómo sería la vida sin niños. Sin embargo, tenía algunas preguntas pendientes que nunca le comuniqué a Robbin. Recuerdo haber pensado, *¿Cómo afectará el hecho de tener un hijo nuestras relaciones y nuestras finanzas? ¿Estamos listos para esto? y ¿Tener un hijo tan temprano fue una razón para que Robbin mitigara nuestra relación?* Mirando hacia atrás ahora, sin duda debería haber discutido mis puntos de vista sobre la fortaleza de nuestra relación y tomarme el tiempo para resolver cualquier desafío potencial. Pero, como de costumbre, desconté e hice concesiones sin comunicarme. En cambio, me concentré en el aquí y el ahora, no en el futuro.

Como se acercaba el año nuevo, enero siempre fue un mes notable porque era el aniversario del nacimiento de Robbin. Así que decidimos celebrar el vigésimo segundo cumpleaños de Robbin saliendo a cenar con su familia. Durante el postre, Robbin dijo, "¡Tengo un anuncio importante que hacer!" De repente, Robbin mueve su silla hacia atrás, se levanta y levanta su blusa por debajo de la línea del sujetador, dejando al descubierto su barriga. Escritas en su estómago con un marcador corporal negro estaban las palabras "¡Hola, papá, no puedo esperar a conocerte!" Justo debajo de las palabras había un dibujo de tres muñecos de palitos tomados de la mano.

De repente, el tiempo se detuvo. Fue un momento de éxtasis lleno de muchas emociones. La emoción, la alegría, la incredulidad y la felicidad se unieron antes de que la revelación se asimilara. Nunca olvidaré mi hermoso y jubiloso estado emocional. Mi rostro mostró claramente mi deleite y resplandor.

Robbin luego declaró, "¡Vas a ser papá!"

Los meses siguientes fueron los más felices de mi vida y de mi matrimonio con Robbin. Hice lo mejor que pude para estar a la altura de las expectativas de Robbin sobre un futuro padre. Comencé a leer manuales sobre embarazo, a asistir a clases de Lamaze y a buscar guía espiritual del padre Mac. Además, Robbin y yo hablamos sobre el sueño americano de ser propietario de una vivienda. Ambos habíamos ahorrado una suma razonable de dinero. Con la ayuda de la madre de Robbin para aumentar nuestro pago inicial, calificamos y compramos nuestra primera casa de tres habitaciones y dos baños en la comunidad de West Pittsburg, mudándonos a diez minutos en auto desde la residencia de los padres de Robbin un mes antes del nacimiento de Johnny.

Luego, en las primeras horas de la mañana del 13 de agosto de 1980, Robbin rompió fuente. De pie, atónito e inmóvil, Robbin imploró, "¡Llévame al hospital!"

Tropecé como un pollo al que le cortan la cabeza. Automáticamente entré en modo de lucha y huida. Finalmente, Robbin percibió mi nivel de estrés y dijo, "Cálmate, John, todo estará bien."

Agarré la bolsa de bebé empaquetada mientras ayudaba a Robbin a salir de la puerta. Después de varias horas de trabajo de parto y de intentar valientemente un parto natural, Robbin necesitó una cesárea. Momentos después, me presentaron a Johnny Campbell Edwards, nueve libras y doce onzas del milagro de la vida.

Pensé en las cortas dos décadas y media que había estado en la tierra mientras miraba los ojos inquisitivos de mi nuevo hijo. Me sentí bendecido durante ese momento y pensé en la evolución de cómo me habían criado mis padres. Estaba lleno de anticipación sobre cómo criar a mi hijo en todo su potencial. No había desarrollado ninguna habilidad parental aparte de los modelos a seguir de mis padres.

Por lo tanto, instintivamente supe que criar a un niño no sería fácil. Estaba en el camino del aprendizaje a medida que avanzaba. Pensé desesperadamente en brindarle un futuro mejor a mi hijo. Entendí la paternidad en términos masculinos. Mis instintos me llevaron a la importancia de desempeñar el papel de proveedor, protector y disciplinador. Quería proteger a mi hijo de influencias externas siendo un monitor y maestro de valores aceptables. Creía firmemente que asistir regularmente a la iglesia y participar en deportes organizados beneficiaría el desarrollo de mi hijo. Sin embargo, le di más importancia a ser proveedor. Mantener a mi familia era visto como un deber primordial de responsabilidad, identidad y hombría.

Inmediatamente comencé a pensar en asumir una mayor responsabilidad en el trabajo a través del programa de promoción interna de UPS, aunque sabía que esta decisión requeriría horarios más extendidos y posibles viajes. Sin embargo, las ventajas eran un salario más alto y participar en el Programa de Incentivos Gerenciales de UPS. Sólo el personal directivo era elegible o podía participar en un premio MIP. La concesión se determinaba multiplicando su salario anual por un factor MIP. Este cálculo regulaba la cantidad de acciones gratuitas de UPS que se le concedían anualmente. El objetivo del Programa de Incentivos a la Gestión era alinear el pago de incentivos con el desempeño anual.

Más tarde, después de investigar el programa, le dije a Robbin, "¿Sabías que UPS jubila a más millonarios que cualquier empresa del mundo?"

Robbin respondió con entusiasmo, "¡Me parece bien!"

Entendía que los ascensos no ocurrían de la noche a la mañana, comencé mi plan de tener conversaciones iniciales con mi patrocinador sobre mi interés. Tom Huff, mi ex gerente de operaciones, a quien admiraba y con quien desarrollé una tutoría, apoyó mis aspiraciones. Tom me asesoraba informalmente durante nuestras reuniones y representaba posibles preguntas de la entrevista.

Además, Tom era muy respetado y se convirtió en un defensor influyente en mi nombre, presentándome a otros ejecutivos de alto rango. Finalmente, Robbin y yo discutimos las ventajas y desventajas de un posible cambio de carrera profesional en el futuro. Ella apoyó mi decisión incondicionalmente siempre y cuando esperara hasta que

Johnny ingresara al preescolar.

Después de un par de meses locos pero alegres, las realidades y exigencias de la paternidad joven se impusieron. Robbin decidió no volver a trabajar mientras yo regresaba a mi trabajo de entrega de paquetes a tiempo completo. Tuvimos mucha suerte de contar con una gran ayuda de la madre de Robbin. Sin embargo, como Robbin no trabajaba, rápidamente me di cuenta de que el bebé tenía un precio elevado. Recuerdo que gastamos casi $1,000 en el primer mes para gastos relacionados con el niño. En UPS siempre había disponibles horas extras, mi semana laboral de cuarenta horas había aumentado a cincuenta horas para ayudar a aliviar la restricción de nuestro presupuesto. Siempre emocionado de volver a casa y estar con mi bebé, noté que el cansancio entraba en las circunstancias. Después de que Robbin describiera su día alternando las tareas maternas de amamantar, cambiar pañales, monitorear las 24 horas del día, los 7 días de la semana, la hora del baño, contar cuentos y no descansar mucho, nunca me sentí cómodo explicando mi fatiga.

Como este ciclo se repetía constantemente, yo estaba haciendo cosas importantes como mantener a mi familia. Me di cuenta de que Robbin se frustraba si no cumplía con mi parte justa de tareas de cuidado infantil. Recuerdo que mi suegra se acercó a mí, molesta y me preguntó, "John, mi hija no se apuntó a un marido a tiempo parcial. Ella necesita tu ayuda. ¡No puede cuidar sola de este niño!" No respondí a este comentario. Me quedé allí en completo silencio atónito mientras June se alejaba. Sus críticas me hirieron profundamente, internalizando nuevamente mis emociones. En retrospectiva, pensé que estaba brindando apoyo práctico y una mano amiga a Robbin, sabiendo que ella estaba soportando la carga de todo esto. Un cambio tenía que suceder, ya que estoy seguro de que la abuela June estaba expresando los sentimientos de su hija. Me vi a mí mismo como un cónyuge solidario. Le dije a Robbin que intentaría hacerlo mejor. Comencé a asumir las responsabilidades del turno de noche de levantarme y calmar a Johnny si se despertaba llorando, permitiendo que Robbin descansara más. A menudo, me encontraba boca abajo sobre la alfombra de la sala familiar con mi hijo acostado sobre mi pecho, quedándome dormido al ritmo de mi corazón.

Durante los siguientes dos años, encontrar tiempo para nosotros fue un desafío. Hubo muchos cambios con tantas cosas sucediendo. Nos mantuvimos muy ocupados con el cuidado de los niños y las renovaciones del hogar durante este tiempo. Tanto Robbin como yo estábamos orgullosos y disfrutamos del paisajismo. Trabajamos juntos para crear y diseñar un hermoso paisaje de jardín japonés natural para el patio delantero con piedras de río que emulan un arroyo que corre debajo de un puente de madera. Combinamos los elementos de color y textura con una mezcla de plantas hosta perennes, un arce japonés en miniatura de hoja verde y helechos, intentando producir una vista de retiro tranquilo. Construimos una cerca rústica de troncos arbolados que proporcionaba una línea divisoria estándar desde la casa de nuestro vecino de al lado y teníamos el césped más verde del vecindario.

Teníamos un gran patio trasero con una terraza de secuoya de tamaño considerable y un césped irregular infestado de malezas. Antes de asumir la considerable tarea de una renovación, ambos acordamos que necesitaríamos comprar un camión y alquilar un cultivador, una excavadora para postes y una lijadora de plataformas. La renovación del patio trasero requirió equipo especializado para ayudar a cavar, cortar y mover la tierra. Compramos una Ford F-150 color caramelo de 1975 de bajo kilometraje y una Pilgrim Cabover Camper nueva para nuestros viajes anuales de campamento a Trinity Lake y Salt Springs Reservoir. Nuestro diseño paisajístico incluyó la construcción de una cubierta de fibra de vidrio para el patio, la colocación césped nuevo, bordeando la cubierta de secuoya con dos maceteros largos de madera, plantaciones estructuradas de arbustos/árboles y plantas en macetas. También compramos e instalamos un juego de columpios para niños Lifetime.

Desgraciadamente, en lo que respecta a la carpintería o la construcción, me encontraba un poco desesperado. Por lo tanto, solicitamos ayuda al padre de Robbin, Walt, quien tenía experiencia en diversos marcos de construcción y conocimiento de estructuras, techos y pisos de construcción. Fui la tuza de Walt mientras aprendía los intrincados pasos para construir una cubierta para el patio. La belleza del proyecto terminado fue impresionante. El patio era funcional, agradable y relajante. Parecía como si estuviéramos viviendo en un jardín exuberante. La vista complementaba perfectamente nuestra casa.

Mientras Robbin y yo todavía nos estábamos adaptando a la vida con un niño que pronto cumpliría dos años, sentí que encontrar tiempo a solas para nosotros era imposible. Cada momento de nuestras vidas parecía estar relacionado con la crianza de nuestro hijo, el trabajo, el mantenimiento del hogar, la asistencia a la iglesia y las reuniones familiares. Mi único respiro de este estilo de vida diario fueron mis torneos de equipo de softbol de fin de semana de temporada jugando con muchos de mis amigos de la escuela secundaria. Robbin nunca pareció interesada cuando intenté priorizar y programar un tiempo romántico a solas. Parecía como si estuviéramos viviendo vidas separadas. Nunca pareció haber ningún esfuerzo por parte de Robbin por querer nutrir nuestra relación. Empecé a preguntarme, *¿Aun tenemos algo en común? ¿Robbin todavía me ama?*

Ignoraba mi necesidad de conectarme y vincularme a través del tacto y la intimidad. Evolucionamos hacia una vida sexual aburrida. Hacer el amor cayó al final de la lista de tareas pendientes. Tuvimos suerte de tener relaciones sexuales una vez al mes. La caída parecía ser particularmente pronunciada. Nunca me sentí cómodo hablando de esta duradera pérdida de afecto y del profundo y doloroso dolor que experimenté. Disculpé mis sentimientos sobre la situación normal en la que muchas parejas admiten una vida sexual deprimente después de tener hijos. La prioridad de la paternidad prevalece sobre todo lo demás como la parte más gratificante de la vida. Creía firmemente que éramos compañeros iguales en el matrimonio y sentía devoción por Robbin. El matrimonio era sagrado y siempre estuvo en mi mente. Recé por estas preocupaciones en lugar de comunicárselas a Robbin, esperando que las cosas cambiaran para mejor con el tiempo.

Mientras pensaba más en nuestro futuro, una cosa quedó clara. Robbin y yo necesitaríamos comunicar cómo ajustar nuestras expectativas sexuales. Necesitábamos reconectarnos emocional y físicamente. Al darme cuenta de que no existía una fórmula mágica para solucionar el problema de libido de Robbin, a menudo debatía alternativas. Consideré hablar con Robbin sobre la posibilidad de contratar una niñera o pedirle a su madre que viniera una vez a la semana para permitirnos tomar unas vacaciones de dos horas. Sin embargo, sí noté que el deseo sexual de Robbin era más sensible después de compromisos sociales con familiares o amigos.

Mientras tanto, Robbin y yo decidimos asistir a una invitación en casa de mis padres para una reunión familiar el sábado por la noche para disfrutar del juego de cartas Spaghetti Feed and Hearts de Banchero. Era una cálida y hermosa noche de agosto. Como de costumbre, gané el juego de Hearts y Robbin se divirtió muchísimo. Le encantaba escuchar a mi hermano Frank contando historias divertidas sobre recuerdos de la infancia. Durante el viaje a casa en dirección norte por la autopista 580, Robbin me imploró que me detuviera en el siguiente desvío.

Le pregunté, "¿Por qué quieres que me detenga?"

Robbin exclamó inesperadamente, "Quiero hacerte el amor. ¡Quiero tener una hija!"

De repente, voy a 85 mph en lugar del límite de velocidad indicado de 55 mph. Salí de la autopista en el desvío de Keller Ave y comencé a buscar desesperadamente un lugar tranquilo y apartado para estacionar el auto. Robbin, al tomar este tipo de iniciativa, se salía mucho de su rutina. El gesto inesperado ciertamente puso en marcha mis jugos y envió mi deseo a toda marcha. La espontaneidad y la idea de tener sexo en el coche en un lugar peligroso eran increíblemente excitantes. Pensé, *¿Quizás esta sea la manera que tiene Robbin de reavivar nuestra vida sexual?* Nos detuvimos en una ubicación perfecta, un estacionamiento residencial abandonado, tranquilo e iluminado por la luna. Rápidamente saltamos al asiento trasero del Camaro.

En medio de los juegos previos, Robbin pidió estar en la posición del misionero. Robbin dijo, "John, asegúrate de no penetrar demasiado profundamente."

Reflexioné, "No hay problema, no es como que esté tan bien dotado como la estrella porno John Holmes."

Más tarde descubrí, gracias a la investigación de Robbin, que la posición del misionero y la penetración superficial impiden que los espermatozoides del niño alcancen el óvulo y lo fertilicen. Y el 15 de mayo de 1982, apenas dos años después del nacimiento de Johnny, le dimos la bienvenida a Jessica Robbin a los brazos de su madre. Jessica era una belleza, increíblemente hermosa, parecida a una muñeca, de ojos azules y espesos rizos rubios que derretían tu corazón. Me incliné suavemente para besar su mejilla, maravillándome de su perfección.

Tener un segundo hijo fue un poco abrumador durante el primer año. Estábamos más ocupados y nuestros horarios organizados y nuestras finanzas eran limitadas. Pero una vez que Johnny cumplió tres años, nuestra confianza en nuestras habilidades, conocimientos y experiencia en la crianza de los hijos aumentó. Para aliviar nuestro estrés financiero, mi deseo de obtener un ascenso y brindar una vida mejor a mi familia reemplazó cualquier otra motivación personal fuera del hogar en mi vida. Era mi prioridad número uno. Incluso cuando mi vida sexual íntima y la de Robbin cayó en picada, pero no se detuvo por completo, ni siquiera lo pensé dos veces. Estaba preocupado por producir una ética de trabajo fantástica más allá del cumplimiento del deber al ofrecerme como voluntario para ayudar al equipo de operaciones de paquetes a completar los compromisos de servicio. Además, construí relaciones entre departamentos mediante la creación de redes y el acceso al conocimiento sobre el plan estratégico de la empresa y la expansión proyectada.

Robbin y yo llevamos una vida con mayor significado al año siguiente. Robbin se estaba adaptando a la maternidad. Incluso durante los momentos más locos y agitados, Robbin parecía centrar su papel de paternidad con un propósito mayor. La calidez y el amor de Robbin por sus hijos resonaban cuando les brindaba refuerzo positivo, participación amorosa y satisfacción de sus necesidades. Ver a Robbin construir y cultivar una cercanía emocional y afectuosa con nuestros hijos me hizo anhelar el mismo tipo de atención, consuelo y amistad de ella.

Robbin comenzó a preparar a Johnny para ingresar al preescolar ya que Jessica acababa de celebrar su segundo cumpleaños. Robbin usaba juegos de simulación durante el tiempo de juego con Johnny para imitar cómo sería la escuela, representando diferentes rutinas del aula. Robbin le decía a Johnny cuánto amaba la escuela y le aseguraba que estaría allí para recogerlo al final del día. Posteriormente, yo estaba significativamente absorto en comenzar una nueva carrera profesional gerencial, lo que me brindó un punto focal de propósito, crecimiento personal y participación. Le indiqué a mi mentor, Tom, que estaba listo para asumir una posición de liderazgo y que quería ingresar a las etapas iniciales del proceso de ascenso gerencial. El primer paso fue reunirme formalmente con mi gerente y presentar mi "carta de interés" al gerente de distrito.

Después de completar esta tarea, los requisitos incluían aprobar un examen escrito para calificar. Después de pasar la prueba, logré ubicarme en un grupo con otros candidatos elegibles. El candidato que era ascendido estaba determinado por los años de servicio, el nivel de educación y la necesidad interna de cubrir un puesto gerencial. Si hay uno o más puestos disponibles, se le programará una intensa entrevista de panel con múltiples gerentes de operaciones y personal. Luego se selecciona al candidato más calificado para el ascenso. Este proceso continúa todos los años si un candidato no pasa la selección. Finalmente, me consideraron un candidato adecuado y me pusieron en la lista de espera para una entrevista.

Durante los meses siguientes, me presenté continuamente ante directivos influyentes, antes o después del trabajo, presentándome y expresando mi interés en una carrera directiva. Le di mucha importancia a mantener la seguridad laboral, la recompensa monetaria y el prestigio profesional. Mirando hacia atrás, brindar a mis hijos apoyo emocional, espiritual e intelectual pasó a un segundo plano. Incluso, aunque estaba físicamente presente, me desconecté al estar emocionalmente separado de mis hijos. La carga diaria de ser padre cayó en las capaces manos de Robbin. Ser un buen proveedor se convirtió en mi objetivo primordial a medida que los saldos de nuestras tarjetas de crédito crecían y el dinero escaseaba incesantemente.

Mis hijos me preguntaban, "¿Cuándo volverás a casa, papá?"

Yo respondería casualmente, "Tan pronto como termine mi trabajo"

En algunos aspectos, el trabajo se convirtió en una distracción para enfrentarme a las entumecedoras heridas internas de mi corazón causadas por un cónyuge emocionalmente distante.

Entonces, surge un obstáculo en el camino. Mientras trabajaba en mi ruta de entrega, me acerqué a una parada de entrega residencial. Estacioné mi Vagón de paquetes de UPS frente a una magnífica casa de estilo victoriano caracterizada por carpintería de diseño intrincado y estructuras de techo de estilo gótico para realizar una entrega de cuatro paquetes. La casa tenía una escalera ascendente considerable que conducía a un gran porche delantero envolvente. Tratando de ahorrar tiempo y evitar dos viajes, apilé los cuatro paquetes en mis brazos, que pesaban cerca de cien libras. Subiendo las escaleras deliberadamente con los paquetes bloqueando parcialmente mi vista, finalmente di el último paso para llegar al rellano del porche. Antes de llegar a la puerta principal, mi pie izquierdo chocó accidentalmente contra una maceta, lo que me hizo perder el equilibrio y dar un salto hacia adelante. El peso de los paquetes me hizo usar los músculos de la espalda y girar el torso hacia la izquierda mientras intentaba evitar dejar caer las cajas del cliente. Sentí un estallido en la parte baja de mi espalda. Cuando traté de enderezarme, me di cuenta de que podría haberme lastimado.

Durante los días siguientes, experimenté entumecimiento y hormigueo en la parte baja de la espalda y en la pierna izquierda mientras seguía trabajando en mi ruta de parto. No podía dormir en casa debido al dolor irritante en la espalda baja, las nalgas y la pierna izquierda. Aguantando, seguí trabajando, soportando un malestar punzante. No quería tomarme ningún tiempo libre. Sentí que faltar al trabajo podría poner en peligro mis posibilidades de ascenso. Luego, mientras revisaba mis documentos al final de mi día, sentí un dolor punzante como un cuchillo afilado en mi pierna izquierda que me provocó mareos, haciendo que la habitación diera vueltas. Mi jefe notó mi repentina inestabilidad cuando me desmayé y perdí temporalmente el conocimiento. Lo siguiente que supe fue que mi gerente me llevó a un evaluador médico de la DWC (División de Compensación para Trabajadores). Su diagnóstico fue un probable abultamiento discal.

Mientras me pagaban por haberme lesionado en el trabajo, me sometí a tratamientos de fisioterapia durante un mes, incluidas terapias pasivas (tratamientos con calor/hielo) y activas (ejercicios de estiramiento). Nada ayudó. El dolor siguió empeorando. Finalmente, se programó una resonancia magnética de alta resolución y se encontró que tenía una hernia de disco fragmentada en la región L-5. El tejido de la hernia discal estaba inflamando y comprimiendo una raíz nerviosa cercana.

Después de consultar con varios médicos ortopédicos y un neurólogo sobre los posibles resultados de la cirugía, opté por someterme a un procedimiento relativamente nuevo llamado microdiscectomía realizado por un neurocirujano de columna. El proceso fue menos intrusivo, garantizando una recuperación segura y más rápida.

Las visitas de Robbin al hospital fueron breves y limitadas durante mi estancia hospitalaria de una semana y mi recuperación posquirúrgica de seis semanas. Y una vez que regresé a casa para curarme, ella se ausentaba con más frecuencia de lo habitual. Robbin se mostró desinteresada y no estaba disponible. Debido a mi capacidad limitada para mover mi cuerpo normalmente ya que requería reposo en cama, Robbin hizo arreglos y le pidió a su madre que la ayudara con los niños. Como resultado, Robbin y los niños solían pasar la noche en casa de la abuela June mientras yo hacía lo mejor que podía para cuidar de mí mismo.

Al tener mucho tiempo para reflexionar sobre las complejidades de nuestro joven matrimonio, no pude evitar considerar que nuestra conexión mutua estaba decayendo. Pensé, *Nos enamoramos tan fácilmente. ¿Por qué nuestra relación amorosa es tan difícil ahora? Duele estar enamorado de esta manera.* Nunca tuve expectativas poco realistas de que todo siempre sería perfecto, sin sorpresas ni deseos de mantener un amor de libro de cuentos. De todos modos, pensé que se sentía como amor si eres amado. Nuestro vínculo se sentía como si hubiéramos perdido algo. Sin embargo, Robbin nunca expresó verbalmente ninguna disolución sobre nuestra conexión. Sus acciones y lenguaje corporal lo decían todo. Realmente anhelaba construir y fomentar una amistad matrimonial que aumentara nuestro compromiso amoroso mutuo. Quería sentirme seguro y apoyado. Quería ser la principal prioridad de Robbin, su mejor amigo, mientras compartíamos y enfrentábamos juntos las luchas de la vida.

Recuerdo haber intentado revitalizar nuestra relación reproduciendo la clásica película romántica de 1980 *"En algún lugar del tiempo"* con Christopher Reeves y Jane Seymour cada vez que tenía la oportunidad. Mi pensamiento y esperanza eran que esta historia de amor inquietantemente hermosa y la partitura celestial de John Barry pudieran de alguna manera inspirar a Robbin a renovar nuestra intimidad, ternura y deleite mutuo. En consecuencia, quería que la película y la música hablaran por mí. La importancia de la película fue que retrataba el tipo de compromiso amoroso y dedicación que mi corazón anhelaba en una relación matrimonial. Anhelaba el tipo de apoyo amoroso que Elise McKenna (Jane Seymour) expresaba hacia Richard Collier (Christopher Reeves) cuando le reveló a su entrometido manager, William Fawcett Robinson (Christopher Plummer), "Lo amo y él me hace muy feliz."

Sin embargo, cada día que pasaba, seguí refugiándome en el silencio, sin comunicar mis miedos a Robbin. En algunos aspectos, fue una emoción paralizante porque me preocupaba ser vulnerable, rechazado o que me rompieran el corazón. Además, ser fuerte y no mostrar emociones era un rasgo profundamente arraigado que influía en mi inclinación a no parecer débil o de piel fina. Sin embargo, nunca pensé en dejar la relación porque estaba convencido de que ninguna relación era perfecta. Sea como fuere, sabía que ser un retrógrado polarizado no estaba funcionando. Tuve que hablar con Robbin.

Por sombrías que parecieran las cosas, después de que mi espalda baja se curó, acepté la rutina habitual de tener a mi familia en casa, regresar al trabajo y jugar torneos de softbol nuevamente. Aun así, las preguntas sobre nuestra relación persistían en mi mente. Luego, mientras intentaba descubrir qué método utilizaría para comunicar los sentimientos que me atormentaban a Robbin, la realidad de mis miedos me abofeteó. Un sábado por la tarde, mientras estaba bajo el capó de nuestra camioneta F-150, cambiando el aceite, vi la sombra de una figura avanzando hacia mí.

Al levantar la vista, vi a Robbin parada en silencio, inmóvil e inexpresiva, observándome antes de que hiciera un último torque con mi llave de ajuste del filtro de aceite. La expresión de resignación en su rostro me sobresaltó cuando me golpeé la cabeza con la cubierta del capó.

Le pregunté, "¿Está todo bien?"

Con apariencia distante e impersonal, Robbin dijo, "No". Ella dijo, "Últimamente he estado pensando mucho en nuestra relación y creo que sería mejor separarnos por un tiempo. Necesito algo de espacio. Quiero que te vayas hoy hasta que pueda ordenar las cosas en mi mente."

Sorprendido, le pregunté con amargura, "¿Estás pidiendo el divorcio?"

Robbin respondió, "No, no lo creo. No estoy segura de lo que quiero excepto que necesito tiempo. Creo que sería mejor vivir separados ahora mismo."

El pánico empezó a consumirme. Mi intuición me dijo que no había forma de disuadirla de esto. Sin razonar, sintiéndome agraviado y exasperado, todas mis ansiedades profundamente arraigadas se desbordaron. Me enojé. Miré a Robbin y grité, "¡Si eso es lo que quieres, me voy de aquí!"

Rápidamente empaqué algo de ropa y otros elementos esenciales en una maleta. Agarré las llaves del Camaro y salí furioso de la casa sin hablar con Robbin. Robbin salió corriendo de la casa, tratando de llamar mi atención antes de que me fuera. La ignoré mientras salía marcha atrás del camino de entrada y dejé algo de goma quemada en la carretera mientras empezaba mi viaje de una hora hasta la casa de mi hermano en Union City. Necesitaba desesperadamente un punto de vista objetivo.

Durante el viaje, mi reproductor de casetes precargado comenzó a reproducir la versión de Dave Mason de "Will You Still Love Me Tomorrow". Mientras sonaba la letra de la canción, mi ira disminuyó cuando me derrumbé y comencé a sollozar mientras escuchaba la letra. Fueron acertados, "Dices que soy el único. ¿Pero mi corazón se romperá cuando la noche se encuentre con el sol de la mañana? Me gustaría saber que tu amor es un amor del que puedo estar seguro. Así que dímelo ahora y no te lo volveré a preguntar. ¿Aún me amarás mañana?"

Después de llegar a casa de Frank y contarle lo sucedido, como era de esperar, quedó atónito. Sin embargo, escuchó activamente con empatía e hizo varias preguntas intentando comprender y descubrir la causa raíz de la solicitud de Robbin. Lo que resultó en una intensa discusión de cuatro horas mientras revisaba mi reciente historia matrimonial y la de Robbin.

Frank finalmente aconsejó, "Parece que hay falta de comunicación y Robbin ha estado planeando esto durante algún tiempo. ¿Quieres reconciliar tu relación?"

Una vez calmado, pensé deliberadamente en la pregunta de Frank. Al pensar en la separación o en la finalidad del divorcio, me di cuenta de que no era una decisión que estuviera dispuesto a tomar. Fue entonces cuando supe que quería que Robbin volviera. Tenía que salvar mi matrimonio. Tengo dos hijos pequeños que mantener y no quiero romper la familia. Entonces dije, "Tengo que pedirle a Robbin una segunda oportunidad."

Frank respondió enfáticamente, "Sólo hay una cosa con la que puedes contar. Pasar la noche aquí no solucionará nada. Debes regresar a casa y revelarle tus verdaderos sentimientos a Robbin. Iré contigo."

Eran las 23:30 horas cuando comenzamos a conducir de regreso a mi casa.

Cuando nos detuvimos frente a mi casa, notamos una camioneta Toyota Tacoma negra estacionada en el camino de entrada. Frank preguntó inmediatamente, "¿De quién es esa camioneta?"

No reconocí la camioneta como propiedad de ninguno de mis amigos o familiares, así que le dije a Frank con inquietud, "Amigo, no tengo idea."

Una vez en la puerta principal, notamos que no había luz por la ventana delantera y no podíamos escuchar ni detectar ningún sonido dentro de la casa. Mientras me preparaba para abrir la puerta principal, Frank me detuvo con su brazo derecho y me sugirió, "No abras la puerta. Vayamos a tu patio trasero y veamos si está pasando algo."

Frank conocía bien mi casa y entendía que nuestra sala familiar estaba adyacente a la puerta corrediza que daba al patio trasero. Así que abrimos silenciosamente la puerta lateral y nos dirigimos hacia allí.

La cubierta de secoya de pie en el césped junto a la terraza, pasamos con cuidado por encima de la jardinera de madera mientras caminábamos lentamente de puntillas por la terraza, haciendo todo lo posible para no hacer ningún ruido y tratando de evitar que las vigas o listones de la terraza chirriaran. Instantáneamente notamos una luz parpadeante a través de las persianas corredizas de la puerta del patio mientras nos acercábamos a la puerta trasera. Inclinándonos sobre una rodilla, reconocimos que la luz parpadeante provenía del televisor. Escuchando atentamente, escuchamos y nos dimos cuenta de que alguien estaba viendo la película *American Gigolo*, protagonizada por Richard Gere. Pudimos distinguir la escena de la película en la que Richard Gere, que interpretaba el papel de Julian, un acompañante masculino, elegía qué ponerse, se vestía en su habitación mientras cantaba la canción de Smokey Robinson and the Miracles, "El amor que vi en ti fue solo un espejismo." La veracidad y coincidencia de la película y la letra de la canción fueron inolvidablemente crueles y relevantes.

Luego escuchamos la voz de Robbin comentando mientras una voz masculina pronunciaba una respuesta. De repente, los latidos de mi corazón comenzaron a acelerarse, sintiéndome congelado. No podía moverme. Frank y yo nos miramos fijamente con la boca y los ojos bien abiertos. Sorprendidos, Frank y yo nos susurramos al unísono, "¿Qué carajo?"

En ese momento, las luces de la sala familiar se apagaron. Frank dijo, "¡Esperaremos unos diez minutos y luego cruzaremos la puerta principal!"

Torpemente busqué las llaves de mi casa en el bolsillo de mis jeans mientras nos acercábamos a la puerta principal. Al principio tuve problemas para introducir la llave en el cerrojo con mano temblorosa. Girando la llave hacia la izquierda abrimos la puerta poco a poco para reducir el ruido. Cuando entramos a la entrada, noté un par de tenis de hombre apoyados contra el zócalo. No eran míos. Cuando giramos a la izquierda hacia la cocina, escuchamos sonidos ahogados desde la sala familiar. Parado en seco, inmóvil y en silencio, Frank encendió la luz de la cocina. A primera vista, noté dos copas de vino vacías sobre la encimera de la cocina. Luego, al girar la cabeza hacia la izquierda, aparentemente en cámara lenta, me costó creer lo que veía cuando vi a un joven teniendo sexo con mi esposa en el sofá de la sala familiar.

Grité, "¿Quién diablos es este tipo?"

Desordenado y confundido, el joven saltó de Robbin y tropezó torpemente hacia adelante mientras tomaba las llaves de su camioneta de una mesa auxiliar cercana y corría hacia la puerta principal sin usar una sola prenda. Mientras tanto, Frank me estaba reteniendo, abrazándome como un oso para no darle una paliza.

Echamos un vistazo a Robbin. La expresión de su rostro era de total shock y desconcierto mientras se sentaba erguida en el sofá, totalmente desnuda, sin decir una palabra, sin saber cómo reaccionar. Le dije a Frank, "¡Deja de mirar a mi esposa!" mientras le tiraba a Robbin un paño de cocina de la cocina para taparla.

Después de que el caos y la agitación se calmaron, traté de procesar lo que acababa de suceder. Mi incredulidad se convirtió en ira cuando múltiples pensamientos comenzaron a martillar mi mente.

Robbin todavía estaba sin palabras cuando Frank le preguntó:,"¿Por qué? ¿Como pudiste hacer esto?".

Las palabras de Frank desencadenaron las emociones de Robbin mientras se tapaba la cara con las manos mientras derramaba lágrimas. En ese momento ya no reconocí a mi esposa y pensé en nuestros hijos. Parado allí, atónito y consternado, con la mandíbula apretada, grité amargamente, "¿Están los niños en sus habitaciones?"

No hubo respuesta de Robbin. Ella estuvo temporalmente desconectada de la realidad y asombrada por nuestra presencia, por lo que no pudo responder nuestras preguntas. Con mi mente nublada por la angustia y sin querer fingir mis emociones, finalmente pregunté, "¿Hay algo que quieras decir para salvar nuestro matrimonio?"

Ninguna respuesta. Rápidamente le dije a Frank, "¡Nos vamos de aquí!".

Cuando Frank y yo salimos por la puerta principal, escuchamos a Robbin decir en voz baja, "Lo siento mucho."

Después de tener dificultades para dormir esa noche en la casa de mi hermano, recordé que me levanté de la cama temprano en la mañana antes del amanecer. Mientras me miraba en el espejo del baño, escuché que el radio reloj del dormitorio se encendía a la hora designada y sonaba la canción "Don't Know Much" de Barry Mann. Mientras me miraba a la cara, vi que mis años de juventud ya mostraban signos de edad. Mis ojos reflejaban el dolor de ser golpeado y maltratado. Sentí en mi corazón que mis sueños ya no parecían importar mientras lloraba mi dolor. Todavía quedaban muchas preguntas sin respuesta, tantas cosas que nunca había superado. Mis emociones imitaban la letra de la canción.

El trauma de la infidelidad fue devastador. Me sentí descorazonado por sentimientos de rabia, humillación y traición. Tuve que lidiar con imágenes intrusivas y flashbacks de la imagen que presenciaron mis ojos. A otro hombre le estaban dando besos y partes del cuerpo. Mi mayor ansiedad provocó cambios repentinos de humor, poderosos pensamientos de introspección y una tristeza dolorosa. Tuve dificultades para dormir y concentrarme. Sabía que el dolor devorador que sentía y la imagen que presencie por la infidelidad de mi esposa duraría toda la vida. Miré mi vida y no sabía hacia dónde iba.

Mi alma buscaba la salvación. Habiendo experimentado el adulterio por primera vez, no sabía mucho, pero sabía que todavía amaba a Robbin. Y eso era todo lo que necesitaba saber. También me di cuenta de que mis heridas emocionales tomarían tiempo y necesitarían curación. Sin embargo, decidí que todavía valía la pena luchar por mi matrimonio y que merecía el desafío que tenía por delante. Entonces, de repente e inesperadamente, sonó el timbre de la puerta de entrada.

Mientras me acercaba a la puerta principal, escuché a Frank levantarse de la cama y preguntarle a su esposa, Connie, "¿Quién diablos toca el timbre a las 7:00 a. m.?"

Mientras miraba por la mirilla de la puerta, vi a Robbin y a su madre de pie en el porche delantero. Frank me miró y preguntó, "¿Quién es?"

Con una expresión facial de miedo y sorpresa, susurré, "Es Robbin y June."

Luego, Frank miró por la mirilla y, en un tono de voz normal, se volvió hacia mí y me dijo, "No abras la puerta."

Robbin y June, aparentemente escuchando la sugerencia de Frank, comenzaron a suplicar mientras golpeaban la puerta principal, "John, solo queremos hablar. Por favor abre la puerta."

En ese momento estaba experimentando una sobrecarga emocional. Estaba completamente sumergida en mis pensamientos y emociones, sintiéndome congelada. Sin estar seguro de qué hacer, actué según mis instintos y grité a través de la puerta cerrada, "No estoy listo para hablar. Te llamaré en un par de días."

Mirando por la mirilla, vi a Robbin y su madre debatiendo algo. Pasaron unos momentos y parecieron estar de acuerdo en que yo no iba a abrir la puerta y finalmente decidieron irse.

Durante los días siguientes, luché por determinar cómo restaurar mi matrimonio o cómo comunicarme o hacer preguntas sobre lo que sucedió en nuestras vidas o en nuestra relación que originó que esto sucediera. La infidelidad de Robbin fue una ofensa a mi virilidad. Asestó un golpe al núcleo de mi identidad. Necesitaba saber qué había salido mal. De lo contrario, no tenía ninguna posibilidad de cambiar las cosas. Decidí que abordaría esta dolorosa herida con paciencia y vulnerabilidad. Sabía que tomaría tiempo reconstruir la confianza rota si Robbin quería asumir el desafío de reparar nuestro matrimonio. Entonces hice la llamada telefónica.

Durante una breve conversación, Robbin solicitó que nos reuniéramos en la casa de su madre. Cuando llegué estaba extremadamente nerviosa y llena de ansiedad. Cuando nuestros ojos hicieron contacto, Robbin parecía cansada y mentalmente agotada. Como si estuviera despojada de cualquier emoción o espíritu. Por el contrario, mis ojos indicaban esperanza y consuelo. Cuando comenzó la discusión, me sorprendió un poco su remordimiento y contrición. Ella asumió la responsabilidad personal de sus acciones. Sin embargo, ella trazó líneas bajo algunos eventos, no queriendo hablar de ellos.

Por el contrario, durante nuestra discusión, me resistí a hacer preguntas, anticipando que sus respuestas podrían ser demasiado dolorosas. Robbin intentó compartimentar su infidelidad diciendo, "No significó nada."

Ciertamente significó algo para mí como marido traicionado. La capacidad psicológica de Robbin para ser infiel con fines de gratificación sexual era agotadora. Al final, acordamos permanecer juntos y buscar asesoramiento sobre relaciones. Tenía la esperanza de que la consejería pudiera ayudarnos a superar el dolor y la ira para construir un matrimonio nuevo y mejor.

Como quería que nuestra relación sobreviviera a la infidelidad, estaba ansioso por comenzar nuestras sesiones con un consejero matrimonial que me ayudara a navegar el proceso de curación. Necesitaba encontrar una manera de enfrentar la imagen visual desgarradora y devastadora que presenciaron mis ojos. Deseaba estrategias de afrontamiento para lidiar con los posibles efectos psicológicos de encontrarme con un cónyuge infiel. En muchos aspectos, entendí que había perdido mi matrimonio tal como lo conocía. Mientras avanzábamos juntos, intentando entender cómo superar el daño impuesto a nuestro matrimonio, supe que nuestra relación nunca volvería a ser la misma. No había manera de cambiar el pasado.

Encontramos un consejero matrimonial que era bien considerado y recomendado por nuestro párroco. Era empático, comprensivo y un hábil oyente reflexivo. Sus habilidades profesionales facilitaron una discusión abierta en la que Robbin y yo avanzamos hacia un proceso de escucha activa. Más tarde descubrí que nuestro consejero matrimonial empleaba una técnica de terapia llamada terapia centrada en las emociones. El objetivo de este enfoque se centró en hacernos conscientes o identificar comportamientos disfuncionales que interfieren con la conexión de compromisos de relación seguros, enfatizando predominantemente perdonar, dejar ir y avanzar para ayudar a la recuperación. Desafortunadamente, en lugar de obtener respuestas o descubrir qué causó la motivación y el fundamento de Robbin para involucrarse en una relación extramatrimonial, el enfoque terapéutico descubrió un recuerdo traumático reprimido de su infancia.

Me quedé atónito en un silencio apacible cuando Robbin de repente se sintió profundamente perturbada y comenzó a llorar porque tenía dificultades vocalizando las palabras. Sospeché que ella iba a transmitir algo que tenía que ver con su pasado, algo que lastimaba su delicado corazón juvenil. Algo alrededor de lo cual ella había construido muros. Con el rostro desprovisto de felicidad, Robbin dijo, "Mi padre abusó sexualmente de mí."

Mis primeros pensamientos más allá de la naturaleza impactante de su declaración y mis respuestas empáticas iniciales fueron, *Esto podría explicar mucho sobre la decisión de Robbin de cometer adulterio y nuestra limitada intimidad física.*

Entré en modo de sensibilidad total. Entonces me di cuenta de que sería solidario, compasivo y paciente para ayudar a Robbin a superar su dolor. Admití que tener una relación completa con un cónyuge íntegro y emocionalmente sano era más importante que mis necesidades individuales. Apoyar a mi mujer era otra forma de decirle a Robbin, "Te amo incondicionalmente, sin reservas." Comprender que ser víctima de incesto en la niñez podría estar asociado con interrupciones a largo plazo en la formación y el mantenimiento de una capacidad de respuesta sexual normal. Decidí seguir participando, tranquilizándola y apoyándola en esta situación desafiante. Justifiqué mentalmente que sólo podría ayudar a recuperar los vínculos de sociedad de nuestro matrimonio y demostrar mi devoción a los votos matrimoniales que hice en el nombre de Dios.

Para lograr resultados óptimos para enfrentar su trauma físico y emocional como víctima de incesto, Robbin quería eventualmente buscar un psicólogo psicoterapéutico profesional que se especializara en un modelo de enfoque integrador que combinara la angustia conyugal, la relación entre padres e hijos y el tratamiento con terapias para sobrevivientes de incesto infantil. Debido a la complejidad y multiformidad de la revelación de Robbin, nuestro consejero matrimonial quería realizar sesiones con Robbin sola durante los próximos meses. Muchos factores influyeron en la recuperación de Robbin. Tuvo que lidiar con el aislamiento y la indigencia resultantes de su memoria reprimida y lidiar con la ruptura familiar cuando reveló su relación incestuosa con su madre.

Cuando Robbin discutió su recuerdo y reconstrucción del evento con su madre, solo pudo recordar detalles periféricos o aspectos de la experiencia que evocaban significado emocional. Por ejemplo, recuerdo que Robbin dijo, "Mi recuerdo siempre incluye el pecho peludo de mi padre frotándose contra mi cara." Además, Robbin mencionó que la relación incestuosa con su padre se detuvo justo antes de que ella comenzara la pubertad.

Aunque la sinceridad y la poderosa petición emocional de comprensión de Robbin parecían racionales y auténticas, June parecía ambivalente. Ella creía que su hija posiblemente se había equivocado o podría estar confundida acerca de quién perpetró el abuso. Parecía que June lo negaba y luchaba con la magnitud de la revelación, lo que provocaba dificultades para comprender lo sucedido. Es posible que June haya hablado con su hija en privado sobre esta revelación. Sin embargo, nunca más volví a oír a June pronunciar una palabra más sobre el asunto.

Otro factor crítico es que nunca me informaron si Robbin o June alguna vez confrontaron a Walt o tuvieron una conversación con él sobre el abuso. La interacción de Robbin con sus padres durante sus sesiones terapéuticas sólo podría describirse como rutinaria.

La vida siguió como siempre. Las celebraciones familiares, las visitas de amigos y las vacaciones familiares planificadas continuaron como se esperaba. Sólo puedo suponer que June y Robbin decidieron que respetar la privacidad era la mejor manera de protegerse. Mi función principal era apoyar a mi esposa, saber escuchar y validar su experiencia reforzando que lo sucedido importaba.

A medida que se acercaba 1985, Robbin me pidió que me reuniera con ella para sesiones conjuntas de asesoramiento matrimonial. Me convertí en un participante dispuesto porque quería respuestas sobre por qué Robbin me traicionó y necesitaba orientación para lidiar con la imagen visual de su infidelidad que permanecía en mi mente. Además, sinceramente quería trabajar para mejorar nuestro matrimonio y comprender cómo Robbin podría recuperarse del abuso sexual. Además, al unirme a Robbin, pensé que mi voluntad o alta tolerancia para manejar el mal comportamiento podría influir en el éxito de las sesiones terapéuticas y generar una relación más feliz.

Robbin y yo tuvimos la suerte de que mi paquete de beneficios de UPS pagara la totalidad de los servicios de terapia de atención de salud emocional individual y familiar. Robbin había completado gran parte del complejo trabajo emocional. Ahora era apropiado que volviera a entrar en esta etapa de su recuperación. Me impresionó y me tranquilizó la dirección y los componentes del enfoque terapéutico mientras el consejero matrimonial desglosaba una hoja de ruta hacia la recuperación. Aclaró nuestras funciones, describió cómo funciona el tratamiento y qué progreso se puede esperar. Aunque inicialmente luché contra la pasividad y la renuencia a ser emocionalmente vulnerable, intentando fortalecer mi masculinidad, la amenaza de perder mi relación fue una llamada de atención que me impulsó a participar abiertamente.

Recuerdo haberme sentido atacado durante muchas sesiones mientras Robbin describía los altibajos de nuestra relación y cómo nuestros roles parentales definidos dentro de nuestro matrimonio estaban desequilibrados. Robbin expresó a menudo que le preocupaba el poco tiempo libre que yo dedicaba a mis hijos.

Aprendí desde el principio que no importaba lo difícil que fuera escuchar las objeciones de Robbin, tenía que ser un oyente activo y validar lo que decía para asegurarle que había entendido el mensaje. Por ejemplo, recuerdo que Robbin comentó una vez, "El gato está en la cuna," infiriendo que yo cumplía con las necesidades de la crianza, pero no compartía tiempo de calidad con mis hijos. Así, advirtió Robbin, ya que en el famoso verso recurrente de la popular canción de Harry Chapin el hijo dice, "Voy a ser como tú, papá, sabes que voy a ser como tú."

Una vez que pudiera expresar mis sentimientos con respeto y calma, le explicaría que me sentía demasiado presionado. Al final del día, me sentía agotado, con poca energía y poco tiempo suficiente para invertir en tiempo familiar. Recuerdo que el terapeuta respondió a mi razonamiento más o menos así, "John, lo que estás diciendo es que tu estilo de crianza evolucionó naturalmente con el tiempo hasta convertirse en una canasta de 'TÚ', lo que significa que Robbin asumió la carga mayoritaria de la responsabilidad del cuidado infantil. Tienes un trabajo de tiempo completo. Robbin es ama de casa. ¿Esto te hace sentir liberado de cualquier responsabilidad relacionada con los niños?"

Respondí, "No, no necesariamente. Creo que mi enfoque en ser un "buen proveedor" para mi familia a menudo reemplaza a mi prioridad y me hace eludir mi papel de "padre involucrado". Esforzarse demasiado no es una buena excusa."

Por lo tanto, le aseguré a Robbin que había escuchado su mensaje y que trabajaría para convertirme en un padre y un modelo a seguir más cariñoso. Una vez que identificamos patrones negativos en nuestra relación que interfirió con la confianza, la cohesión familiar y la intimidad, Robbin y yo tuvimos que aprender a hacer que nuestra conexión fuera más segura aprendiendo a ser más vulnerables el uno con el otro. Aprender y comprender nuestros ciclos negativos fue sólo la primera fase. Ambos sabíamos que nuestro trabajo de asesoramiento no estaba completo. Necesitábamos más tiempo para comprender plenamente la profundidad de nuestras interacciones. Al final, tendríamos que afrontar otro momento transitorio en nuestras vidas que interrumpió la continuación de nuestras sesiones de asesoramiento matrimonial.

Un día, durante los meses de verano de 1985, surgió una oportunidad de avanzar en mi carrera en UPS. Mi mentor, Tom Huff, me informó que yo era uno de los múltiples candidatos seleccionados para entrevistarse ante un panel de varios gerentes de división para ocupar un puesto de gestión de supervisión de nivel inicial dentro del Departamento de Desarrollo Comercial como ejecutivo de cuentas. La entrevista estaba prevista para el lunes de la semana siguiente. Estaba muy entusiasmado con la oportunidad de progresar en mi puesto dentro de la organización, exponiéndome a situaciones de aprendizaje nuevas y desafiantes. Las claras ventajas de la promoción de la gestión interna incluían un salario anual sustancial, la obtención de un título más alto, avance profesional, un programa de reembolso de matrícula universitaria y propiedad de acciones.

Antes de hablar con Robbin, hice una lista de pros y contras. Además de las ventajas que mencioné, ser considerado un candidato valioso significó que mi empresa sintió que estaba listo para dar el siguiente paso. Que me ofrecieran un ascenso profesional fue enormemente halagador. Sin embargo, se esperaba que asumiera responsabilidades adicionales y estuviera dispuesto a viajar o mudarme con la promoción. Además, la oportunidad de avanzar se produjo en un momento particularmente estresante de mi vida personal.

Fui a ver a Robbin y le hice mi propuesta. "Considéralo como la oportunidad de una vida. Ser promovido desde dentro de una organización significa más dinero y mayor respeto en comparación con los gerentes contratados desde afuera. Las oportunidades son ilimitadas", dije.

Robbin pensó por un momento y dijo, "Me dijiste que UPS jubila a más millonarios que cualquier empresa del mundo, ¿verdad?"

Respondí con entusiasmo: "¡Sí! ¿Entonces, qué piensas?"

Ella me besó en la mejilla. "Este ha sido tu sueño y algo de lo que has hablado a menudo y que querías hacer, así que debes hacer tu mejor esfuerzo. Sólo prométeme que siempre tendrás tiempo para tu familia si eres seleccionado."

Fue un momento emocionante pero estresante ya que nuestra relación parecía ir en una dirección mucho mejor mientras manejamos juntos un par de situaciones exigentes. La estructura, las preguntas y el formato formal de presentación del panel de entrevistas de UPS fueron impresionantes y relativamente intimidantes. Los comentarios iniciales de cada gerente de división enfatizaron el valor de la promoción de UPS desde dentro de la política. Citaron el criterio que cada candidato debía cumplir antes de ser seleccionado o considerado para un ascenso.

Con frecuencia se mencionó y categorizó la actitud de un empleado hacia el trabajo. Por ejemplo, quienes toman las decisiones describieron la ética de trabajo de un candidato como fundamental para identificar entusiasmo, capacidad, iniciativa y dedicación. Su premisa era que los atributos de un individuo podían predecir objetivamente el desempeño laboral. Además, el panel transmitió la importancia de cómo la promoción va de la mano con la aceptación y lealtad a los valores corporativos.

Mis estrategias para desarrollar mentores en mi nombre para mejorar la visibilidad y participar en actividades comerciales críticas fueron beneficiosas porque se me consideraba un candidato de alto potencial. Si ganaba, creía que mis esperanzas y sueños de un matrimonio mejor se manifestarían y cambiarían nuestras vidas. Después de esperar unos días esperando el anuncio formal, esperé con gran expectación. Finalmente fui seleccionado para ocupar el puesto directivo.

Tom Huff explicó, "Tu primer ascenso es un puesto de desarrollo. Un puesto de ejecutivo de cuentas te preparará para puestos clave en el futuro. ¡Felicidades!"

Antes de transmitirle la buena noticia a Robbin, recordé el momento en que nos conocimos seis años antes, recordando mi aprensión que me inducía a la ansiedad mientras volábamos juntos en su avión Cessna 152. La radiante confianza en sí misma y la belleza de Robbin ese día fueron cautivadoras. Entonces supe lo especial que era y lo asombrado que estaba por sus logros en la aviación. Ella era más que una mujer para mí. Era una mujer de la que me estaba enamorando y entendí lo bendecido que había sido al conocerla. Esperaba que Robbin considerara grato mi ascenso y se convirtiera en una ferviente defensora de mi logro.

La reacción de Robbin ante la noticia fue conmovedora. Robbin y yo nos besamos mientras ella se alejaba suavemente. Ella me miró a los ojos mientras sonreía y asentía con la cabeza con aprobación. "Lo sé", dijo. Puse mis manos sobre sus hombros y las apreté cariñosamente. Ella continuó, "Sé que tendrás éxito. Gracias por ser un socio atento y digno de confianza."

Una vez se citó a Hellen Keller diciendo, "Las cosas mejores y más bellas del mundo no se pueden ver ni oír jamás, sino que deben sentirse con el corazón." Las palabras de Robbin fueron significativamente conmovedoras. Sus palabras simbolizaron en mi corazón y en mi mente que todo estaba bien, que el amor y el perdón pueden hacer que todo sea posible. Como resultado, mi persistente escepticismo y mis pensamientos negativos estaban empezando a disminuir.

Sabiendo que las trayectorias profesionales pueden ser una herramienta eficaz a largo plazo para lograr resultados positivos en el desarrollo y la motivación de los empleados, UPS llevaba a cabo una cena de Orientación para matrimonios jóvenes de nuevos empleados directivos. La reunión ayudaría a navegar las políticas corporativas, las expectativas de rotación laboral, los viajes, las posibles reubicaciones y el equilibrio entre la vida personal y laboral. Robbin y yo disfrutamos de una cena íntima en un elegante restaurante que emanaba elegancia y clase en Walnut Creek. Tom y mi nuevo jefe, Jim Sherman, un veterano de UPS con veinticinco años de experiencia, hablaron de cómo la empresa estaba experimentando un crecimiento increíble y elogiaron que mi oportunidad única era "una oportunidad para toda la vida." Reflexionaron sobre cómo la cultura y el éxito de la empresa se construyeron por la eficiencia y dedicación de sus empleados.

Al día siguiente, en la oficina, Robbin fue la comidilla del edificio esa mañana. Varios asociados masculinos se me acercaron y me dijeron, "¡Edwards, he oído que tienes una esposa increíblemente hermosa!". Como era de esperar, descubrí más tarde que Tom había compartido su opinión sobre la buena apariencia de mi esposa. Como resultado, Robbin podría desempeñar un papel integral en el avance de mi carrera.

La base de mi pensamiento no era cómo el atractivo de Robbin podría ayudarme, sino cómo su participación y apoyo en mi búsqueda profesional serían esenciales.

Ser ascendido a mi primer puesto directivo fue sin duda un momento emocionante. La mayor visibilidad y responsabilidades ofrecieron desafíos estimulantes y también factores estresantes. Como gerente primerizo, la capacitación sería la clave de mi éxito.

Durante el primer mes de mi nueva asignación, volé al pequeño pueblo rural de Atchison, Kansas, el lugar de nacimiento de la famosa aviadora Amelia Earhart. Completaría un taller de "campo de entrenamiento" de capacitación en desarrollo empresarial de UPS de tres semanas de duración en Benedictine Colega. Cuando menciono la frase "campo de entrenamiento" para describir un taller de capacitación de UPS, es porque uno de los principales objetivos de la corporación era enfatizar el proceso de adoctrinamiento de los estudiantes de administración al "estilo UPS."

El estilo de UPS era desangrar la lealtad a la organización a través de la dedicación, la productividad y la atención al detalle. En muchos aspectos, los instructores utilizaban capacitación psicológica para formar a los participantes en un espíritu de cuerpo, inspirando devoción, habilidades de liderazgo, experiencia en métodos funcionales, metas compartidas y disciplina como valores fundamentales para el éxito.

Para asegurar la aceptación organizacional, UPS reclutó a treinta empleados recién ascendidos de casi todas las regiones geográficas de Estados Unidos. Nuestra clase estaba compuesta por veinte participantes masculinos y diez femeninos alojados en complejos de dormitorios estratégicamente separados en el campus. Recuerdo el impacto dinámico de cómo las experiencias compartidas de los colegas y la creación de una estructura organizacional permitieron a nuestro pequeño grupo crear una atmósfera de espíritu de equipo y camaradería.

Los instructores enfatizaron la importancia de representar admirablemente a su distrito. Fue un taller de aprobar o reprobar. Para iniciar el taller y crear la atmósfera de compañerismo y lealtad esperada, el instructor principal hizo que cada participante le diera una introducción explicando quién es usted, qué hace y algo interesante que otros necesitan saber sobre usted. No podía esperar para hablar sobre mi hermosa esposa e hijos.

Fue interesante cómo el espíritu de equipo generó conciencia de pertenencia, interacción humana y conexión que evolucionó hacia una cercanía única entre los asociados. Éramos parte de un grupo particular de personas que compartían puntos de vista personales y no teníamos miedo de mostrar vulnerabilidad. Recuerdo a Daneen, una compañera de clase de Cleveland, Ohio, que se parecía a la actriz de cine y televisión Jane Seymour. Daneen y yo colaboramos durante módulos de capacitación interactivos, que incluyeron escenarios de juego de roles y ejercicios grupales guiados. Rápidamente pasamos de conocidos a un fuerte vínculo de amistad, lo que aumentó mi sensación de cercanía y compañerismo.

Daneen iniciaba la conversación, siempre parecía muy interesada en lo que yo tenía que decir y hacía todo lo posible para mantener nuestras conversaciones e iba felicitándome a menudo. Su lenguaje corporal no verbal indicaba interés a través de caricias juguetonas, contacto visual y sonrisas cálidas y acogedoras de aprobación. Las pistas eran obvias; Daneen se sentía atraída por mí y me sentí gratificado por esta inesperada atención. Fue halagador.

A medida que avanzaban las sesiones de entrenamiento, tenía el deseo de ser el mejor. Siempre he sido competitivo, con pasión por ganar. Mientras nuestros instructores repartían tareas escritas, tenía un gran sentido de urgencia por sobresalir y realizar las tareas. Sabía que tendríamos que recitar las siete etapas del ciclo de ventas palabra por palabra, además de actuar como un vendedor, superando las objeciones de los clientes frente a la clase. Estaba preparado para una noche de estudio. Mis pensamientos y mis estudios fueron interrumpidos por un golpe en la ventana de mi dormitorio alrededor de las 11:00 p.m. Era una Daneen sonriente.

Ella dijo, "Necesitamos practicar nuestro juego de roles y necesito tu ayuda con el ciclo de ventas. ¿Tienes tiempo?"

Asomé la cabeza en una posición incómoda, asentí y me encogí mis hombros, dudando antes de decir, "Claro."

Estudiamos y nos interrogamos hasta altas horas de la madrugada, negándonos a dormir y teniendo tiempo suficiente para prepararnos antes de nuestra sesión de las 8:00 a.m.

Cuando me llegó el turno de recitar y desempeñar mi papel como vendedor mientras manejaba las objeciones de mi compañera Daneen, quería controlar mi entorno presentando una apariencia positiva y asertiva, demostrando procesos de ventas refinados. Mi habilidad, destreza y preparación naturales para las ventas dieron sus frutos. Mi desempeño contrastó marcadamente con el de otros asociados. Recibí aprobación y reconocimiento de mis instructores y compañeros de clase por tener el potencial para ser una estrella en ascenso. Fue algo embriagador.

El refuerzo positivo y el reconocimiento fueron inspiradores y atractivos. Cuando pienso ahora en mi sentimiento de euforia (la absoluta audacia) de la confianza en mí mismo, me motivó a querer causar una impresión dramática y duradera en la organización. No se puede subestimar la magnitud del estímulo deseado. El poder del refuerzo positivo fue un refuerzo natural de la actitud que me hizo sentir bien conmigo mismo. Yo era ambicioso pero realista. lo sabía Fue sólo el comienzo de un largo camino de preparación ejecutiva. Mientras pensaba más en este sentimiento, comprendí que este tipo de apoyo por parte de mi cónyuge estuvo ausente durante la mayor parte de mi relación matrimonial de seis años. Mirando hacia atrás, ahora puedo entender cómo mi deseo de buscar y lograr cosas positivas en el trabajo influyó en mi compulsión por trabajar en exceso. Posteriormente me pregunté, *¿Soy más feliz en el trabajo que en casa?*

Pasar de estar con mis compañeros de trabajo ocho horas al día, siete días a la semana, durante casi un mes, me hizo difícil decir adiós. Compartimos nuestras experiencias de vida y las mejores características de nuestras identidades. Se desarrollaron fuertes sentimientos de parentesco. La despedida fue agridulce.

En el aeropuerto, antes de tomar nuestro vuelo de regreso a casa, Daneen dijo, "Me siento bendecido por haberte conocido, John. Decirte adiós a ti es difícil."

Cuando Daneen extendió la mano, rápidamente la abracé. Cuando nos separamos, le dije, "Que estes bien, haz un buen trabajo y recuerda, los buenos amigos nunca dicen adiós."

Mientras se alejaba, me lanzó un beso y respondió, "Hasta que nos volvamos a encontrar."

Al regresar al Área de la Bahía, no podía dejar de pensar en el tipo de recepción que recibiría de mi esposa, después de haber estado ausente durante tres semanas. ¿Robbin estaría animada con la expresión y el lenguaje corporal del amor? ¿Estaría encantada y ansiosa por demostrarme cuánto me extrañaba? Yo no lo sabía. Sin embargo, sabía que mi alma todavía anhelaba una salvación sin problemas. Quería sentirme emocionalmente seguro.

Después de aterrizar y caminar por el puente de embarque de pasajeros, supe de antemano que Robbin me estaría esperando en el vestíbulo de recepción del aeropuerto. Instantáneamente vi a Robbin mientras su belleza destacaba entre la multitud. Su sonrisa alegre y cautivadora irradiaba un placer genuino porque haya regresado a casa. Fue conmovedor. Robbin estaba elegantemente vestida con una falda larga de seda negra de talle alto hasta los tobillos y una blusa blanca de encaje de manga larga bordada con un colorido diseño de dosel de tallos de vid con frutas. Su elección de vestido fue atenta y reflexiva—el conjunto fue un regalo mío durante nuestra fase de citas antes del matrimonio. Mientras nos abrazábamos, detecté un resplandor de ternura en su contacto visual. Luego compartimos un emotivo beso.

Nunca me sentí cómodo preguntándole a mi esposa si me extrañaba o si todavía me amaba. Hacer esas preguntas me colocaría en una posición de vulnerabilidad que no quería aceptar. La infidelidad socava poderosamente los cimientos de la confianza y crea incertidumbres psicológicas.

Confié en dos simples palabras de tu madre para aliviar mis temores, "Te amo." Esas palabras siempre me consolaron, ya que las interpreté en el sentido de que les ofrezco mi compromiso.

Luego, mientras conducía a casa desde el aeropuerto, tu madre me tocó el hombro y me susurró "Te amo," disipando mis incertidumbres. Se sentía bien estar en casa.

Recibí un buen aumento de salario y nuestras finanzas mejoradas no sólo redujeron algo de estrés, sino que también nos permitieron a tu madre y a mí comprar una casa nueva mucho más grande en 1986. Pagamos $174,000 por una casa de tres dormitorios, dos baños, una casa de 1,750 pies cuadrados en un vecindario exclusivo en Martínez, con un pago inicial del 20 por ciento (gracias a la ayuda de mi suegra, June). Mis únicos ingresos sustentaban cómodamente el pago mensual de nuestra hipoteca mientras tu madre controlaba nuestras finanzas. Es interesante notar que mientras escribía estas memorias en 2022, nuestra antigua residencia familiar principal ahora está valorada en más de un millón de dólares.

Durante los siguientes años, sus primeros años escolares en Valhalla Elementary y Valley View Middle School, su madre y yo volvimos a establecernos en un matrimonio que funcionaba mejor, trabajando juntos para lograr armonía y buenos valores familiares. Estos fueron los años más placenteros y satisfactorios de nuestro matrimonio. Tendrán el recuerdo de muchas de las siguientes experiencias y eventos que anotaré a partir de este momento. Sus recuerdos importan porque, sin ellos, no pueden aprender. La continuidad de lo que fue y lo que creerán tiene una consecuencia.

Cuando ustedes entraron en entornos de aula estructurados, Jessica, primer grado, y Johnny, tercer grado, su madre quiso hacer la transición de la consejería matrimonial a la terapia familiar. La consejería matrimonial fue algo beneficioso para ayudarnos a comprender qué nos estaba lastimando mutuamente y las formas en que podríamos crear patrones saludables para recuperar la confianza. Además, reconocí que nuestras sesiones de terapia matrimonial proporcionaron las herramientas para ayudar en nuestro proceso de comunicación.

Ahora dependía de nosotros. Pero para poder recuperar mi confianza por completo, ambos comprendimos que reconstruirla llevaría algún tiempo. En consecuencia, Robbin creía y sugirió que la transición de la consejería matrimonial a la psicoterapia familiar entre padres e hijos podría ayudarnos a aprender nuevas formas de trabajar con nuestros hijos para mejorar las relaciones y las habilidades de crianza. Estuve de acuerdo.

Tu madre y yo investigamos mucho antes de decidirnos por un psicoterapeuta. Sabíamos que nuestra variedad de problemas requeriría un especialista con experiencia en un enfoque terapéutico integrador. Nuestra elección fue Adrianne Casadaban, PhD, en Lafayette. Durante los siguientes dos años, como familia, vivimos sesiones conjuntas e individuales. El enfoque terapéutico estructural humanista, sin prejuicios, directo y empático de Adrianne nos ayudó enormemente. Lo que más recuerdo de ella es lo segura, analítica y paciente que era al brindar orientación y asistencia claras con un tema desafiante. Tenía una manera de hacerme sentir lo suficientemente cómoda y confiada como para ser abierta con ella.

Durante mi última sesión individual programada, discutimos medidas de consuelo para lidiar con mis continuas pesadillas del engaño conyugal. Recuerdo que ella dijo, "John, quiero que sepas que te admiro y respeto mucho por esforzarte tanto para salvar tu matrimonio y la unidad familiar. Escuchar, ver y aceptar sentimientos negativos nunca es fácil. Más del 50 por ciento de las esposas infieles ya no están casadas con sus maridos. La mayoría de los hombres se habrían ido. Tus pesadillas postraumáticas disminuirán con el tiempo. Mucha suerte para ti y tu familia."

Respondí, "Pondré mucha fe en el versículo de la Biblia. No hay miedo en el amor. Gracias por ayudarnos."

Mientras tanto, nos convertimos en participantes devotos del servicio dominical en la Iglesia Episcopal St. Michaels y Todos los Ángeles. Era necesario adorar y crecer en la fe, junto con la oportunidad para que nuestros hijos entraran en contacto con otras personas que compartieran los valores cristianos.

Además, la iglesia era un lugar seguro para encontrar compañerismo, tranquilidad y apoyo.

Robbin y yo creíamos que conectarnos con Dios a través de la oración y crear un sentido de comunidad para nuestros hijos podría beneficiarlos y ayudar a nuestro matrimonio. En mis oraciones, recordé las palabras de advertencia de Robbin, "El gato está en la cuna."

Durante los siguientes tres años, me ayudó que mi trayectoria profesional fuera estable, experimenté asignaciones de trabajo laterales dentro de las mismas instalaciones, UPS Oakland Hub, para mostrar mis habilidades de gestión de nuevas maneras. Una semana laboral de cuarenta y cinco a cincuenta horas era lo suficientemente razonable como para hacer un esfuerzo consciente por mejorar el tiempo de participación familiar y mostrarles a mis familiares cuán profundamente me preocupaba por ellos. Hice lo mejor que pude para equilibrar mis deberes laborales con mis responsabilidades domésticas.

Al tratar de eliminar las inconsistencias, fui razonablemente diligente a la hora de dedicar tiempo a las pequeñas cosas. Dedicaba tiempo a cumpleaños, días festivos, reuniones familiares, conferencias de padres y maestros, viajes de vacaciones familiares, lectura de cuentos antes de dormir, clases de ciclismo, ayuda con la tarea y actividades normales del día a día. Recuerdo haber intentado fijarme el objetivo de celebrar al menos tres cenas familiares cada semana.

Ser un mejor modelo para seguir se convirtió en una prioridad. Estos primeros años de paternidad me parecieron gratificantes, con muchos momentos divertidos, alegres y preciosos capturados a través de la nueva tecnología de videocámara VHS introducida en 1983.

Por ejemplo, el rostro inocente de Jessica quedó grabado en la videocámara, expresando su preciado y delicioso canto mientras al abrir un regalo de Navidad decía, "Es justo lo que quería. Es justo lo que necesitaba."

Mientras asistía a los partidos de fútbol de mi hija o a los partidos de béisbol de ligas menores y T-ball de mi hijo, revivía los recuerdos de mi infancia a través de mis hijos. Mi hermano Frank y yo incluso encontramos tiempo para ser voluntarios y entrenar al equipo de baloncesto de sexto grado de Johnny. Nunca olvidaré cuando Johnny nos ganó un partido cerrado en los últimos segundos al hacer una maniobra de regate cruzado para pasar a su oponente y anotar la bandeja ganadora. En la reunión del equipo después del partido, mi hijo, entusiasmado, exclamó, "Papá, Tío Frank, ¿vieron cómo puse a ese tipo en patines?"

Durante la década de 1980, esta era la jerga del baloncesto para referirse a superar a un defensor haciéndolo caer. Durante estos momentos compartidos e invaluables, pensé en lo contento que me sentía por mi decisión de seguir casado con tu madre. Te das cuenta de que nada resalta más la alegría de la paternidad que el amor compartido a través de la crianza de los hijos y la unión familiar.

Aprecio que tu madre haya decidido ser ama de casa durante estos años. En consecuencia, no di por sentado que ella sacrificara sus ambiciones profesionales y pusiera a su familia en primer lugar. Tu madre siempre fue buena construyendo una red social de amigos y conocidos para compartir experiencias y encontrar soluciones a los problemas de los demás. El amor de tu madre por ti era profundo y poderoso. Ella no sólo quería compartir momentos preciados contigo, sino que su principal prioridad era tu bienestar y seguridad dentro y fuera de nuestro hogar.

Robbin, siempre la más extrovertido de nosotros dos, rápidamente entabló relaciones amistosas con nuestros vecinos como una opción práctica para proteger y vigilar nuestra propiedad en caso de que nos encontráramos con una emergencia. Como saben, desarrollamos amistades muy cercanas y una participación comunitaria con la familia Ranahan al otro lado de la calle y los Smith a la vuelta de la esquina de nuestra casa. Todos teníamos hijos en los mismos rangos de edad. Nuestra cercanía comprometida con ellos a través de los años aumentó nuestro disfrute y calidad de vida. No creo que fuera una co-incidencia que tuvieras un historial académico y de conducta escolar intachable a lo largo de sus años de escuela primaria.

En el ámbito laboral, mi nuevo jefe, Lenny Weaver, me llamó a su oficina para mi revisión anual de desempeño de 1989. Lenny ofreció comentarios constructivos sobre mis fortalezas y debilidades. Recuerdo que Lenny dijo, "Su desempeño y desarrollo profesional lo han preparado para futuras oportunidades de ascenso. Sin embargo, debes saber que la promoción de la diversidad racial se ha convertido en una prioridad dentro de nuestra organización. A medida que la sociedad se diversifica, nuestra fuerza laboral y las personas que ascienden deben ser diversas."

Le pregunté a Lenny, "¿Qué me recomendarías que hiciera para diferenciarme de otros candidatos?"

"Tu perfil educativo indica que has cumplido dos años de universidad," dijo. "Recomiendo aprovechar nuestro programa de reembolso de matrícula universitaria, regresar a la escuela y obtener un título de cuatro años."

Me pregunté entonces, *¿Por qué aparecía otro potencial desestabilizador mi vida cuando mi matrimonio volvía a la normalidad?*

Esa noche, mientras conducía a casa en el tráfico diario, con cierta inquietud, reflexioné sobre la cuestión de cómo podría equilibrar el regreso a la escuela mientras formaba una familia y continuaba trabajando en la sanación de mi matrimonio. Siempre fue mi prioridad y objetivo aumentar mis opciones profesionales y oportunidades de avance para brindar una vida mejor a mi familia. Tu madre y yo habíamos hablado de regresar a la escuela en algún momento para terminar nuestro trabajo de grado antes de casarnos. Por lo tanto, me acerqué a esta importante empresa, un compromiso de dieciocho a veinticuatro meses, pidiendo apoyo.

Las dudas me surgieron de forma natural, sin saber exactamente cómo podría reaccionar Robbin ante esta solicitud. Sorprendentemente, para ella no se trataba de que yo regresara para terminar la universidad. En cambio, lo que más le preocupaba era su efecto sobre la "participación paterna" con los niños. Ella me recordó que yo desempeñaba un papel insustituible en el desarrollo infantil saludable.

"Si puedes prometerme que pasarás tiempo de calidad con tus hijos, te respaldaré y apoyaré al cien por cien," dijo.

Anticipando esta posible respuesta, le aseguré a tu madre que mi jefe me había dicho que ajustaría mi horario de trabajo para adaptarme al equilibrio entre familia y vida laboral. Sacudiendo la cabeza, tu mamá miró por nuestra ventana arqueada del frente. Ambos entendimos que estaba pidiendo otra interrupción de nuestra rutina familiar. Sin embargo, era algo que yo quería y ella pareció aceptar a medias.

"Después de que termines, quiero inscribirme en el Programa de Educación Continua de Cal State University. Entonces será mi turno. ¿Está bien?"

"Absolutamente,", dije

Unos meses más tarde, recibí una carta de confirmación de St. Mary's College of California de que había calificado y había sido aceptado en el Programa de Gestión Empresarial de su Escuela de Educación Extendida. Debido a la prestigiosa reputación del Programa de Educación Extendida de St. Mary, me sentí honrado de haber sido aceptado, ya que normalmente más de 450 solicitantes solicitan la admisión cada semestre de otoño con solo setenta lugares disponibles. Me alegré mucho porque sólo tendría que pagar varios gastos de inscripción, estacionamiento y libros. El programa de reembolso de matrícula de UPS cubrió todos los demás costos, que ascendían a una factura de veinte mil dólares para el programa de dos años.

El plan de estudios de gestión empresarial requería mucho tiempo y era intensivo. En consecuencia, los cursos de estudio requieren el máximo esfuerzo de aprendizaje debido a limitaciones de tiempo mínimas. El trabajo del curso fue diseñado para proporcionar a los estudiantes un conocimiento práctico de las funciones y principios de la gestión empresarial, incluidos estudios en gestión financiera, economía, matemáticas/estadísticas empresariales, planificación estratégica, fundamentos de liderazgo y gestión de proyectos.

Además, cada estudiante debía completar una tesis para cumplir con el requisito de título de licenciatura. Los temas de experiencia de vida para la disertación debían ser aprobados por el Comité Asesor de la Facultad. Escribir una composición de tesis llevaría mucho tiempo ya que se requerían entre diez mil y veinte mil palabras. Gracias a Dios pude obtener ayuda de nuestra computadora doméstica IBM

PS/2 de un año de antigüedad con el software de procesamiento de textos Microsoft Windows 2.0.

Estoy seguro de que todavía recuerdas a tu querido padre escribiendo a máquina, rodeado de papeles arrugados, libros de investigación y publicaciones académicas esparcidas por toda la alfombra de la sala. Mientras trabajaba duro para componer respuestas a elaboradas tareas escritas en clase, con música clásica de piano sonando melódicamente de fondo, las palabras surgieron rápidamente. Pero al mismo tiempo, requirió un esfuerzo considerable para mantener y cumplir mi promesa a tu madre de no perder tiempo de calidad contigo.

Para ayudar a mantener la armonía de la unión familiar, Robbin y yo acordamos que convertir nuestra sala de estar en una sala de juegos de billar mantendría y respaldaría la colaboración. Nuestro rectángulo alargado El espacio elegante de la sala de estar era una elección perfecta para una mesa de billar, ya que reflejaba la forma de la mesa de juego. Compramos una mesa de billar Talon con diseño antiguo. Estaba repujado con una moldura en forma de huevo y dardo que adornaba el gabinete de roble, mezclándose elegantemente con las patas de garra y bola. Nuestra nueva mesa de billar fue una hermosa adición y una combinación de artesanía con estilo antiguo. Fue una idea fantástica ya que todos pasamos innumerables horas de compañía familiar.

A medida que se acercaba el final de 1990, cuando sólo me quedaban seis meses para obtener mi licenciatura en administración de empresas, estaba extremadamente preocupado por escribir mi tesis mientras escuchaba la cobertura de noticias por televisión sobre la invasión de Kuwait por parte del presidente iraquí Saddam Hussein quien como miembro del Consejo de Seguridad de la ONU aprobó una resolución exigiendo la retirada iraquí. Mientras Estados Unidos llevaba tropas a Arabia Saudita para defenderla contra un esperado ataque iraquí, recuerdo trabajar hasta altas horas de la noche bajo la tenue iluminación de una antigua lámpara de escritorio de banquero mientras su pantalla verde de medio cilindro proyectaba mi sombra sobre la pared opuesta contemplando el futuro de mi familia y el destino del mundo.

Más importante aún, mi suegra, June, su abuela, ahora conocida cariñosamente como "Mama June," estaba hablando de retirarse del Bank of America o, al menos, de comenzar a reducir sus horas de trabajo. Su disposición era ayudar a cuidarlos o ayudar con el hogar. El trabajo fue una bendición y facilitó la vida de todos. Siendo en su mayoría personas hogareñas, su madre estaba ocupada desarrollando el portafolio de modelos de Jessica mostrando y resaltando tu belleza natural durante la semana. Poco después, saliste a realizar sesiones de fotos para JC Penney's y Macy's en los hermosos destinos costeros de Monterey, Stinson Beach y Half Moon Bay.

Durante los fines de semana de primavera, pasábamos la mayor parte del tiempo viendo a Johnny jugar como campocorto en la Liga Pequeña Americana de Concord o viajando a varios destinos para asistir a mis torneos de softbol. Durante los meses de verano, disfrutamos de nuestro recién adquirido Malibu, dentro y fuera de borda, esquí acuático y tubing en el delta del río Sacramento-San Joaquín o de nuestras vacaciones anuales de campamento de una semana en Trinity Lake. Además, a menudo compartíamos cenas con mi familia, incluida una cena tradicional donde hacíamos competencia de grupos jugando el juego de cartas de Corazones. O disfrutamos de un juego de Bunco con nuestro círculo íntimo de amigos—Dennis, Marlene, Bob, Patty (cuyos hijos tenían la misma edad que los nuestros)—y Rob y Christie, nuestros queridos amigos que conocimos en St. Michaels. y la Iglesia de Todos los Ángeles.

Los momentos más notables y los recuerdos amorosos que Robbin y yo compartimos, significativamente grabados en mi mente, fueron durante este período de nuestro matrimonio. Mis pensamientos contemplaron entonces que nuestro matrimonio había resistido la prueba del tiempo.

Como pareja, estábamos trabajando juntos para mejorar las cosas. Robbin y yo habíamos sido puestos a prueba con enormes adversidades y transiciones que cambiaron nuestras vidas, pero parecíamos haber ganado la mitad de la batalla. Habíamos capeado la tormenta. Aprender a vivir con los defectos del otro, perdonarnos y volver a compartir nuestro amor hizo que nuestro matrimonio fuera excepcional y memorable durante esta fase. La promesa original de nuestros votos matrimoniales era sólida. El amor fue recibido y satisfactorio. Dios era bueno.

Inspiró mi esperanza y me recordó una cita que leí una vez en una novela romántica, "Envejece conmigo. Compartamos lo que vemos. Tú y yo tal como somos."

Poco después de graduarme de la Universidad de St. Mary, comenzaron a delegarme tareas laborales intrigantes y más estimulantes que requerían un mayor nivel de responsabilidad. El distrito UPS East Bay era grande y estaba en expansión, abarcando desde Napa hasta Bakersfield. Sin embargo, a mediados de la década de 1980, el segmento de negocios aéreos nocturnos de UPS luchaba por mantenerse a la altura de un competidor formidable, FedEx. Si bien FedEx adoptó la tecnología como una ventaja competitiva, mi organización continuó estudiando los tiempos de los procesos de entrega de paquetes para reducir los movimientos físicos al manipular o entregar los paquetes. Sin embargo, UPS reconoció que Internet y las tecnologías de comunicación globales integradas serían los principales motores que impulsarían el futuro de la expansión y el desarrollo empresarial internacional.

UPS decidió invertir fuertemente en tecnología informática y de comunicaciones avanzada durante este tiempo. El tremendo crecimiento requirió redes de datos, líneas fijas, tele facsímiles y dispositivos de última generación. Equipos de sistemas de conmutación telefónica que se instalarán en instalaciones UPS existentes y de nueva construcción.

Así, fui ascendido de ejecutivo de cuentas a coordinador de telecomunicaciones del distrito. Como administrador de sistema telefónico, supervisé las operaciones de la red telefónica de nuestro distrito. Mis deberes incluían presentar RFP (solicitudes de propuestas), proporcionar una base estándar para evaluar alternativas competitivas para nuevos sistemas telefónicos PBX, brindar soporte de mantenimiento externo, brindar transferencia de conocimientos a los asociados y monitorear la exactitud de los estados de cuenta. Después de pasar un mes de estudios con el anterior coordinador de distrito, me fui a viajar nuevamente a las oficinas corporativas de UPS en Atlanta, Georgia, para asistir a un taller de capacitación en telecomunicaciones de dos semanas.

Me informaron desde el principio que mi nuevo trabajo requeriría un viaje de negocios fuera de casa. Como resultado, se necesitaron varias actualizaciones del sistema telefónico, incluida nuestra oficina de facturación de Visalia, el centro de paquetes Cordelia y el centro de clasificación de paquetes de Fresno. Además, se planearon ceremonias de inauguración para construir un nuevo centro de paquetes en Bakersfield. Cada sitio tardaría entre cuatro y doce semanas en completarse, dependiendo de la complejidad del proyecto.

En general, mi posición avanzada me resultaba embriagadora y estimulante. Dedicaba diez horas al día, cinco días a la semana, mientras dormía en un Holiday Inn o en un hotel Hilton Embassy Suites.

Los viajes de negocios se convirtieron en una de las partes favoritas de mi trabajo. En algunos aspectos, lo describiría como una descarga de adrenalina para experimentar cosas, personas, ideas y descubrimientos nuevos. Como introvertido, nunca me importó tener espacio o tiempo a solas. Debido a que mis primeros diez años de matrimonio estuvieron llenos de acontecimientos agitados que cambiaron mi vida, me sentí cómodo con la distracción y la perspectiva de tener soledad periódica. Disfruté estar solo. Mis horas no laborales de viaje eran tranquilas y enteramente mías. Fue refrescante y liberador.

Mientras estaba fuera de casa por negocios, me encontré más tranquilo, menos temperamental y aprensivo ante la disminución de la intensidad de la vida familiar. Estos buenos sentimientos estaban influyendo en mi subconsciente. Mirando hacia atrás, este fue el punto de partida de mi devoción por el trabajo y el disfrute de estar en la carretera. Mi fijación era no compulsiva por naturaleza. Se trataba de una energía interna apasionada al realizar tareas laborales desafiantes y viajar.

La naturaleza repetitiva de mis largos viajes de tres a cuatro horas a casa desde Visalia, Fresno y Bakersfield por la autopista 99 Norte se convirtió en una rutina. Siempre ansioso por regresar a casa y reunirme con mi familia, tendía a exceder el límite de velocidad al pasar por los huertos de árboles frutales del Valle de San Joaquín. Esos largos viajes impulsaron el catalizador mental para la autoevaluación y la apreciación de la belleza de las vistas, los olores y los sonidos que me rodeaban. Las conversaciones conmigo mismo me hicieron sentir curiosidad por saber por qué apreciaba el estado ocasional de estar solo. Se me pasó por la cabeza que había elegido estar rodeado de familiares y amigos cariñosos. A diferencia de mi hermano Frank, que no podía esperar a mudarse de la casa de nuestros padres para abrir su camino, yo me quedé hasta el día de casarme, prefiriendo ser una forma confiable de apoyo para mis padres. Aunque este fue un pensamiento fugaz y una racionalización de la intención en ese momento, fue una noción de consideración en la que no me detuve.

A pesar de mi alocada agenda, su felicidad exuberante y eufórica por el hecho de que papá hubiera regresado a casa siempre me ponía de un humor alentador y alegre. Por otro lado, la bienvenida de su madre se consideraría desanimada y discreta. Tu madre rara vez compartía sus sentimientos conmigo. Aunque ella apoyó mis ambiciones profesionales y mis viajes de negocios fuera de casa, sentía una corriente subyacente de inquietud en ella. Fue sutil pero consistente y me hizo preguntarme si hubo un cambio en los sentimientos.

Anticipar que mi ausencia haría que su lenguaje corporal exterior y su energía reflejaran la felicidad para hacerme sentir especial, fue aburrido y decepcionante. Recuerdo un sentimiento de angustia. Sin embargo, no vi ninguna razón ni sentido para agregar tensión a mi matrimonio al tener una discusión honesta sobre mis sentimientos internos. No había mucho que pudiera hacer para cambiar nuestras circunstancias actuales. Por eso evité la confrontación. Mi deseo de tener éxito en el trabajo era una prioridad absoluta. No tanto por crecimiento o realización personales sino por respeto al beneficio de mi familia. Mi creencia estaba profundamente arraigada en que el trabajo era un deber del hombre—una obligación. En retrospectiva, evitar la confrontación me protegió de favorecer la naturaleza dolorosa de la verdad previsible. Lo que no pude apreciar plenamente en ese momento fue cómo mi ausentismo de la vida familiar contribuía la soledad de su madre.

Al regresar a casa de mis viajes de negocios, siempre estaba feliz de estar en casa, pero me sentía un poco a la deriva por la vida familiar ordinaria en comparación con la adrenalina de mi trabajo. Para buscar una percepción de normalidad, volvía a la rutina asistiendo a uno de los partidos de béisbol de las Grandes Ligas de Johnny los sábados por la tarde o me unía a Jessica para una de sus sesiones fotográficas de modelaje de fin de semana en Bodega Bay. Más importante aún, después de estar ausente durante varias semanas, podía ver lo rápido que estaban creciendo mis hijos. A medida que pasaban de la escuela primaria a la preadolescencia, notaba los cambios en su apariencia física y cuán diversos se volvían sus intereses y actividades favoritas. Durante esos tiempos, aunque creía en la importancia de seguir una carrera empresarial exitosa, no podía evitar pensar en lo que me estaba perdiendo. Mirando hacia atrás, desearía haber dedicado más tiempo a cultivar nuestra relación. A menudo pensaba o me preguntaba si estaba poniendo demasiada carga de la paternidad en la perseverancia de Robbin. Sin embargo, la presencia constante y amorosa de su abuela, Mamá June, siempre alivió parte de la culpa que sentía.

Mi suegra fue una bendición por su disposición a intervenir siempre y brindarme un apoyo afectuoso. Su influencia dio ejemplo de valores familiares saludables. Para nosotros, ella se convirtió en un modelo esencial a seguir, ya que ayudó a dar forma a nuestra visión del mundo que nos rodea. Siempre respeté la relación de tu madre con su madre y no había duda de que mamá June quería ser un miembro cercano y una colaboradora generosa de nuestra familia.

Antes de que nacieran, como matrimonio joven, era común que su abuela nos prestara dinero, nos colmara de regalos o nos ayudara con los recados. Compartimos una cuenta bancaria conjunta con ella y le entregamos la llave de nuestra casa. En años posteriores, incluso cuando no pedíamos ayuda, estoy seguro de que recuerdas a Mamá June apareciendo sin previo aviso, llegando a nuestra casa con una comida casera o una bolsa llena de comestibles. ¿Pueden pensar en algún momento en el que su abuela no haya sido invitada a nuestros viajes o vacaciones a Rio Vista/Sacramento Delta Waterway? ¿Al Lago Trinity o embalse de Salt Springs? ¿Recuerdan cuando a Mama June no la animábamos a asistir a alguna fiesta o evento social en nuestra casa? Con el tiempo, no pude evitar sentir que su asistencia y participación ilimitadas en nuestras vidas se estaban volviendo dominantes e infringían nuestra autonomía e independencia. Me vi en la difícil y nada envidiable posición de considerar una discusión potencialmente conflictiva con mi cónyuge o mi suegra sobre nuestros derechos matrimoniales para preservar la privacidad y los límites respetuosos.

Después de muchos años de evitar discutir este problema, finalmente decidí expresar cortésmente mis preocupaciones explicándole de pasada a tu madre, "Entiendo lo cercana que eres a tu madre. Sin embargo, necesitamos definir nuestros límites. ¿Estás de acuerdo en que ella descuida con demasiada frecuencia nuestro privilegio de disfrutar del espacio personal? No quiero dejar fuera a tu madre. Sin embargo, soy tu pareja y también necesito tu amoroso apoyo."

Tu madre escuchó y reconoció mis preocupaciones, pero no tengo idea si alguna vez le entregó mi mensaje a su abuela, ya que nada parecía cambiar. Mientras ambos se preparaban para ingresar a la escuela secundaria, esto seguía siendo una persistente corriente subyacente de resentimiento. Particularmente durante los últimos años de nuestro matrimonio. Mi descontento tenía un aura de realidad de que este problema nunca se resolvería. Mirando hacia atrás, debería haber reconocido que mi súplica no fue tomada en serio ya que tu madre no tenía ningún deseo de comunicar mi exasperación. Mi esfuerzo por expresar mi creciente descontento había caído en oídos sordos. Se me ocurrió que tu madre podría estar perdiendo interés en mí.

En tales circunstancias, considerando que habíamos vivido la consejería matrimonial y la terapia familiar, estaba algo perdido en cuanto a buscar la solución perfecta al asunto en cuestión. Me colocó en la posición de estar sujeto a tomar una decisión. No quería tomar decisiones apresuradas basadas en nociones preconcebidas o conocimientos limitados. Por lo tanto, decidí juzgar cualquier suceso intrusivo futuro según sus méritos.

En consecuencia, siguiendo mis instintos, tomé el camino de menor resistencia, pensando que tomar un curso de acción conciliador sería mejor.

Mientras tú, Johnny, ibas a comenzar tu primer año en la escuela secundaria College Park, tu madre se estaba inscribiendo en el Programa de Educación Continua de la Universidad Cal State, ansiosa por completar su licenciatura de cuatro años en ingeniería mecánica.

Su madre quería esperar para ingresar a este programa hasta que se sintiera segura de que ustedes tenían la edad suficiente y podían quedarse en casa sin supervisión. Aunque su madre confiaba en su nivel de madurez física y emocional para que los dejaran solos, hacía que Mamá June pasara a verlos periódicamente cuando ambos estábamos fuera por períodos prolongados.

En cuanto a que su madre siguiera y terminara su educación universitaria, apoyé plenamente su crecimiento personal y profesional. Antes de casarnos, ambos abrazamos valores compartidos sobre la importancia de la educación. Nunca me sentí ambivalente o aprensivo acerca de que su madre continuara su educación. Trabajamos juntos con metas y estrategias establecidas para alcanzar los objetivos de sus aspiraciones. Su madre me apoyó en la escuela y me recordó que era su turno. Era una carga que estaba feliz de compartir. Varias veces, le brindé ayuda escrita a su madre, completando sus trabajos de ensayos universitarios. Mis intenciones de mostrar mi apoyo incondicional fueron virtuosas y fieles. Mis pensamientos eran muy animados, pensando que brindar aliento y medidas de apoyo para ayudar a Robbin a realizar su sueño daría dividendos hacia una mejor relación y un mejor futuro para nuestra familia.

En los días siguientes, recibimos la noticia de que nuestros venerados amigos de la iglesia, Rob y Christie se mudaban fuera del estado. Rob recibió una oferta de promoción laboral de su empresa que requería mudarse al estado de Washington. Saber que nuestros buenos amigos se estaban mudando fue inquietante. Además de nuestra amistad, teníamos una conexión espiritual profunda y disfrutábamos reunirnos y compartir experiencias de vida. Recuerdo que tu madre solía declarar durante una invitación a nuestra casa: "Necesitamos nuestra dosis de Rob y Christie." Como era de esperar, la reacción de su madre fue de profunda tristeza y retraimiento emocional. Al no tener control sobre las circunstancias, su madre se enfrentaba a cómo ver y sentir la situación. Recuerdo haber escuchado a Robbin cuando les preguntó desesperadamente a Rob y Christie por teléfono: "¿Es esto definitivo? ¿Tienen tiempo para reconsiderar o rechazar la oferta?". El tono de la pregunta de tu madre transmitía un amor profundamente arraigado por nuestros amigos y su dolorosa percepción del abandono y la pérdida.

En ese momento, no pude evitar leer entre líneas. Mis instintos humanistas y rudimentarios de análisis psicológico se hicieron cargo cuando pensé en las tristes emociones de Robbin y en cómo podrían tener un significado oculto que fue intencionado, pero no dicho directamente. Recuerdo haber temido, ¿la pérdida de esta amistad podría afectar nuestro matrimonio?

El proverbio "La retrospectiva es 20/20," que significa que es más fácil comprender las implicaciones de algo una vez que ya ha sucedido, es tremendamente relevante. Mirando hacia atrás, este fue el comienzo de muchos incidentes sutiles pero desconcertantes que indicaban que el amor de tu madre por mí estaba disminuyendo y volviéndose inaccesible. Tomando prestada una frase lírica de la cautivadora canción de Gordon Lightfoot, "If I Could Read Your Mind", me estaba convirtiendo en un fantasma que ella ya no podía ver. Desafortunadamente, no me di cuenta de esta degradación lo suficientemente pronto. En cambio, sucedió de manera lenta pero constante a lo largo del tiempo. Como resultado, la dulzura que solíamos compartir se estaba convirtiendo en nada más que dolor.

Temeroso de confrontar mis intuiciones negativas, me retraía o me retiraba a un lugar más seguro. Mi subconsciente me protegería justificándome con explicaciones, diciéndome, *No te enfrentes a esta posible realidad. Este sentimiento de abandono emocional e indiferencia pasará. Mi apego y amor por mi esposa era significativo. La idea de perder de nuevo a su amor sería insoportable.* Bueno o malo, era mi manera de salvaguardar mi relación con tu madre. Sabía que, si volviera a perder el amor de tu madre, sería un amor que nunca volvería. Mi forma de pensar era que cualquier conexión es mejor que ninguna conexión. Este patrón de esperar a que pase la tormenta sin ninguna intervención comunicativa se repetiría una y otra vez.

Mientras tanto, mi carrera ascenso en la escala corporativa, con sus ausencias prolongadas, se volvería aún más frecuente. Estimular nuevos avances, asignaciones corporativas y viajes internacionales a distintos destinos fueron comunes durante sus años de escuela secundaria. Estoy seguro de que ambos recuerdan que UPS pagaba los viajes familiares, el hotel y Gastos de comida para que ustedes y su madre pudieran visitarme durante el tiempo libre del fin de semana, ya fuera durante mi asignación de nueve meses en Atlanta en la sede corporativa de UPS o mi estadía prolongada en Vancouver, Columbia Británica, mientras ayudaba a los abogados durante una expansión comercial internacional o mi período intermitente de dos años en San Luis Obispo ayudando a coordinar y gestionar la puesta en marcha de un nuevo centro telefónico. Estas nuevas oportunidades y destinos emocionantes permitieron a mi familia disfrutar y vivir nuevas experiencias. Aprecié los esfuerzos de UPS por mantener un equilibrio sostenible entre el trabajo y la vida personal de mi familia. Ciertamente disfrutamos de los brunch en el Cliffs Hotel en Shell Beach o de nuestras deliciosas cenas de bistec juntos en el famoso F. McLintock's Saloon and Dining House en Pismo Beach a sus expensas.

Al estar tan a menudo fuera de casa, intenté que sus visitas fueran memorables y únicas. En cuanto a su madre, sabía que mis viajes lo hacían aún más desafiante ya que ella estaba entrando en las etapas finales para completar su trabajo de grado universitario. Como resultado, a menudo la sorprendía al contratar a una masajista privada en el Hotel Cliffs para un masaje táctil profundo y nutritivo.

Al entrevistar al masajista con anticipación, quería asegurarme de que el entorno físico del espacio de la habitación tuviera el tipo de decoración que tranquilizara a mi esposa, haciéndola sentir cómoda y relajada. Quería que todo fuera perfecto. La tenue iluminación natural de la habitación y la incorporación de elementos relajantes como plantas decorativas, piedras, aromas de velas, almohadas decorativas y una fuente de agua tintineante cumplían con mis expectativas de un entorno tranquilo y fluido. Como gesto romántico, preparé que dejaran una cálida tarjeta de felicitación cerca de la camilla de masaje con un ramo fresco y un surtido de trufas de chocolate con una botella de champán Moet & Chandon Brut con hielo. Por encima de todo, quería que mi nota de amor expresara la ternura y el anhelo emocional que tocaban mi corazón durante este momento.

El día antes de su llegada, me quedaba despierto hasta altas horas de la noche mientras el resto del mundo dormía, estaba sumido en profundos pensamientos, esforzándome por pensar en las palabras adecuadas para provocar una reacción amorosa de tu madre. Consideré cuánto teníamos que superar para enmendar nuestro matrimonio y cómo seguía teniendo la sensación de que había un gran vacío en nuestra relación. Ese algo faltaba. De repente, pensé en la pureza y la sencilla inocencia de la compañía con mi novia de la infancia, Nancy.

Recuerdo cuando abrió suavemente la palma de mi mano izquierda para asegurar su último mensaje afectuoso antes de alejarse. Y cómo sus palabras, "Estás aquí," escritas a mano dentro del dibujo de un corazón, habían despertado mis emociones más profundas, esperando que mi reflexión sentimental y la frase cuidadosamente escrita tuvieran algún impacto en Robbin. Los recuerdos de mi infancia inspiraron las palabras escritas en mi corazón dibujado con crayones. "No hay ningún lugar en el mundo en el que preferiría estar que aquí en tu corazón."

No puedo decir que mis palabras tuvieron mucho impacto aparte de fortalecer mis corazonadas subconscientes negativas, ya que Robbin nunca mencionó mi mensaje escrito. Ella me agradeció y reconoció cuánto disfrutó la naturaleza relajante y la liberación de tensiones del masaje. Sin embargo, no buscaba gratitud ni una explicación de los resultados calmantes y satisfactorios que produjo el masaje. Sea como fuere, quería que mis palabras escritas dieran lugar a una conexión más profunda con mi esposa. Quería cariño mutuo. Mi esposa no pudo o no le importó satisfacer mi necesidad básica de sentirme amado, de que me cuidaran o de que me valoraran como compañero de vida al ignorar por completo mi mensaje. Fue doloroso y minó mi sensación de confianza en nuestra felicidad futura.

¿Conocen la famosa frase "Lo que es bueno para la oca es bueno para el ganso"? Significa que lo que es bueno para un hombre es igualmente adecuado para una mujer o lo que un hombre puede tener o hacer, también lo puede tener o hacer una mujer. Después de graduarse de la universidad, la búsqueda de independencia y autodeterminación de su madre rápidamente la llevó a conseguir un trabajo en H.D. Rueb, una empresa de ingeniería estructural con sede en Pleasant Hill. Ahora que las limitaciones se habían eliminado, la vida se volvió mucho más liberadora y ella tenía la promesa de algo más. Las cosas que había echado de menos y sacrificado durante la maternidad—una carrera gratificante, viajar y contribuir a la sociedad—ahora estaban disponibles.

No importa la dinámica de nuestra relación, nunca tuvimos un bloqueo en la comunicación con respecto a su deseo de completar una carrera de cuatro años con título universitario o reinsertarse en la fuerza laboral. Siempre la animé y la apoyé, apoyando todos los aspectos que involucraban su realización profesional. Mis acciones hablaban alto y claro de que apreciaba sus contribuciones a la maternidad y estaba comprometido con su felicidad. El fluir rítmico de la hipótesis "Esposa feliz, vida feliz" resonaba en mi mente.

Mientras pensaba más en nuestro futuro juntos, una cosa que quedó clara fue que tendría que llegar a un acuerdo para tender puentes para mantener nuestra compatibilidad. O, al menos, evitar que nos separemos. Después de casi quince años de matrimonio, fue evidente que Robbin y yo empezábamos a reconocer que no hay dos personas iguales. Como resultado, constantemente me doblegaba y retorcía en pensamientos incómodos, racionalizando, reprimiendo e ignorando la dolorosa realidad de que mi esposa podría dejar de amarme.

Pensé, *¿Nuestras diferencias podrían conducir eventualmente a la disolución?* Y reflexione sobre la pregunta, *¿Nos casamos demasiado jóvenes?*

Cuando nos enamoramos, todo lo que nos rodeaba nos resultaba atractivo, estimulante y encantador. Estábamos tan atraídos el uno por el otro que descartamos y reprimimos cualquier pensamiento de que una falla o incompatibilidad particular pudiera hacer saltar la alarma. Al comienzo de nuestra relación, recuerdo que no podíamos soportar ir a ningún lado sin el otro. Sin embargo, con el paso del tiempo, poco después de que el matrimonio y los hijos llegaran a nuestras vidas, algo cambió. Nuestras identidades fundamentales asumieron nuevas responsabilidades y prioridades, lo que llevó a una falta de conexión dentro de nuestra relación durante varios años. No puedo evitar pensar o especular que, a pesar de los defectos que yo tenía en la mente de tu madre, a ella le resultaba cada vez más difícil tolerar mis inadecuadas limitaciones. Quería algo diferente que pudiera explicar su justificación o necesidad de tener una relación extramatrimonial. Sin embargo, en mi caso el amor no fue ciego. Amaba a tu madre incondicionalmente. Como dije anteriormente, ella era el amor de mi vida. Por eso no quería perderla y quería aferrarme a la esperanza del amor.

No hay nada peor que el amor no correspondido. Cuando le das tu corazón y tu alma a alguien y no parece importarle o cuando los amigos se convierten en una prioridad o cuando tu cónyuge ignora cualquier deseo de pasar tiempo a solas contigo, es dolorosamente atormentador. Ahora, con mucha más sabiduría y razonamiento reflexivo, no puedo evitar creer que la traición de la infidelidad me arrojó abruptamente al sesgo psicológico de darle más crédito a lo que me estaba causando dolor en nuestra relación en lugar de felicidad.

Robbin dejó de querer compartir conmigo, dejándome con la sensación de que podría intentar separarnos intencionalmente. Ella no estaba emocionalmente disponible, robando así la alegría de mi vida. Fue una hambruna emocional sutil pero penetrante. Mis instintos iniciales percibieron las señales mientras soportaba un dolor contenido pero constante.

Durante los últimos tres años de nuestro matrimonio, su madre buscó una parte importante de sus necesidades emocionales fuera de nuestra relación. Ya sea el tiempo que pasó con su madre, viajes de cuatro días para estar con sus mejores amigos, Kim y JB, en San Diego, o disfrutar de tiempo de calidad con amigos en lugar de conmigo durante nuestras excursiones de vacaciones familiares. Su madre parecía estar más feliz cuando salía con ellos. Lamentablemente, su madre no echó de menos mi presencia en su vida. Como resultado, constantemente me sentía arrastrado hacia la ansiedad de la decepción, la desilusión y el abandono. La visión del mundo en el que pensé que viviría, con alguien con quien deseaba envejecer, se estaba desvaneciendo.

Mientras estábamos de vacaciones familiares en el embalse de Salt Springs, ¿alguna vez se preguntaron "¿Por qué mamá va a pescar con Bob McArthur en lugar de papá?" o "¿Por qué no podemos ir juntos como familia a visitar a Kim y JB a San Diego? ¿Por qué mamá va sola?" Supongo que observaron las interacciones de su madre conmigo en varios momentos y las encontraron completamente diferentes a la versión idealizada que esperarían de una pareja casada amorosa. ¿Con qué frecuencia notaron a su padre sentado solo, proyectando una sombra desde las llamas brillantes y crepitantes de la fogata mientras estaba en nuestro campamento tradicional en Trinity Lake? Recuerdo esperar horas a que su madre regresara de pasear con sus amigos. Esperaba, sintiéndome ansioso por querer hacer el amor con mi esposa hasta que finalmente me quedaba dormido en nuestra tienda—solo.

El desapego emocional y el abandono son dolorosos. Me sentí inútil y no deseado por mi pareja. La falta de consideración y conciencia para satisfacer mis necesidades de apego emocional me hizo sentir abandonado y no amado. Consideré si la falta de conexión de mi esposa conmigo era resultado de sus heridas de apego derivadas de su relación incestuosa con su padre. Racionalicé que, con toda probabilidad, su madre nunca aprendió a tener una relación de apego saludable en la infancia, lo que influyó en su comportamiento en la edad adulta. Debido a la sensibilidad de su trauma infantil, comunicar mi teoría a su madre era inviable en mi mente. Sería difícil expresar una justificación vaga de su conducta y podría empeorar las cosas.

Por lo tanto, decidí seguir viviendo un matrimonio infeliz. Siempre querer creyendo que las cosas mejorarían, su seguridad o la amenaza de daño al privarlos a ambos de una familia nuclear segura influyó en mi decisión de aguantar.

Con la esperanza de que llegara un buen día para recordarnos por qué nos enamoramos, se acercaba nuestro decimoquinto aniversario de bodas. Queriendo hacer que Robbin se sintiera especial y que ella era una prioridad, seguí mis planes para pasar una escapada romántica de fin de semana en el Alila Ventana Big Sur Luxury Hotel. El hotel estaba ubicado entre Carmel y San Simeón, con unas vistas espectaculares e inigualables de las montañas de Santa Lucía, el bosque de secuoyas y la costa del Océano Pacífico. Sin que yo lo supiera en ese momento, Robbin estaba haciendo planes para que nos uniéramos a Kim y JB en un crucero de Royal Caribbean a Baja, México. El hecho de que Robbin quisiera pasar nuestro aniversario de bodas con amigos fue una clara indicación y una señal de alerta de que tu madre estaba perdiendo interés en mí y en nuestro matrimonio. Pasar tiempo de calidad a solas con tu pareja es un sello distintivo de una relación amorosa y floreciente. Es la base para mantener el romance, la intimidad y una conexión emocional significativa que la mayoría de las parejas casadas disfrutan en un día tan especial. Cuando mi esposa sugirió que pasáramos este día especial con amigos, fue una bofetada aleccionadora que me hizo reconocer que algo andaba muy mal.

Robbin dijo con empatía, "Nunca hemos estado en un transatlántico. Siempre quise hacer un crucero. Vayamos al Alila en otra ocasión."

Comunicar tus sentimientos es fundamental para una relación. Sin embargo, el fundamento de la confianza que se hace añicos por el adulterio es difícil de superar. Construyes muros emocionales protectores que no te permiten divulgar las partes más profundas de tu corazón y tu mente. Como resultado, me sentí marginado, como si ya no tuviera ninguna influencia en la toma de decisiones de mi esposa. Comunicar mis deseos y necesidades se convirtió en un tema de segundo plano.

Cualquier respuesta negativa o argumentativa a la solicitud de Robbin podría causar un problema. Por lo tanto, era más seguro dejar de expresar mi total decepción. Desafortunadamente, caí en el mal hábito de internalizar mis sentimientos y abstenerme de comunicar mis ansiedades. Ajustarse al estatus quo era más seguro que enfrentar el miedo al rechazo o a un matrimonio fallido.

Al elegir una compañera de vida, buscaba a alguien que ofreciera la conexión emocional y la seguridad que los humanos buscan y necesitan—empatía, amistad, solidaridad, pasión y propósito. En su significado más puro, el matrimonio permite que la unión de dos personas prospere y proporcione un mayor sentido y propósito a la vida.

Siempre he creído que el matrimonio es un acto transformador que trasciende las emociones del día-a-día. El matrimonio es el comienzo de una familia y un compromiso para toda la vida. Además, el sacramento del matrimonio es un pacto que refleja la unión entre Dios y su iglesia. En otras palabras, vale la pena luchar y salvar incluso un matrimonio tóxico si ambos cónyuges asumen ese compromiso.

Al mismo tiempo, cuando el matrimonio no va bien, cuando su vínculo y sus sentimientos han pasado por largos períodos de apatía e indiferencia, experimentan el dolor del desapego emocional y una profunda sensación de aprensión. Mi instinto me decía que mi matrimonio estaba en riesgo. Desafortunadamente, nuestro crucero de cuatro días por México no hizo nada para aliviar este miedo.

Robbin pasó la mayor parte de su tiempo con Kim y JB. Incluso el apego más básico que un marido esperaría de su esposa era inexistente. La falta de emoción y la preocupación por mi necesidad de recibir el amor y la aceptación eran palpables. Su necesidad de pasar tiempo con los demás era un problema latente. Mi sentimiento de profundo rechazo fue angustioso y doloroso. Se me estaba formando un doloroso agujero en el corazón.

En verdad, aunque pensé que había resuelto algunos de estos problemas a través de nuestras sesiones terapéuticas conjuntas y encontrando seguridad financiera (después de sólo nueve años de haber sido promovido a una carrera gerencial de UPS, ahorramos más de un cuarto de millón de dólares en acciones de UPS y fondos de 401K), me preguntaba cómo podría reparar o sobrevivir a un matrimonio complejo y enredado que funcionaba mal.

La presencia de conflicto entre su madre y yo nunca fue un problema. Rara vez estábamos en desacuerdo o discutíamos. ¿Recuerdan alguna vez un arrebato o una pelea entre su madre y yo respecto de nuestra relación insatisfactoria? La respuesta obvia sería no. Supongo que la mayoría de las parejas que valoran su matrimonio, pelearían o no estarían de acuerdo de vez en cuando porque consideran que su relación es valiosa. Luchas por tu sensación de ser amado y respetado. Por el contrario, su madre nunca luchó por nuestro matrimonio mientras yo me aferraba al status quo, sin querer causar disturbios.

Un ejemplo de que su madre que no luchó por nuestra relación ha quedado grabada para siempre en mi banco de memoria.

Durante una reunión de amigos en una discoteca de Walnut Creek, una mujer atractiva se acercó a nuestra mesa mientras Robbin estaba en el baño de mujeres. Se sentó en el asiento de Robbin a mi lado y dijo en un tono juguetón y coqueto, "Debe haber algo mal en mis ojos. No puedo quitártelos de encima."

Me reí y seguí su ejemplo como algo inofensivo y divertido. En consecuencia, al principio esto acompañó a algunas bromas casuales, pero dio lugar a que me hiciera algunas preguntas personales que me hicieron sentir incómodo. Señalé el dedo anular de mi mano izquierda, indicando que estaba casado. De repente, Robbin regresó a nuestra mesa sin siquiera pestañear porque otra mujer estaba coqueteando conmigo mientras ocupaba una silla vacía. Los celos nunca son saludables en una relación. Sin embargo, siempre me molestaba que Robbin dirigiera su atención hacia otros hombres o viceversa.

Tener celos significaba que me importaba y amaba a mi esposa. Sin embargo, en esta situación, su madre ni siquiera pensó dos veces en que una mujer hermosa estuviera coqueteando conmigo. En cambio, le dijo con incredulidad algo como esto a la mujer, "Adelante, pásala bien." La respuesta emocionalmente distante de mi esposa fue insoportablemente dolorosa. Arrancó mi seguridad emocional.

Su madre y yo nos volvimos retraídos por diferentes motivos. Mirando hacia atrás, supongo que su madre se retrajo porque se sentía resignada porque no valía la pena el esfuerzo de salvar nuestro matrimonio, porque había perdido la esperanza y ya no me amaba. En comparación, me retraje de mi deseo de proteger y mantener nuestra relación. En cambio, prefería la soledad o mis ambiciones profesionales como distracción de mis preocupaciones. En algunos aspectos, me sentí abrumado por sentimientos de que no era lo suficientemente bueno, lo que exasperó mi necesidad de sentirme seguro, dando lugar a la evasión y a la búsqueda de aislamiento. Las emociones de indignación eran cruelmente sentidas. Por lo tanto, me volví idealista en mi silencio y tristeza, esperando lo mejor. Empecé a desconectarme para reducir el estrés.

Unas semanas después de nuestro regreso a casa después del crucero, recibimos una noticia terrible. Nuestros mejores amigos, Dennis y Marlene Voss, se mudaban a Kent, Washington. Dennis había aceptado una oferta de traslado de su empresa de transporte de contenedores. Recuerdo sentirme profundamente triste cuando Dennis me informó por teléfono sobre su nueva oportunidad laboral. Dennis fue mi mejor amigo durante esta etapa de mi vida. Teníamos mucho en común y él siempre tenía una manera de hacerme sentir feliz. Se sentía como un hermano para mí.

Como saben, Dennis y yo compartimos nuestro amor y alegría por el béisbol mientras su madre y yo jugábamos en su equipo mixto de softbol durante varios años. Disfrutamos de las vacaciones familiares, practicamos esquí acuático en Trinity Lake o jugamos a las cartas en su casa. La amistad de Dennis y Marlene fue un regalo ya que nuestras familias participaron en muchas reuniones memorables. Consideraba que su amistad era vital para el bienestar de mi matrimonio. Eran nuestras anclas a la normalidad. Su mudanza fue una pérdida devastadora e irremplazable que exacerbó una relación ya frágil entre su madre y yo.

Comencé a canalizar la mayor parte de mi ambición hacia mis compromisos profesionales ya que mi trabajo me daba un descanso de las presiones de una pareja desinteresada. El trabajo me distraía de las exigencias de la vida hogareña y de la actitud desapasionada que toleraba de su madre. En el trabajo me reconocían y me sentía apreciado. No recuerdo un momento en el que mi esposa me agradeció por ser trabajador y meticuloso al ayudar con las tareas domésticas, como lavar la ropa, limpiar, lavar los platos o mantener el jardín delantero y trasero. En el trabajo, era aclamado y recompensado por mis esfuerzos a través de ascensos, aumentos salariales, y elogios de mi jefe. Mis relaciones e interacciones en el trabajo fueron emocionalmente estables, positivas y satisfactorias. Por ejemplo, era gratificante cuando los asociados jóvenes buscaban mi consejo y guía. En muchas ocasiones, esto llevaría a relaciones cercanas que darían lugar a socializar durante la pausa del almuerzo o fuera de horario para discutir temas relacionados con el trabajo, volviéndose más ameno que regresar a casa. Ya no corría a casa después del trabajo porque mi trabajo reforzaba mi identidad y mi necesidad de sentirme valorado y respetado.

Durante los meses siguientes, este patrón negativo se repitió. Atrás quedaron los días en los que esperaba y no podía esperar a llegar a casa para estar con mi bella esposa. El ritual diario de pasar tiempo de calidad con mi esposa, hablar de nuestros respectivos trabajos y de sus experiencias en la escuela secundaria con una copa de vino desapareció. En cambio, mi hogar se convirtió en un espacio de silencio incómodo y amor no compartido. Mis mecanismos de defensa se intensificaban cuando mi suegra me visitaba tres o cuatro veces por semana. Cuando llegaba a casa a una hora normal después del trabajo, a menudo veía su Honda Accord estacionado frente a nuestra casa. Mi suegra, demasiado involucrada, estaba cruzando límites, lo que provocó un creciente resentimiento y amargura. Me cuestionaría y diría, *Jesús, esto es demasiado. ¿Por qué viene tan a menudo?* Finalmente, mi creciente animosidad, frustración y estrés hicieron que evitara entrar a mi casa después de un largo día de trabajo después de ver su vehículo estacionado en nuestra entrada.

Buscando refugio, terminaba en el estacionamiento de Arnold Drive McDonald's o Taco Bell disfrutando de una comida Big Mac o un Cheesy Gordita Crunch mientras escuchaba la radio KNBR Sports, y me quedaba quieto hasta que sabía que ella se había ido. Llegar tarde a casa era mi forma de evitar la confrontación.

Me encontré en este estado de abstinencia no debido a la disminución del amor por mi esposa o al pensamiento de que mi Robbin no valía la pena el esfuerzo. En cambio, mi reacción interna al no estar vinculado emocionalmente o no ser amado por su madre elevó mis defensas psicológicas. Siempre quise ser el héroe de Robbin. La vergüenza y el miedo de no ser digno de su amor fueron desgarradores y me impulsaron a alejarme y protegerme contra intensos sentimientos de rechazo. Tenía miedo de que expresar mis sentimientos o pensamientos fuera descartado o le llevaran a decir "Quiero el divorcio." Estábamos en un punto muerto. Me sentía sumido en un estado de desesperanza porque su madre no mostró ningún interés en nuestro matrimonio.

Buscando ayuda o consejo sobre relaciones, comencé a pasar tiempo en una sala de chat de las redes sociales que ofrecía soporte las 24 horas, los 7 días de la semana para discutir problemas de relaciones dentro de una comunidad de participantes imparciales. Bien o mal, pensaba que este sería un lugar seguro para abrir el corazón de forma anónima sin la intimidación de que alguien te juzgara. Era una alternativa para buscar consejo de otras personas que experimentaban dificultades similares sin revelar mi identidad. Comencé a explorar un sitio en línea llamado "Chat en línea de ayuda para relaciones anónimas." Descubrí que la mayoría de las personas que se unieron se sentían muy cómodas compartiendo las dificultades de sus relaciones y siendo receptivas a recibir orientación práctica. Nunca estuve de acuerdo ni me sentí incómodo con que el chat en línea fuera como "engañar a mi esposa" y lo mantuve en secreto. Sólo cuando una mujer en particular comenzó a mostrar interés y a hacer preguntas personales, como "¿Cómo eres? ¿Está casado? ¿Cuál es tu ocupación?" condujo a insinuaciones sexys. Inmediatamente decidí dejar de participar.

Sólo menciono mi decisión de utilizar una sala de chat durante esta fase de nuestro matrimonio para revelar lo desesperado que estaba por obtener opiniones y conocimientos de otras personas que enfrentaban obstáculos similares en sus relaciones. Necesitaba conexión e interacción humana. Hay un momento en nuestras vidas en el que nuestros valores y sistemas de creencias se ven fuertemente desafiados. Te sientes perdido, sacudido y fuera de control. Luché por cómo afrontar el miedo, la miseria, la inseguridad y la tristeza de perder potencialmente al amor de mi vida y nuestro vínculo familiar.

Mientras nos acercábamos al final de la temporada navideña en 1994, pensé en que las fiestas tienen como objetivo celebrar los valores que nos unen en la vida. Esperaba que la felicidad y la unidad de la Navidad ayudaran a revitalizar nuestro aprecio por la presencia de los demás en la vida. Para inspirar y despertar una atmósfera de amor y bondad, reflexioné sobre cómo recrear este sentimiento en el corazón de Robbin. Mi contemplación me hizo recordar una escena celestial que su madre y yo experimentamos en el restaurante Christiana Inn durante nuestra luna de miel. Mientras mirábamos por la ventana de nuestra mesa con marco de madera, esperando que llegara nuestra cena, notamos que un manto blanco de nieve comenzaba a acumularse en el suelo y los pinos circundantes. Quedamos paraliza-dos de asombro mientras veíamos lo hermosa que era la nieve, revo-loteando con tanta elegancia y gracia. La belleza de ese momento nos dejó sin aliento cuando la fascinante visión de la naturaleza retrató el deseo de nuestro amor humano compartido esa noche.

Mi inspiración para despertar nuestro vínculo de amor me llegó al instante.

¡Música! El lenguaje universal.

Mi imaginación era utilizar la música como una ventana a la región más profunda de mi corazón y como expresión para la expia-ción de mi desesperación. Tenía la esperanza de que la secuencia de sonidos y palabras atractivos de la melodía influyeran en las emo-ciones de Robbin, creando una percepción ilusoria de la importancia del amor que alguna vez tuvimos. Sin duda me recordarás tocando repetidamente la siguiente canción hasta altas horas de la noche antes del día de Navidad. Ahora entenderás por qué al leer la siguiente letra:

Mundo invernal del amor
Engelbert Humperdinck

Mi amor los días son más fríos
Entonces déjame tomar tu mano
Y guiarte a través de una tierra blanca como la nieve
Mi amor, el año es mayor Así que déjame abrazarte
fuerte mientras estás fuera esta noche de invierno.
Veo la luz del fuego en tus ojos
Ven a besarme ahora antes de que muera
Encontraremos un mundo invernal de amor
Porque el amor es más cálido en diciembre
Querida mía, quédate aquí en mis brazos
Hasta que llegue el verano
Y en nuestro mundo invernal de amor
Verás, siempre recordaremos
Que mientras la nieve yacía en el suelo
Encontramos nuestro mundo invernal de amor
Porque las noches son más largas
Tendremos tiempo para decir cosas tan tiernas.

Antes de que cada día se desarrolle
Y luego cuando el amor es más fuerte
Quizás le entregues tu corazón
Y prométeme que nunca nos separaremos, oh, no
Y al final de cada año, estaré muy feliz de tenerte cerca.

Con el paso del tiempo nada cambió. En consecuencia, se volvió difícil ignorar algunos de los indicadores más preocupantes de que algo andaba mal a medida que las visitas de la suegra se hicieron aún más frecuentes. No pude evitar pensar que Robbin estaba hablando de nuestra infelicidad matrimonial o planeando poner fin a nuestro matrimonio con su madre. Más de una vez, me sentí incómodo, como si hubiera entrado en una conversación privada en la que su madre o su abuela dejaban de hablar abruptamente o bajaban la voz, porque no querían ser escuchadas. La confianza de Robbin en los consejos de su madre para la toma de decisiones o el apoyo emocional me hizo sentir insignificante e ignorado. Pensé, *¿Por qué no podemos tener la libertad y la autonomía para tomar nuestras propias decisiones? ¿Por qué Robbin le pide dirección a su madre en lugar de a mí?* Estoy seguro de que mamá June no tuvo ningún problema en ofrecer la sabiduría solicitada. Sin saber de qué estaban hablando, no pude evitar sentirme amenazado por la actitud y el comportamiento de mi esposa. En realidad, las acciones de Robbin comunicaban una falta de respeto por mi juicio y por ser parte de su vida.

Fuera de nuestras onerosas circunstancias matrimoniales, mi trabajo en UPS fue estimulante. Después de haber completado asignaciones especiales en Canadá y México, se me asignó un nuevo puesto de trabajo con líderes senior en la Oficina Regional de UPS en Pleasanton como coordinador de concientización del Congreso del distrito de East Bay. Mis responsabilidades incluían una amplia gama de tareas administrativas y de promoción que apoyaban las relaciones gubernamentales y una legislación acelerada que podría afectar potencialmente a nuestra industria.

El puesto requería varios aspectos de seguimiento de la legislación de la industria del transporte, asistencia a reuniones públicas del Congreso, cabildeo local, articulación de la posición de los defensores sobre cuestiones complejas de política federal de transporte y suministro de hojas y memorandos informativos. Además, trabajé con miembros de la Cámara de Representantes de Estados Unidos, los congresistas George Miller, Pete Stark y Victor Fazio.

Fue estimulante aprender más sobre nuestros procesos políticos y legislativos. El congresista Miller, en particular, me enseñó cómo los líderes de los partidos en cada cámara suelen planificar y coordinar la acción del Congreso. Además, una vez que se promulga una ley, el Congreso tiene la prerrogativa y la responsabilidad de supervisar la implementación de la política.

Mi base de perseverancia personal y construcción de relaciones me llevó a muchas reuniones cara a cara sostenidas con el congresista Miller y su personal en su oficina de distrito local en Martínez. Manteniendo y estableciendo contactos consistentes, hice arreglos para que el congresista Miller visitara nuestro Centro de entrega de paquetes de Concord UPS. Al devolverle el favor, el personal del congresista Miller me invitó a su fiesta anual de cumpleaños en el hotel Concord Sheraton, lo que me permitió conocer a otras luminarias políticas demócratas notables, como Diane Feinstein, Barbra Boxer y Nancy Pelosi.

En muchos sentidos, mi trabajo satisfactorio me proporcionó el único entorno de apoyo en el que podía sentirme segura y apreciada. Asignaciones emocionantes, compañeros de trabajo respetuosos y colegas que trabajan juntos para alcanzar metas ayudaron a renovar mi autoestima y mi sentido de propósito. Mi experiencia laboral fue satisfactoria en comparación con mi estresante y problemática vida matrimonial. Esos pensamientos permanecieron conmigo a medida que dedicaba más tiempo a perseguir mi éxito profesional.

Fue justo en ese momento que recibí una llamada telefónica al trabajo inesperada, pero que me hizo reflexionar, de Daneen, mi amiga y asociado de UPS de Cleveland, Ohio. No había sabido nada de ella desde que nos despedimos en el Aeropuerto Internacional de Kansas City. Su voz era suave, seductora y sugerentemente coqueta. Después de actualizarnos mutuamente sobre nuestras trayectorias profesionales y vidas personales en UPS, ella preguntó con curiosidad, "Entonces, ¿todavía estás felizmente casado?"

Después de una breve pausa, sintiéndome incómodo y sin querer responder esa pregunta honestamente, pensando rápido, pensé que el humor podría darme un respiro. Respondí con una frase de Henny

Youngman, "¿Sabes lo que hice antes de casarme? Todo lo que quise." Funcionó.

Daneen se rio y cambió de tema. Ella dijo, "Volaré al Área de la Bahía en un par de semanas para visitar a mis familiares. ¿Puedes apartar algo de tiempo para pasar el rato o ir a cenar?"

Sonreí y respondí, "¡Por supuesto, es una cita!"

Después de colgar, me senté en mi oficina, tratando de darle sentido a mis emociones encendidas. Me sentí electrizado por la anticipación. No podía esperar para pasar algún tiempo con Daneen. Mirando hacia atrás, presumo que la descarga de energía positiva y la propuesta de conexión proveniente de una mujer distinta a mi esposa fue cautivadora y, en algunos aspectos, seductora. Después de soportar años de necesidades insatisfechas, rechazo y desprecio por parte de mi esposa, debo admitir que mi deseo de sentirme amado y experimentar los encantos afectuosos de una mujer llenó con entusiasmo mi decisión de considerar cometer infidelidad por primera vez. Luego comencé a planificar para hacerlo realidad.

Comencé a justificar las razones por las que quería cometer un pecado mortal y romper el pacto de mis votos matrimoniales. Mis pensamientos nunca fueron sobre represalias u ojo por ojo. Se trataba de que mis necesidades no se cubrían en el matrimonio. Pensé que a *Robbin probablemente no le importaría si me desviaba de todos modos.* Ese tipo de pensamiento o razonamiento es un potente motivador. ¿Cómo es posible que mi corazón no se conmueva? Recé a Dios por mi ambición. La Biblia enseña, "La sangre que Jesús derramó en la cruz cubre todo pecado." Racionalizar que "todo pecado" debe significar que incluso la infidelidad es perdonable, pedí de antemano la absolución a Dios con el corazón arrepentido.

Como estaba previsto, esto inició varias conversaciones telefónicas íntimas y sostenidas con Daneen. Estaba satisfaciendo mis necesidades románticas, excitándome con nuestros intercambios lujuriosos.

"Confía en mí. Me encanta que estés casado. Me atrae la idea de ser tu amante," dijo Daneen.

"Eres buena. No, eres mala," le dije.

"La resistencia es inútil. Apreciaré tu recuerdo sin ropa para siempre," respondió Daneen.

"Hasta que nos volvamos a encontrar," dije.

En silencio, mientras tú, Jessica, te preparabas para comenzar tu primer año de escuela secundaria y Johnny, su tercer año, yo planeaba llevar a Daneen a pasear en bote un sábado por la tarde con mi hermano Frank. Más tarde, para nuestra aventura de una noche, conseguí una cena y una reserva de suite ejecutiva en el Lafayette Park Hotel.

Quiso el destino y la suerte que la planificación funcionara perfectamente mientras su madre disfrutaba de un fin de semana con Kim y JB en San Diego. Me sentí cómodo y confiado al revelarle el alcance de mis intenciones a Frank cuando él se convirtió en mi único confidente de confianza, manteniéndolo al tanto de todos mis dilemas matrimoniales. Frank siempre me respaldaba cada vez que me colocaba en una posición precaria. Además, incluir a Frank en mi plan proporcionaría una "cobertura" y una excusa para eliminar sospechas.

En una hermosa y cálida tarde de sábado de principios de septiembre, Daneen y Frank se reunieron conmigo en la rampa de embarque de Hogback Island Boat, que brinda acceso al delta del río Sacramento. La misma zona de recreación acuática que disfrutamos en familia una y otra vez. Con sus áreas de picnic cubiertas de hierba que descendían hacia el canal del delta, Hogback siempre fue un lugar de paz para mí. Estar rodeado de agua y escuchar las ondas del barco chapoteando en la costa o el sonido de los barcos de esquí pasando, zumbando, era un santuario relajante.

Daneen lucía atractiva cuando llegó con su bikini negro y un traje tipo kimono de playa largo, transparente, con cordones blancos. Con un sombrero de paja de ala ancha y gafas de sol de diseñador Ray-Ban, era una visión sensual del glamour y belleza. Quedé cautivado en su cálido abrazo mientras nos saludábamos. Entonces me di cuenta de que Frank, en su habitual modus operandi, miraba fijamente con la boca entreabierta.

Disfrutamos del tiempo ininterrumpido, del cálido sol sin nadie alrededor, solo nosotros y el agua tranquila. Después de turnarnos para practicar esquí acuático, saboreamos los sándwiches caseros, las galletas saladas, el queso asiago y el vino merlot que Daneen nos sirvió mientras flotábamos río abajo.

Al ser besada por el sol, la piel de Daneen absorbió un hermoso brillo radiante. Mientras Daneen y yo nos mirábamos profundamente a los ojos, todo lo que nos rodeaba se desvaneció. La noté mordiéndose sugerentemente el labio inferior mientras su mirada pensativa se fundía en una suave sonrisa. Nuestra mirada duró varios segundos sin decir una palabra, conectando nuestra humanidad. La promesa de amor estaba escrita en su rostro. En consecuencia, mi respiración se hizo más rápida a medida que aumentaba la tensión sexual. Finalmente, con una sensación de anhelo, llegó el momento de irnos y prepararnos para nuestra cita para cenar.

Elegí el Lafayette Park Hotel por su ambiente cálido y acogedor. La decoración era ecléctica y acogedora con un toque romántico europeo. El comedor privado adoptaba sofisticados tonos y formas de madera acentuados por una chimenea de piedra cercana, un bar y apliques de pared estilo cabaña, lo que creaba un ambiente relajante y pintoresco. Nuestra pequeña mesa redonda e íntima para dos estaba cubierta con un lujoso lino blanco y centrada con un candelabro de vidrio bañado en oro que agregaba decadencia y una hermosa dimensión a la mesa. Mientras sacaba su silla, Daneen comentó y aprobó la elegancia atemporal de la atmósfera del restaurante y el lujo de sus exuberantes y profundas sillas. Cuando nuestro camarero se acercó, sirvió el champán que había pedido con antelación sin decir una palabra.

Daneen lucía sexy y elegante con su vestido con volantes y espalda abierta. El material transparente y el diseño asimétrico con un ligero escote en V que dejaba al descubierto un poco de escote eran impresionantes.

Primero, la felicité diciéndole, "Tu belleza no puede ser ignorada." Luego brindé, "El champán es conocido por tener efectos positivos en las mujeres."

Daneen respondió, "Sólo bebo champán cuando estoy enamorada."

Las palabras de Daneen, "Cuando estoy enamorado," me encontraron de repente perdido en mis pensamientos mientras agitábamos nuestras copas y tomábamos un sorbo del burbujeante. De repente, mis pensamientos originales de tener un encuentro sensual se vieron interrumpidos por un sentimiento de culpa extrema. El brindis de Daneen llegó a lo más profundo de mi psique. Por un momento, el tiempo se detuvo. Entonces mi introspección me hizo preguntarme, *¿Qué demonios estás haciendo?*

Mi mal juicio, oportunidad y falta de autocontrol me trajeron aquí, me dije. En ese momento, por muy problemática que fuera mi relación matrimonial, me di cuenta de que mis acciones serían hirientes, inapropiadas y equivocadas. Entrando en razón, comprendí que nunca podría alejarme emocionalmente de la idea de romper mis votos. No quería causarle a Robbin ningún dolor. La acción de engañar no es una respuesta válida a la insatisfecha conexión emocional insatisfecha con mi esposa. Determiné que no hay justificación para la infidelidad. Amo a mi esposa.

Después de cenar, cuando entramos en la lujosa suite ejecutiva, mostré la llave de la habitación y le dije a Daneen, "Disfruta de tu estancia."

Con una mirada agria de desilusión, preguntó, "Vas a unirte a mí, ¿verdad?"

"No, no quiero hacer esto. Lo siento si te he engañado,", respondí.

Daneen permaneció inmóvil durante varios segundos. Luego, con ojos de "cachorrito", inclinó ligeramente la cabeza con una expresión agradable pero que evocaba lástima y dijo "Por favor, quédate," extendiendo la mano.

Cogí su mano, la estreché con fuerza y respondí, "Dejemos esto como un emotivo recuerdo amour."

Mientras Daneen me soltaba la mano y cerraba lentamente la puerta, dijo, "Si alguna vez nos volvemos a ver." Besó la palma de su mano y sopló en mi dirección antes de cerrar la puerta.

Durante el trayecto de vuelta a casa, no podía dejar de pensar en cómo mi emoción conflictiva, el deseo y la expectativa de compartir alguna intimidad con alguien que no fuera mi esposa podría haber amenazado potencialmente mi matrimonio. Aunque decidí no tener contacto sexual con Daneen, todavía violaba el principio de compañía monógama que tanto valoraba. Fue el único punto en mi vida cuando mis valores y sistema de creencias fueron desafiados. Le fui emocionalmente infiel a Robbin al buscar satisfacción afectiva en otra parte. Crucé la línea y sentí remordimiento por mi falta de convicción. Nunca le conté mi momento de debilidad a su madre.

Pasaron unos meses más mientras nuestro ciclo negativo de desconexión mutua permanecía sin examinar y sin cambios, lo que afectaba nuestra felicidad. Ninguno de nosotros intentó validar nuestros sentimientos. Su madre nunca se puso a culparme, a criticarme, a amenazarme o a decirme cómo mejorar o cambiar. En cambio, ella no respondió y parecía no estar dispuesta a abrirse y compartir sus sentimientos. Aunque las cosas parecían sombrías, todavía esperaba que tuviéramos la oportunidad de influir en las cosas hacia una conexión más segura.

Una cosa era segura: semana tras semana, sentí que el aire se iba del globo de nuestra relación. Pero luego, cuando nos llegó la noticia de que nuestros amigos cercanos, Bob y Patty, estaban solicitando el divorcio, sentimos como si el globo de nuestra relación se hubiera desinflado por completo. Recuerdo que su madre tuvo largas conversaciones con Patty, compartiendo ideas sobre sus sentimientos y actitudes respecto al divorcio. Temía que sus conversaciones llevaran a Robbin a creer en los beneficios de la separación, lo que eventualmente podría influir en ella y obligarla a volverse más receptiva al divorcio. Mi único pensamiento tranquilizador fue que nuestros hijos y mantener unida a nuestra familia eran más importantes y contrarrestarían la peligrosa viabilidad de nuestro matrimonio.

A principios de marzo de 1996, tenía una sensación abrumadora o sexta sentido de peligro íntimo de que el fin de mi matrimonio era ineludible. Mi clarividencia y precognición quedaron confirmados. El más mínimo rayo de luz al final del túnel se convirtió en oscuridad total cuando su madre pidió el divorcio.

Las cámaras de mi corazón nunca habían sentido tanta tristeza. Como mencioné en mi introducción, estaba emocional y físicamente asombrado. Mis dolorosas emociones me catapultaron a una etapa de negación. No quería aceptar el hecho de que mi matrimonio estaba terminando. Intenté negociar con su madre para salvar nuestro compromiso de vida mutuo. Devastado y sintiéndome golpeado y maltratado mentalmente, una sensación de dolor y pérdida acompañó mis pensamientos mientras consideraba cómo sería la vida sin el amor de mi vida. No quería despedirme. Separarme de su madre comprometería una parte importante de mi identidad emocional.

Robbin no mostró esperanzas de reconciliación. El dolor que sentí midió con precisión cuánto amaba a su madre. Después de una semana de súplicas y obstinada persistencia en oponerme al divorcio, mi solicitud finalmente tuvo éxito cuando Robbin organizó una reunión con el padre Tom en la iglesia St. Michaels y Todos los Ángeles. Su madre insistió en que fuéramos en diferentes vehículos a la consulta concertada. Tenía la esperanza de que el padre Tom me impartiera algunos consejos espirituales sobre la santidad del matrimonio que revertirían y sanarían la mentalidad de su madre. La salud de mi familia era de suma importancia. Yo era optimista de que el Padre Tom encontraría una dirección y una solución común para que pudiéramos trabajar hacia un acuerdo de nuestras diferencias al explicar lo que la iglesia enseña sobre el sacramento del matrimonio.

Debido a la seriedad de la solicitud de su madre de reunirse con el padre Tom, supuse que celebraríamos nuestra reunión en un entorno formal, como su rectoría o la oficina de la iglesia. Pero en cambio, las puertas se abrieron al salón de reuniones coloquial de la iglesia. La oleada de un olor sucio y humeante a flores viejas y cera para azulejos se mezclaba con el ambiente deprimentemente frío y húmedo. La habitación completamente desocupada hizo que mi anticipación optimista se convirtiera en una desesperada duda cuando el padre Tom acercó un par de sillas apilables de metal.

Mientras tomaba asiento, Robbin decidió pararse junto al padre Tom. Después de un saludo informal, el Padre Tom inició nuestra reunión con una oración. Nunca olvidaré las palabras iniciales de su oración,

> *Dios de infinito amor y comprensión, derrama tu*
> *Espíritu sanador sobre John, mientras reflexiona sobre*
> *el fracaso de su matrimonio y hace un nuevo comienzo.*

Como era de esperar, esas palabras fueron sorprendentes cuando mi ira comenzó a hervir a fuego lento. Supuse que Robbin y el padre Tom se habían reunido de antemano y decidido cómo orquestar la narrativa de la reunión. Una parte de mí quería levantarse, agarrar al padre Tom e implorar, "¿De qué estás hablando? ¿Un matrimonio fallido? ¿Un nuevo comienzo?" Sin embargo, teniendo respeto por el clero, mis mejores ángeles decidieron que agarrar a un clérigo sería impropio e inapropiado. Sin embargo, sus palabras me obligaron a levantarme abruptamente de mi silla cuando notó mi expresión de resentimiento.

Cuando terminó, fue mi turno de hablar. Empecé desde el principio y conté la historia de lo que nos unió y lo que primero nos atrajo el uno del otro. Me mantuve optimista y expliqué los aspectos alentadores y las cualidades que admiraba de Robbin y cómo nos enamoramos y dimos origen a nuestra herencia familiar. Insté a la reconsideración y la reconciliación, advirtiendo que las cicatrices y consecuencias del divorcio perturbarían nuestras vidas y las de nuestros hijos para siempre. Insistí en que el divorcio debilitaría los vínculos entre nuestros hijos y nosotros. Finalmente, afirmé que nuestros problemas matrimoniales no eran puntos sin retorno.

Le dije, "Amo a mi esposa y quiero que nuestro matrimonio funcione."

El padre Tom le preguntó a tu madre, "Robbin, ¿te gustaría responder?"

En lugar de hablarme directamente, Robbin se acercó al padre Tom y se llevó la mano a la boca mientras le susurraba algo al oído. Recuerdo que el lenguaje corporal y el comportamiento de Robbin mostraron resistencia cuando el padre Tom dijo increíblemente, "John, Robbin ya no te ama."

Eso fue todo. Con mi ira ahora hirviendo, las heridas infligidas a mi corazón estaban sangrando. Salí en silencio. Es difícil exagerar cuán irrespetuosas y devastadoras fueron esas palabras de un hombre que debe actuar como mediador y representante del ser divino. En lugar de construir un puente entre Dios y mi humanidad, decidió hablar en nombre de Robbin con un tono insultante. ¿Por qué su madre no tuvo el coraje de decirme esas palabras? Sólo puedo imaginar que tu madre le dijo al padre Tom mientras le susurraba al oído, "Ya no lo amo."

¿Alguna vez han escuchado la frase "la última gota que colmó el vaso", que significa que una serie de eventos desagradables te hacen sentir mal? ¿Sientes que ya no puedes tolerar situaciones dolorosas? En otras palabras, la elección de acción de su madre, su indiferencia y su total desprecio por mi amor por ella rompieron mi corazón, mi espíritu y mi voluntad de seguir luchando por mi matrimonio. Finalmente me di cuenta de que reparar nuestro matrimonio era inútil y que muchas preguntas quedarían sin respuesta.

Era optimista de que su madre y yo podríamos trabajar juntos para minimizar el dolor emocional y el costo financiero que puede causar el divorcio. Mirando hacia atrás, recuerdo nuestra primera reunión para discutir la división de bienes personales, cuentas de jubilación, posesiones, acciones de UPS y fondos de 401k y la custodia de los hijos.

Sentado en la barra del bar de TR's en el centro de Concord, solicité la custodia de los niños al cincuenta por ciento. Además, le pedí a su madre que no adjuntara mis ingresos de jubilación de UPS a través de una Orden de relación doméstica calificada (QDRO). Estuve de acuerdo con todas sus otras demandas.

Mi razonamiento estaba justificado. Su madre no tuvo que trabajar durante la mayor parte de nuestro matrimonio, yo pagué su título de educación continua y ella era hija única y recibiría una lucrativa herencia de su madre. Por el contrario, yo provenía de una familia numerosa con otros cuatro hermanos y el patrimonio de mis padres sería exiguo ya que nunca pudieron invertir dinero en planificación financiera. Sin embargo, mis esperanzas se hicieron añicos cuando recibí los papeles de divorcio (petición y citación) del abogado de Robbin citando diferencias irreconciliables y sus apelaciones irrazonables.

Desafortunadamente, esto me llevó a un divorcio contencioso y disputado, ya que tuve que buscar y contratar asesoría legal. Aunque su madre presentó una petición de divorcio por diferencias irreconciliables "sin culpa" también exigió un porcentaje excesivo de manutención conyugal y custodia de los hijos y no renunciaría a sus derechos. Al no estar de acuerdo con las solicitudes de Robbin, traté de razonar y hacer las paces con ella para evitar costosos honorarios de abogados y litigios judiciales. Ella lo rechazó. Incluso la mediación fracasó. Hasta el día de hoy, nunca entenderé qué causó la agresividad y la falta de voluntad de su madre para hacer concesiones. Era como si estuviera tratando de castigarme intencionalmente. ¿Por qué? Acepté divorciarme. A lo largo de nuestro matrimonio, incluso durante la incomunicación, siempre la traté con el mayor respeto y consideración. En mi corazón, creo que su abogado, feliz con los litigios, intensificó deliberadamente sus conflictos emocionales, controlando la actitud de Robbin e influyendo en su deseo de luchar, con motivos discutibles para aumentar el valor del caso para llenar su billetera.

Después de gastar más de diez mil dólares innecesarios en honorarios legales para protegerme de una futura excónyuge intransigente, comenzó nuestro procedimiento judicial de divorcio. Posteriormente, después de algunas declaraciones personales inadmisibles y ridículamente presentadas por el abogado de Robbin, la sentencia final del juez falló a favor de los argumentos orales de mi abogado de que una cantidad menor de manutención conyugal estaba justificada y me decretó un porcentaje de custodia de los hijos del cincuenta por ciento.

El divorcio es una transición brutalmente dolorosa y que cambia la vida. Puse toda mi confianza en Robbin. Todo me parecía abrumador mientras intentaba hacer frente a graves cambios emocionales. Los siguientes meses los pasé lamentando la pérdida de la mujer que atesoraba y adoraba.

Ella me dejó. La promesa y el compromiso que compartimos a lo largo de los años quedaron rotos. Sabía que nunca volvería a ser el mismo. Los temas clave del desamor, la tristeza, el dolor y el arrepentimiento sonaron repetidamente en mi corazón. Ahora estaba solo. Mi autoestima e identidad estaban ligadas a mi amor por su madre. Sin embargo, cuando los miré a los ojos, pude ver la preocupación y la tristeza escondidas dentro de sus almas. No tuve más remedio que empezar a superar un matrimonio fallido.

A lo largo de los años transcurridos desde mi divorcio, ambos fueron testigos o escucharon hablar de mis luchas con la fragilidad humana—dos matrimonios más, dos divorcios más que abarcaban quince años de fracaso predestinado.

Luchando por encontrar alguna conexión y soñando que podía iniciar un nuevo comienzo de ternura amorosa, me convertí en el gran emancipador, en el salvador de cargas. Buscando revitalizar mi autoestima y mi valor personal, comencé a asumir los problemas de dos madres divorciadas que no tenían mis mejores intereses en mente. Caí en el patrón de tener mucha empatía por los demás que estaban sufriendo. Quería que me necesitaran. Yo era intuitivamente consciente de sus vulnerabilidades, así que me lancé para ser su caballero de brillante armadura, pensando que, al salvar a otros, podría salvarme a mí mismo del dolor emocional de mi pasado.

No escuché sus advertencias. Jessica dijo, "Papá, Donna no se preocupa por tus mejores intereses. Ella es una sugar baby." O cuando Johnny cuestionó mi sentido común después de que le pedí a Dora que se casara conmigo, "Papá, ¿qué diablos estás haciendo? Ya no te conozco."

Habiendo atado mi vida tratando de salvar a otros, me rebelé contra sus llamamientos. Sus palabras me dolieron profundamente y provocaron una reacción en cadena hacia la alienación. Con una sensación de temor al suponer que estaba perdiendo a mi hijo, le pregunté si sería mi hombre de honor en mi boda. Recuerdo su vacilación inicial y su incómoda desgana, pero su aceptación gradual. En consecuencia, nuestro distanciamiento se hizo más pronunciado a medida que cumplí la petición de Dora de mudarme más cerca de su familia en Texas.

Mientras escribo la historia de mi vida y comparto mi viaje a través de la multitud de transiciones desordenadas de la vida, no puedo dejar de pensar en una cita que leí recientemente, de Tupac Shakur, que captura mis sentimientos a la avanzada edad de setenta años.

La muerte no es la mayor pérdida en la vida.
La mayor pérdida es lo que muere por dentro en vida.

Mis sueños y esperanzas murieron dentro de mí cuando tu madre me pidió el divorcio. Algo se rompió por dentro cuando mi hijo dijo "ya no te conozco." El divorcio pone fin a los sueños y expectativas y fractura los lazos familiares. El distanciamiento, en muchos sentidos, es una muerte lenta que te desmorona. Los recuerdos especiales que parecerían durar para siempre se ven inundados de confusión y auto-evaluación. Con tantas preguntas sin respuesta, me preguntaba si su madre alguna vez me vio como el hombre que era. Cuando Robbin me miraba a los ojos, ¿podría saber qué había dentro? ¿A ella alguna vez le importó? Es difícil expresar con palabras la profundidad de mis sentimientos de disfunción, pena y dolor. Perder el amor de su madre es una angustia que perdura.

¿Por qué ella dejó de amarme? ¿Fui una vergüenza para mi hijo y mi hija? ¿Por qué mis hijos se resisten a pasar tiempo conmigo?

Tupac tenía razón. La pérdida más significativa es la que muere por dentro. Tener que lidiar con divorcios múltiples y alienación de los hijos acortará mi esperanza de vida. Varias veces a lo largo de los años he pensado, *¿Por qué o cómo me pudo pasar esto a mí? Amo a mi exesposa y a mis hijos.* Descubres que nada es más doloroso ni sitúa tu vida más claramente en un punto de vista retrospectivo que la pérdida del amor de una esposa y un hijo. Mi abandono de parte de ustedes es resultado directo y consecuencia del dolor de perder al amor de mi vida.

Al igual que su madre, nunca me comunicaron que alguna vez los decepcioné. Nunca me dijeron que no estaba ahí para ustedes. Nunca dijeron "Papá, te necesito." Se olvidaron de expresar tus sentimientos. Durante los primeros años de mi matrimonio con Donna, hice todo lo que estuvo a mi alcance para incluirlos a ambos en nuestras vidas. Sin embargo, ambos se resistieron la mayor parte del tiempo. Tan pronto como expiró la manutención de los hijos, ambos decidieron volver a vivir con su madre, quien decidió comprar una casa con su nuevo esposo, Tom, dentro del callejón sin salida, a menos de quinientos pies de nuestra casa de la esquina. Durante mis ocho años de matrimonio con Donna, nos considerábamos afortunados si podíamos disfrutar de su presencia diez veces al año. A Donna y a mí a menudo nos dejaban con el saludo en la mano mientras cuidábamos el paisaje de nuestro patio delantero y ustedes pasaban rápidamente en sus vehículos. O tener que lidiar con la tristeza desgarradora cada vez que veo a su madre y a Tom juntos mientras conducían.

Por eso, también durante las vacaciones nos concedían aproximadamente una hora de su precioso tiempo. Por lo tanto, sus largas ausencias y fallos en la comunicación nos hicieron sentir aislados, irrelevantes y no esenciales. Nunca recibí una llamada telefónica de ninguno de ustedes preguntándome, "Oye, Papá, ¿qué vas a hacer hoy? ¿Les gustaría ir a desayunar juntos o tal vez al cine?"

Durante mis días de literatura inglesa en la universidad, se requería la lectura del icónico novelista alemán Thomas Mann. Una cita suya famosa parece apropiada, "El habla es la civilización misma. La palabra, incluso la más contradictoria, preserva el contacto—es el silencio el que aísla."

Fue difícil para mí no pensar que su madre podría haber soca-
vado mi relación con ustedes, provocando largos períodos de silencio.
¿Mejoró a su nuevo cónyuge para que fuera más un padre para ustedes
al concentrarse en los días malos que compartió conmigo mientras ignoraba los buenos? Aunque nunca quise creer esto, me di cuenta de
que me había rebajado como un padre distante e indiferente. Cuando comienzas a cuestionar tus dudas y tus pensamientos vagan hacia
los elementos más desconfiados de la naturaleza humana, resalta la
lucha interna que vives mientras lidias con la falta de comunicación,
el aislamiento, las emociones y el dolor que generan el divorcio y la
alienación de los padres.

Una vez que ambos decidieron mudarse para asistir a la universidad, supe que nuestro tiempo juntos sería aún más escaso. Hice
todo lo posible para mantenerme en contacto por teléfono o ayudar-
les a escribir algunos ensayos. Durante las vacaciones escolares, noté
una relación ligeramente mejor cuando Johnny nos invitaba a mi hermano Frank y a mí a unirnos a él y a algunos de sus amigos en el pub
de billar local. O Johnny me acompañaría a ver el partido de los 49ers
en la casa del tío Frank. Cuando las hijas de Donna ingresaron a la
escuela primaria, Jessica desarrolló una relación cercana con Lauren y
Chelsea. Sin embargo, siempre sentí una niebla de escepticismo con
respecto a Donna. Su nivel de confianza y la aceptación sobre ella
nunca se materializó.

No descarté los sentimientos con los que podrían haber tenido
que lidiar mientras intentaban adaptarse a que su madre y su padre
decidieran volver a casarse. Sentí las emociones de Johnny el día que
me casé con Donna. Fue una rara ocasión en la que mi hijo rompió
a llorar mientras me abrazaba y decía: "Te amo, papá". Mis instintos
me dijeron que la tristeza de mi hijo procedía de la comprensión de
que nunca volvería a reunir a su familia nuclear original. Jessica, por
otro lado, había construido una relación tan estrecha con su madre
que creo que Donna siempre sería vista o considerada una extraña en
su mente. Desafortunadamente, sólo puedo especular porque no nos
acercamos y comunicamos estos sentimientos inherentes.

A medida que pasaron tres años más, seguimos en el mismo
ciclo de visitas poco frecuentes, pocas llamadas telefónicas y conexión
humana. Su indisponibilidad fue muy problemática y me hirió pro-

fundamente. Vi esto como otra traición. Lamentablemente, durante este tiempo, no pude asistir a la ceremonia de graduación de mi hijo de la Universidad Estatal de San Diego porque estaba fuera de la ciudad por un trabajo para UPS. Aunque le hice saber a Johnny con anticipación que no podría hacer los arreglos de vuelo a tiempo para asistir, estoy seguro de que la decepción de mi hijo y su agitación era indescriptible. No ayudó que Johnny me avisara tarde de la fecha de graduación, sólo una semana antes. No obstante, esto exacerbó una relación ya frágil con mi hijo y mi hija.

Después de pedirle el divorcio a Donna—debería haber escuchado sus advertencias anteriores—evolucioné hasta culpar a los demás, racionalizar excusas y justificar mis acciones. Estaba fuera de lo normal cuando intenté hacer frente a dos transiciones que cambiaron mi vida nuevamente. Me sentí confundido, herido, invalidado e incomprendido. De hecho, esto eventualmente llevó a que casi no tuviera contacto con mis hijos. No hubieron llamadas telefónicas ni visitas durante un período prolongado. Empecé a preguntarme, *¿Por qué mis hijos se han vuelto contra mí? ¿Qué hice mal? ¿Robbin estaba usando tácticas de coerción para convencerlos de que yo no era un buen padre? ¿Cómo contribuí a la necesidad de distanciamiento de mi hijo?*

Sin mucha demora, un año después conocí a mi tercera esposa, Dora, que trabajaba como enfermera en el Hospital Mt. Diablo en Walnut Creek. Poco después de que me jubilara de UPS en 2008, después de treinta y cuatro años de servicio, al cabo de seis meses estábamos viviendo juntos y planificando nuestra boda y, finalmente, nos mudamos a San Antonio, Texas. Independientemente de las razones, voluntarias o involuntarias, sabía que mi decisión tendría profundas implicaciones que potencialmente podrían alterar más seriamente nuestra conexión mutua. Cuando le informé a mi hijo que me iba a casar nuevamente y que tenía planes de mudarme, fue cuando de manera alarmante me preguntó, "Papá, ¿qué diablos estás haciendo? Ya no te conozco."

Esas palabras cortaron mi alma como un cuchillo de sierra, mi hijo, a quien amo, anuló mi existencia. No sólo me sentí herido, sino que también sentí resentimiento e ira. Sus palabras indicaron que yo había fallado y que no estaba ahí para él. ¿Gatos en la cuna?

Sin duda, las palabras de mi hijo influyeron en mi idea de alejarme de mi familia. Siendo reservado y reflexivo, sensible a la crítica o el rechazo, mi mudanza a San Antonio podría brindarme una salida y un escape de mi confusión emocional. De repente, mi atención se centró en una nueva vida. Esperaba con ansias mudarme a mi nueva mini mansión de 4.800 pies cuadrados y comenzar una estimulante carrera gerencial en Enterprise Holdings Inc. Nuestro distanciamiento comenzó a funcionar. A toda velocidad ya que mi reacción emocional amplificaría los peores instintos de la toma de decisiones subjetiva.

Un ejemplo perfecto de mi error de juicio e imprudencia fue cuando Dora y yo asistimos a su boda. Recuerdo haber tenido emociones encontradas al tener que lidiar con estar en presencia de su madre, la familia de su marido y su abuela. Durante la ceremonia no me sentí presente.

No recuerdo si hablé contigo o con tu novia, Jamie. Nunca hablé con su madre y, de mala gana, saludé a su abuela con un gesto desganado de mi mano desde la distancia. Mi despersonalización estuvo envuelta en mis sentimientos de darme cuenta de que ya no era una parte esencial de su vida. Al observar sus interacciones amorosas mientras abrazaban y besaban a su madre antes del baile formal entre madre e hijo u observaba su felicidad mientras interactuaba con nuevos miembros de la familia, me sentí fuera de lugar y extrañamente incómodo. Se evitaron intencionalmente los roles ceremoniales que normalmente desempeña el padre del novio, pronunciar un breve discurso y pedirle que brinde por la feliz pareja casada. Le dije a Dora "Vamos" cuando salimos temprano de la celebración.

Mi centro de atención ahora estaba totalmente rejuvenecido para comenzar mi nueva vida con Dora.

Me quedé inmediatamente enamorado de la herencia brasileña de Dora, su corazón inocente y gentil y su gran familia cristiana. Además, la familia nuclear de Dora incluía tres hijos. Por lo tanto, caí en la misma trampa de querer brindar una vida mejor a una familia en la que yo pudiera desempeñar el papel de superhéroe. Como sabes, mi necesidad de ser necesitado no salió bien. Dora y yo nos divorciamos después de sólo tres años de matrimonio. Al reflexionar, creo genuinamente que la agonía, la angustia y el tormento de perder el amor de Robbin me hicieron perder mi propia identidad. Estaba tan jodidamente perdido. Ni siquiera Dios pudo encontrarme. Intentar salvar a otros cerró una brecha para buscar una conexión sentimental y recuperar el sentido de uno mismo. Todavía faltaban años para convertir mi papel de facilitador y máquina de errores humanos en una lección de autodesarrollo personal. Durante esos quince desafortunados años con Donna y Dora, mi amor por su madre nunca abandonó mi corazón. Necesitaba su amor a mi lado.

Nuestras emociones y sentimientos a menudo se usan indistintamente, y las palabras no pueden transmitir completamente las importantes emociones y sentimientos que experimenté y quiero expresar. Por eso utilizo la música como forma de expresión. La música nos une de una manera que rara vez lo hace el lenguaje. La música es la ventana al alma. Me viene a la mente otra cita.

> Sin música la vida sería un error.
> —Friedrich Nietzsche, El crepúsculo de los ídolos

Harve Presnell interpreta una hermosa balada en youtube. com llamada "They Call the Wind Maria." Es una canción sobre un hombre perdido y solitario que le pide al viento que le devuelva el amor perdido. La letra y la seductora melodía evocan el verdadero sentimiento de emoción e inquietud que sentí durante esos quince años. Espero que busquen la canción para verla y escucharla (Harve Presnell—"They Call the Wind Maria", remasterizada), ya que siempre he anhelado que María me devuelva al amor de mi vida.

Una vez que Dora se mudó, vivir solo en una mini mansión parecía redundante. Queriendo reducir mi tamaño y ahorrar algo de dinero, vendí la casa en seis meses y me mudé a un apartamento de lujo mientras continuaba mi ascenso en las filas de Enterprise.

Enterprise, la empresa de alquiler de coches más grande del mundo, era un entorno estimulante y dinámico. Fue un cambio de ritmo agradable y el trabajo fue divertido. Rápidamente me encontré siendo mentor de jóvenes estudiantes universitarios sin experiencia que buscaban adquirir experiencia en gestión. Después de mi larga y diversa carrera gerencial en la empresa de entrega de paquetes más grande del mundo, Enterprise encajaba perfectamente. El trabajo me llenó a un nivel superior. Identifiqué y me involucré en los valores fundamentales de la empresa: integridad, honestidad, justicia, responsabilidad, servicio al cliente y trabajo en equipo.

Estos valores estaban sincronizados con mis valores y moldearon significativamente cómo mi carrera en Enterprise se convertiría en mi identidad e inspiración a través de su base y cultura de brindar un reconocimiento altamente influyente para el éxito de los empleados, reconstruyendo así mi autoestima y mi prestigio. Me enamoré de trabajar para esta organización. De alguna manera, mi pasión por mi trabajo fomentó la distracción y compenso mi corazón todavía afligido, agravado por problemas de la alienación de parte de mis hijos.

Entonces recibí una llamada telefónica inesperada de mi hija. En una expresión rara y genuina. En una mezcla de emoción y conexión humana, dijo, "Papá, te extraño. Quiero venir y pasar un tiempo contigo." Tus sentidas palabras me recordaron tu amor a pesar de que estábamos separados. Así que, queriendo aprovechar al máximo nuestro tiempo juntos y compartir mi tierno amor por ti, planeé un gran espectáculo de eventos para mimarte. Intenté sostenerte y colocarte en un pedestal para recordarte lo especial y fundamental que eres para mi existencia. La alegría pura y la satisfacción de compartir esa experiencia contigo permanecerán en mi corazón para siempre. Nunca me he sentido más cerca de ti antes o después.

Durante los meses siguientes, compartiríamos conversaciones telefónicas más frecuentes y planes para otra visita. Mantener una conexión constante con mi hija requeriría cariño y atención. Nunca me olvidé de preguntarle cómo se estaba adaptando Johnny a la vida matrimonial, esperando que él también se acercara a mí.

El crecimiento de mi carrera en Enterprise mantendría mi percepción de normalidad durante la mayor parte de los dos años siguientes. Pero luego ocurrió otro cambio de suerte, otro cambio. Recibí una llamada telefónica de mi hermano informándome que la salud de nuestra madre estaba empeorando gravemente. Le habían diagnosticado una enfermedad cardíaca congestiva. Su corazón se estaba agrandando y sus pulmones comenzaban a retener líquido, lo que le provocaba dificultad para respirar. Con o sin tratamiento, Frank me dijo que la condición de nuestra madre empeoraría progresivamente. Entonces pensé:, *¿Cuántas perturbaciones en la vida tiene que enfrentar una persona?*

Devastado por la noticia, inmediatamente le pedí a mi jefe que me trasladara de regreso a California. Enterprise accedió felizmente a mi solicitud y me encontró un puesto de gestión empresarial dentro del Grupo 30 en Sacramento, aproximadamente a una hora y media en coche desde sus hogares en Martínez y Concord. Empecé a hacer planes para mi mudanza. Me comuniqué por teléfono para informarles sobre la condición de mi madre y pedirle a mi hijo que me ayudara a trasladar mis pertenencias a mi nuevo apartamento de lujo en Rancho Córdova. Noté cierta vacilación y molestia en su tono cuando hizo varias preguntas antes de finalmente aceptar ayudarme. Reconociendo que era nuestro primer contacto desde que me mudé a San Antonio, entendí cómo nuestra comunicación poco frecuente probablemente contribuyó a tu desgana.

Regresar a California no mejoró nuestra relación. Durante los siguientes ocho años, continuamos con nuestra adhesión incondicional: apegándonos al plan de contactos telefónicos escasos y visitas mínimas.

En particular, después de que conocí a Gina y decidí mudarme a su casa en El Dorado Hills en 2013, las únicas circunstancias que cambiaron mi vida fueron las únicas casualidades que nos unieron físicamente. Puedo contar nuestras reuniones con los dedos de una mano; el día que fui al hospital por el nacimiento de mi primer nieto, cuando visité la casa de Johnny para el primer cumpleaños de mi nieto y le regalé su primera gorra de béisbol de los Gigantes de San Francisco, cuando visité a Jessica en El Dorado Hills para presentarme a su nuevo novio y el fallecimiento de mi madre en 2015. Recuerdo haberme acercado a ti, Johnny, y preguntarte, "Me gustaría verte a ti, a Jamie, y a mi nieto. ¿Le gustaría unirse a nosotros para la celebración del quincuagésimo cumpleaños de mi compañero de cuarto?" Tu respuesta sonó como si estuvieras poniendo excusas para encontrar una manera de decir que no cortésmente.

No es sorprendente que esa fuera nuestra última comunicación. Ni siquiera la muerte de mi padre en 2018 logró unirnos, allanando uno de los muchos caminos hacia nuestro distanciamiento.

Ese día, cuando colgué el teléfono, se me ocurrió que las advertencias de Robbin se habían hecho realidad. Como me recordó la letra de la canción "Cat's in the Cradle" (Gatos en la Cuna),

Hace mucho que me jubilé, mi hijo se mudó
Lo llamé el otro día
Dije, me gustaría verte si no te importa.
Él dijo, Me encantaría, papá, si puedo encontrar el tiempo.
Verás, mi nuevo trabajo es una molestia y los niños tienen gripe.
Pero seguro que es un placer hablar contigo, papá.
Ha sido un placer hablar contigo.
Y al colgar el teléfono se me ocurrió
Él había crecido igual que yo.
Mi chico era igual que yo

Una vez que se propagó la pandemia de COVID-19 en 2020, después de doce maravillosos años en Enterprise, decidí optar por la jubilación anticipada a los sesenta y ocho años en lugar de correr el riesgo de infectarme o enfermarme gravemente considerando que las personas mayores de sesenta y cinco años o más representaban del 85 por ciento de todas las muertes. Tener tanto tiempo libre me motivó a reflexionar sobre mi pasado. Reflexioné sobre mis logros, los recuerdos de mis seres queridos y miré hacia atrás para encontrar el propósito y el significado de la vida. Espontáneamente comencé a escribir.

Al mirar atrás, me sentí muy preocupado y me di cuenta de cómo mis inhibiciones, ansiedades, ética de trabajo incansable y propensión a buscar reclusión durante la agitación emocional del pasado y del presente habían contribuido a nuestro distanciamiento. Me encontré revisando cada error de los padres. Me ha llevado más de dos años componer mi historia para desbloquear y superar mis obstáculos internos mientras explico cómo las transiciones de la vida dirigen nuestros caminos. Sabiendo que el tiempo apremia y que la puerta se cierra lentamente en mi vida, quería contar mi historia y evitar culpar, criticar o defender a nadie. Además, es de esperar que hablar abiertamente de mis vulnerabilidades humanas diciendo la verdad con humildad y autorreflexión demuestre mi voluntad de enmendar las cosas. Finalmente, escribir desde un punto de vista narrativo personal en lugar de una versión idealizada y egocéntrica fue crucial para mi integridad.

Aunque soy consciente de que la mayoría de las habilidades de los padres se transmiten de generación en generación, esas habilidades están constantemente moldeadas por fuerzas sociales y culturales. Como resultado, la crianza de los hijos es un polvorín de errores eventuales e inevitables. Por lo tanto, quiero que sepan que realmente hice lo mejor que pude. Siempre he deseado lo mejor para ustedes. Si pudiera retroceder en el tiempo y partir de lo que sé ahora, lo habría hecho diferente.

En consecuencia, me quedé en la cama por la noche, sabiendo que había tomado muchas decisiones desafortunadas y que había perdido prioridades por descuido. Lamento las formas en que los decepcioné como padre. Gracias a Dios han tenido la gran fortuna de una madre que les ha dado amor, devoción y dedicación desinteresada para toda la vida.

Algunas reflexiones finales.

Respecto a su madre, quería ser su amado compañero de por vida. Mi amor por ella permanecerá para siempre en lo más profundo de mi corazón. Nuestro final fue más complejo y confuso porque nunca llegué al cierre. A menudo me encontraba reflexionando y obsesionándome con Robbin mientras estaba casado con otras personas. Había demasiadas preguntas sin respuesta. No poder comprender completamente por qué nuestra relación terminó de la manera que lo hizo ha provocado una lucha interna. Mi único lugar seguro era retirarme al aislamiento o buscar evasión. No estoy poniendo excusas, pero el dolor de estar cerca de su madre en cualquier situación era insoportable y está positivamente relacionado con mis malos juicios y decisiones. Mencioné antes cómo evité hablar con su madre durante la boda de Johnny. Jessica, ¿recuerdas los grandes esfuerzos que hice para evitar que Robbin me viera mientras asistía a tu ceremonia de graduación universitaria? ¿O aquella vez que me convertí en un pretzel para evitar la presencia de su madre en el hospital durante el nacimiento de mi nieto? Estos son sólo algunos ejemplos de cómo rechazo las oportunidades de pasar más tiempo de calidad con ustedes. Mi comportamiento disfuncional interfirió con la cantidad de tiempo cara a cara que pasábamos juntos debido a mi síndrome del corazón roto. Siempre amaré a su madre. Era demasiado difícil afrontar y superar el tormento de mis sentimientos. Lamento esta debilidad de carácter. El dolor físico siempre disminuye. La pérdida de esperanzas y sueños son verdaderos reveses, y el dolor por un amor perdido nunca muere.

Como he dicho muchas veces, ella fue el amor de mi vida. Algunas personas preguntan, "¿Cuál es el verdadero significado de la vida?" Para algunos, se deriva de un punto de vista filosófico o religioso. Para otros, puede que se trate de felicidad. Pero para mí, el significado de la vida tiene que ver con el amor. Vivir es amar. Aunque su madre dejó de amarme, mi amor por ella siempre será incondicional e interminable. El amor que compartimos siempre perdurará y mantendrá el significado de mi vida hasta el día de mi muerte. La pérdida del amor de su madre cambió mi vida para siempre.

Como dijo Carl Jung en sus últimos días, "El único propósito de la existencia humana es encender una luz en la oscuridad del mero ser". Continuó, "La menor de las cosas con significado vale más en la vida que la mayor de las cosas sin él."

Durante la mayor parte de mi vida, siempre he encontrado la paz mental a través de la música. La música siempre me ha brindado un espacio seguro para sentir las emociones de felicidad y dolor y darme una línea de tiempo para recordar recuerdos. La música ha ayudado a definir mi vida. Incluso hoy en día, hay dos canciones que escucho a diario que me brindan una sensación de satisfacción y tranquilidad respecto de mi problemático pasado y presente. Entonces, si me permitieran, me gustaría revisar la letra de las siguientes dos canciones que son muy queridas para mi corazón para ayudarlos a ampliar su comprensión de mi amor por todos ustedes.

Gordon Lightfoot escribió la primera canción en 1969. Es una canción personal sobre la ruptura de su primer matrimonio. Teje maravillosamente varios temas sobre un amor que salió mal.

Si pudieras leer mi mente
Gordon Lightpie

Con mi pequeña revisión de la letra,
esta versiónpara mi exesposa, Robbin

Si pudieras leer mi mente, amor
Qué historia contarían mis pensamientos
Como en una película antigua.
Sobre un fantasma de un pozo de los deseos
En un castillo oscuro o una fortaleza fuerte
Con cadenas en mis pies
Sabes que ese fantasma era yo
Y nunca seré libre
Mientras siga siendo un fantasma, eso nunca podrás verlo
Si pudiera leer tu mente, amor
¿Qué historia contarían tus pensamientos?
Como una memoria de bolsillo
Del tipo que venden los editores
Cuando llegas a la parte donde vienen los dolores de cabeza
El héroe sería yo
Pero los héroes a menudo fracasan
Y no volverás a leer mi libro
Porque nuestro final es demasiado difícil de aceptar

Nunca quise alejarme como una estrella de cine
¿Quién se quema en un guion de tres vías?
Entra el número dos, el intruso, para representar la escena.
De sacar todo lo malo que hay en mí
Pero por ahora amor, seamos realistas.

Nunca pensé que podría actuar de esta manera.
Y tengo que decir que simplemente no lo entiendo
No sé dónde nos equivocamos
Pero tus sentimientos se han ido y no puedo recuperarlos.

Si pudieras leer mi mente, amor
Qué historia contarían mis pensamientos
Como en una película antigua
Sobre un fantasma de un pozo de los deseos
En un castillo oscuro o una fortaleza, fuerte
Con cadenas en mis pies
Pero las historias siempre terminan

Y si lees entre líneas
Sabrás que solo estoy tratando de entender
Los sentimientos que tuviste en aquel entonces

Nunca pensé que podría sentirme así
Y tengo que decir que simplemente no lo entiendo
No sé dónde nos equivocamos
Pero el sentimiento se ha ido
Y desearía haberlo recuperado

La segunda canción fue escrita originalmente por Barry Mann y lanzada en 1980. La canción retrata a una familia o pareja que recuerda su pasado y las dificultades que enfrentaron juntos. Es una preciosidad canción que nos recuerda que el verdadero sentido de la vida es el amor. Me encanta la versión remake realizada por Aaron Neville y Linda Ronstadt.

No se mucho
Aaron Neville y Linda Ronstadt

Con mis revisiones menores de la letra, esta versión es para Robbin, el único amor verdadero de mi vida, y mis hijos, Johnny y Jessica.

Mira mi cara
Sé que los años están mostrando
Mirando mi vida
Todavía no sé a dónde va

No sé mucho
Pero sé que te amo
Y eso puede ser
Todo lo que necesito saber

Mírame a los ojos
Nunca han visto lo que importaba
Todas mis esperanzas y sueños han sido

Tan golpeado y maltratado

No sé mucho
Pero sé que te amo
Y eso puede ser
Todo lo que necesito saber

Tantas preguntas
Aún sin respuesta
Tanto
Nunca he roto

Y cuando te siento dentro de mi corazón
A veces veo tan claramente
La única verdad que he conocido
Es mi amor para todos ustedes

Mira a este hombre
Muy bendecido con una familia de inspiración.
Mira mi alma
Todavía buscando la salvación

No sé mucho
Pero sé que te amo
Y eso puede ser
Todo lo que necesito saber

No sé mucho
Pero sé que te amo
Eso puede ser
Todo lo que hay que saber

A medida que he ido pasando por la vida, he notado que las elecciones y decisiones se vuelven más complejas y cambian la vida durante las últimas etapas de la existencia. Sospecho que el plan de Dios, cualquiera que sea para mí, funciona a una escala mucho mayor que mi simple comprensión mortal. Por lo tanto, me basaré en las

Escrituras. De Mateo 7:7, "Pedid y se os dará. Busca y encontraras. Llama y se te abrirá."

Sin saber si algún día nos volveremos a ver, espero que mis palabras resuenen y residan en sus corazones. Las consecuencias inevitables de las transiciones, elecciones y decisiones de la vida determinan nuestros caminos en la vida. Cuando llegas a mi edad, te das cuenta de lo rápido que avanza la vida. En un instante, años de felicidad y tristeza ya se han convertido en recuerdos. Tal vez sea hora de perdonar nuestro pasado y pasar a un amor con el que sólo hemos soñado.

Esta es la historia de quién soy. Es la historia de mi vida. He descrito mis puntos altos y bajos, y ahora hemos llegado a un punto de inflexión en nuestras vidas separadas. Si nunca volvemos a conectarnos, deben saber esto,

No se mucho
Pero sé que te amo
Podría ser
Todo lo que hay que saber

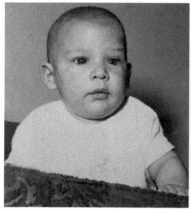

Mi Foto Telly Savalas de
Bebé—1953

Los Mellizos—Frankie y
Johnny—con 2 años, 1955

El Brylcreem- El Peinado
se Clark Gable—Tenia
5 años cuando entre
al jardín de infantes
Bay School. Año 1958.

Foto con mis hermanos con el uniforme
católico de St. Joachim. De izquierda a
derecha: Judy, John, Frank, Mary, y Susan
con el vestido azul. Foto tomada en 1962.

John Edwards- Foto de la Major League
Baseball All-Star-12 años. Año 1965.

Foto de Papá y Mamá. El apodo de papá para mamá
era "Dee Dee Baby Boo Boos"

El entrenador del equipo de beisbol de la escuela varsity Verl Thornock—Mi mentor y legendario entrenador de Arroyo High School.

John Edwards—Foto de graduación de Arroyo High School. Año 1971.

Foto del equipo de Beisbol de Varsity. Estoy en la fila de atrás, el #42. 1071. Teníamos el equipo mas talentoso en el HAAL ese año, pero no alcanzamos las expectativas.

Foto de la familia Edwards tomada en 1977.
Fila de atrás de izquierda a derecha: Judy, Susan, Frank, John.
Fila delantera de izquierda a derecha: Papá, Mary y Mamá.

Foto de modelo—Tenia
25 años, justo antes de
conocer al amor de mi
vida, Robbin. Año 1978.

Foto de padrinos de boda—
De izquierda a derecha: Mike Grover,
Rob Caisse, John Edwards, Brother
Frank, y Bob Grover. El día mas feliz
de mi vida. Ese día, era el hombre mas
afortunado del mundo. Año 1979.

Foto familiar de generaciones (bisabuelos, tíos, tías, etc.)
Fila trasera del lado derecho de la foto, esta mi hermosa esposa Robbin cargando a nuestro bebe Jessica y yo cargando a mi
hijo, Johnny. La foto fue tomada en 1982.

John Edwards con su maravillosa hija Jessica. John estaba
viviendo en San Antonio, Texas en ese momento estaba
trabajando para Enterprise Holdings, Inc. 2010.

Mis maravillosos hijos Jessica y Johnny. Foto tomada en 2007.

Mi guapo hijo Johnny con su bella esposa Jamie
en el Lago Trinity en el norte de California.

El tiempo pasa volando. John Edwards con su mejor amigo
Mike Grover. Conozco a Mike desde que tenía 5 años. La foto
fue tomada recientemente en nuestra reunión por los 50 años
de nuestra clase del Arroyo High School en 2022. Tuvimos que
retrasar nuestra reunión un año por la pandemia del COVID 19.

Mi amor de secundaria y novia Debbie Blanchard. Nuestros
momentos juntos y hermosos recuerdos siempre estarán en mi corazón.

Hay un pequeño fragmento en mi libro acerca de mi mejor amigo, Mike Grover, y su novia, Andrea Fike. Una conmovedora y encantadora foto de ellos mientras salían juntos en la secundaria.

Hay un pasaje en mi libro donde describo cuando mi padre y yo fuimos al concesionario Buick en San Leandro, California a comprar mi primer coche, un Opal GT del 1973.

Ilustración de las empresas.

Soy un gran fan de los Gigantes de San Francisco.
Mientras crecía mi ídolo del beisbol fue Willie Mays.

Cuando no estoy escribiendo, encuentro tiempo para
jugar golf. Estoy enfocado en mejorar mi juego.

Conocemos a tantas personas en la vida, pero conectamos profundamente con muy pocas. Ronnie Lott, mi jugador 49er favorito, es una inspiración, y no puedes evitar sentirte conectado con su naturaleza apasionada. El Sr. Lott ejemplifica el corazón y el coraje de un campeón. Usualmente dice sobre el corazón de un ganador "Si mi corazón puede inspirar mi voluntad, puedo alcanzar lo que sea."

TÍTULO DEL LIBRO:
"Qué Historias Mis Pensamientos Dirán:
Palabras Que No Serán Olvidadas"
Una Memoria de Felicidad, Tristeza, Dolor y Arrepentimiento

A MIS LECTORES:
"Gracias por vuestros mensajes positivos de ánimo."

Mi ex-mujer y yo pasamos varios años trabajando con consejeros matrimoniales/terapia infantil-familiar y métodos psicológicos CBT (Terapia Cognitiva Conductual) para desbloquear su trauma de abuso infantil y trabajar en contextualizar nuestras experiencias cotidianas mientras desarrollábamos nuevas habilidades que ayudaran a construir vínculos y límites más sanos para nuestros hijos y la unidad familiar en su conjunto. Los comentarios que he recibido sobre las emociones psicológicas y los mecanismos de defensa son coherentes y acordes. No ignoraba que los malos tratos en la infancia suelen generar estilos de apego disfuncionales que perturban la capacidad de interactuar con los demás de forma saludable. Traté brevemente este hecho en mis memorias. El "salvador" que hay en mí influyó en mi necesidad de ayudar a mi mujer a superar su trauma. Mi naturaleza empática y compasiva sintió la enormidad del dolor que mi mujer estaba experimentando al recordar los abusos. La amaba tanto que vi su victimización como una oportunidad para reparar nuestro matrimonio de la infidelidad validando mi amor incondicional por ella.

Es interesante que se volviera a casar y que ahora lleve veinticuatro años felizmente casada. Como muchos de ustedes me han dicho en sus mensajes: "Las traiciones nunca fueron por ti". Me gustaría creer ese punto de vista. Sin embargo, el aspecto más difícil de mi anterior matrimonio fue que nunca logré sentar las bases de un cierre.

Muchas preguntas siguen sin respuesta. Escribir mis memorias fue una forma de establecer un camino hacia el cierre a través de mi valentía para ser vulnerable, honesta y atacable. Fue un proceso terapéutico para mí. Mi esperanza es que mi historia ayude a otros que se encuentren en circunstancias similares. Mientras componía mi manuscrito, a menudo me emocionaba y lloraba, demasiadas veces para contarlas. Por eso, al componer mis memorias, creía de verdad que los temas de las transiciones vitales, los trastornos, los acontecimientos históricos, la narración emocional y la expresión musical que se entretejen a lo largo de la historia serían compartidos por millones de personas.

I wrote my memoir to overcome.

We can't choose what life throws at us, but some of us are spurred by obstacles and opposition.

More information contact us
authorjohngedwards.com

Sobre el Autor

John Edwards creció en la pequeña comunidad dormitorio del Área de la Bahía de San Lorenzo, California, como hijo gemelo de un veterano de la Guerra de Corea convertido en patronista de la Estación Aérea Naval de Alameda. Después de una carrera escolar que incluyó St. Joachim's Catholic, Arroyo High School y el prestigioso St. Mary's College, se casó joven en 26 y se estableció en Martínez, California. Al crecer, estaba fascinado con el béisbol profesional y la historia estadounidense lo que le llevó a reunirse con personajes tan notables como Willie Mays, Reggie Jackson, John Madden, Lon Simmons, Bill King y los ex representantes del Congreso George Miller, Pete Stark y Vic Fazio.

Antes de convertirse en escritor a tiempo completo, John tuvo una larga y distinguida carrera en gestión empresarial para dos de las organizaciones más destacadas de su industria, United Parcel Service y Enterprise Holdings, Inc. En *Qué historias mis pensamientos dirán: palabras que no serán Olvidadas* John explora cómo las transiciones de vida alegres y traumáticas moldean nuestras elecciones y decisiones, y en última instancia nos llevan por un camino de comprensión. Originario del Área de la Bahía de California, John Edwards vive en El Dorado Hills y trabaja para otra organización de clase mundial, Safeway.

También puede contactar o seguir al autor John Edwards
en las redes sociales que se indican a continuación:

Webstie: https://authorjohngedwards.com

Instagram: https://www.instagram.com/author_john_edwards/

Facebook: https://www.facebook.com/eby1jge

Pinterest: https://Pinterest: www.pinterest.com/eby1jge/

Linkedin: https://www.linkedin.com/in/john-edwards-a344b7151/